普通高等教育保险学专业重点规划教材

保险公司风险管理

Insurance Company Risk Management

朱文革 编著

上海财经大学出版社

图书在版编目(CIP)数据

保险公司风险管理/朱文革编著.—上海：上海财经大学出版社，2016.7
（普通高等教育保险学专业重点规划教材）
ISBN 978-7-5642-2407-3/F·2407

Ⅰ.①保… Ⅱ.①朱… Ⅲ.①保险公司-风险管理-高等学校-教材 Ⅳ.①F840.32

中国版本图书馆 CIP 数据核字(2016)第 071156 号

□ 责任编辑　吴晓群
□ 封面设计　杨雪婷

BAOXIAN GONGSI FENGXIAN GUANLI
保 险 公 司 风 险 管 理
朱文革　编著

上海财经大学出版社出版发行
(上海市武东路 321 号乙　邮编 200434)
网　址：http://www.sufep.com
电子邮箱：webmaster @ sufep.com
全国新华书店经销
上海市华教印务有限公司印刷装订
2016 年 7 月第 1 版　2016 年 7 月第 1 次印刷

787mm×1092mm　1/16　12 印张　307 千字
定价：39.00 元

前 言

本书是根据作者在上海财经大学讲述的研究生课程"保险公司资产负债管理"和"保险与风险管理"的讲稿改编的，可以作为类似课程的参考书。风险管理是金融保险理论和实务界的热门话题，这种热门现象在某种程度上可以从与风险和风险管理相关的形式多样的职业资格考试中看出。这些职业资格考试包括主要针对保险风险的精算师考试，针对金融风险的CFA考试和FRM考试，等等。所有这些考试的内容基本上是围绕风险和风险管理这个主题展开的。而与这个主题相关的教材、专著和论文更是汗牛充栋，不可胜数。

因此，作者在讲述风险管理课程和写作本书时遇到的第一个问题就是选材问题，也就是如何在大量与风险管理相关的教材、著作和论文的基础上，提炼出一些比较重要，同时又有新意，不是人云亦云的内容，介绍给读者。与此相关的第二个问题是内容的结构和比例上理论和风险管理实务的选择偏重问题。国内风险管理方面的书籍一般主要论述实务问题，较少讨论这些实务概念和内容后面的经济学背景和原理。读者阅读这些书籍后往往只能一知半解，不知道为何要提出这些实务概念和内容，也不知道如何分析这些概念和内容的优点与缺点。

鉴于以上两方面的考虑，本书在选材内容上有以下特色：

首先，本书内容的结构和比例兼顾理论和实务。具体表现为全书的组成是按照风险管理实务的基本构成内容，即风险识别、风险评估、风险认知、风险沟通和风险管理这五个部分展开的。但在每个部分都强调了理论分析的重要性。特别是在对相关实务概念的介绍时比较注意剖析其经济学理论意义，指出其优点和不足，尽量使读者能知其然，也知其所以然。譬如，在介绍保险负债的公允价值这个概念时，从金融经济学中不完备市场理论的角度给出了其实务定义的理论背景和本质意义；又如，在介绍企业风险管理时，强调了企业风险管理与个人风险管理来源的不同在于：后者是由于个人的风险规避需求，因而是在完美经济市场中的一个概念，而前者则来自代理成本、破产成本、信息成本和税收成本等的制约，因而是在不完美经济市场中的一个概念。由此我们就不能在经典的资产组合理论基础上考虑企业风险管理问题，这也就自然引出了保险企业风险管理中关键的资本配置的研究内容，VaR和EPD等企业风险度量方法，以及与此相关的保险监管和保险企业价值评估等各种风险管理方面的重要问题。

其次，本书的选材比较新颖。例如，第二篇"风险评估"主要研究保险公司面临的三种最重要的风险，即寿险风险、非寿险风险和利率风险。但与普通精算和保险教材不同，本书中对寿

险风险增加了目前国际上比较热门的长寿风险评估方面的内容,对非寿险风险增加了巨灾风险评估,对利率风险则增加了利率风险的经济学模型等内容;又如,第三篇"风险的认知和沟通",除了介绍标准的经济学风险理论,还介绍了如何从心理学和社会学角度分析风险认知和沟通中偏离经济学理性假设的现象,其中特别是风险的社会学理论的相关讨论,对此,目前还较少有风险管理方面的教科书涉及;在第四篇"风险管理"理论分析的章节中,介绍了一致性风险度量的概念,并在计算VaR等常用的风险度量时,将正态分布的假设推广到了一般的极值分布和利用Copula函数连结的情形。在保险公司内部风险管理中关于资本配置的章节中,分别介绍了默顿(Merton)和佩罗德(Perold)以及迈克斯(Myers)和瑞德(Read)提出的边际资本配置方法。在保险公司监管的章节中,介绍了中国保监会的偿二代最低资本确定方法并分析了其优点和不足。

最后,本书在写作过程中一直希望反映的一个基本想法就是,在面对自然和社会中各种复杂风险现象时,人类所能得到的信息是非常有限的,人类也只能按其有限的信息和计算能力进行决策。新古典经济学在考察信息有限情况下的人类决策时曾发展出不确定经济学和信息经济学等分支理论,但在这些理论中信息的限制和成本是作为技术环境的一部分引入的,行为人完全理性的假定仍然被保留了。然而在真实世界,人们通常并不寻求最优决策而只是试图寻找相对满意的合理决策。为了解决信息限制导致的决策问题,人类又研发了各种机制,使其能更好地应对信息和计算能力的限制带来的不确定性或模糊性。

那么,为何不同的文化和社会环境会发展出应对不确定性或模糊性的不同机制设计呢?如果从东西方的比较角度看,这个问题就自然联系到了著名的李约瑟之谜:古代中国为人类的科技发展做出了很多重要贡献,为何现代科学革命、工业化和资本主义制度是在西方特别是英国,而不是在中国首先发展起来的?

在初次接触李约瑟之谜后,一直萦绕在作者心中的一个相关子问题就是:为何保险企业和保险市场这样的风险管理机制是在西方而不是在中国首先发展起来的?由此自然引发的另一个相关子问题就是:如果精算学和金融风险理论是保险和金融市场发展的科学依据,为何这些理论没有能独立在中国发展起来?

李约瑟之谜的解答有各种各样的不同观点,作者相信对这两个子问题的探索以及对中西方风险管理的历史比较研究能够给解开李约瑟之谜提供一定的启发。实际上,对于李约瑟之谜,还可以提出一个从另一个角度考虑的问题:古代中国在科学技术方面曾经有很长时间领先于西方,这背后的原因又是什么?

确实,就公共风险管理而言,中国历史上早就发展出了诸如常平仓、义仓和社仓等风险管理机制,并正如法国汉学家魏丕信在其名著《18世纪中国的官僚制度与荒政》中分析的那样,早在西方发展出类似的制度前,中国的这种风险应对机制就已经相当成熟、有效了。那么又是什么导致中国在前现代时期就能够发展出这种机制?这种机制与保险企业和保险市场这样的市场风险管理机制没在中国首先发展起来之间是否又有某种联系呢?

  作为风险管理的教材,本书当然没有也不可能在上述问题上深入展开。但作者相信,正如本书第六章以风险的社会学观点所分析的那样,风险的认知和管理依赖于不同的社会生态和文化环境。在今天这个全球化的时代,东西方制度和文明的融合交汇应该可以为风险管理提供一些崭新的视角和观点,并正如德国著名学者、风险社会理论的奠基人乌尔里希·贝克所预示的,由此发展出来的跨国、跨文化比较和全球化水平的理论研究,"将会成为值得期待的新概念和新政治的社会科学"。而在这种新科学中,就像林毅夫先生提倡的新结构经济学所强调的,"市场无不对资源配置起着基础性的作用;但同时,……政府在经济发展和转型过程中也发挥了积极的作用"。如果本书在这方面的一点涉猎能够引起读者的共鸣并起到抛砖引玉的作用,那就实现了笔者写作本书的最大心愿。

  笔者在本书的写作过程中引用了国内外学者的许多成果,特别是在案例中采用了上海财经大学一些研究生毕业论文的内容,书中已经尽量给出了说明。但遗漏之处在所难免,这里一并表示感谢。文中引用的有些英文阅读材料,为保持原貌没有给出中文翻译。限于篇幅,有些内容和案例写得比较简单,初读时可能不容易理解,建议有兴趣的读者进一步参考列出的原始文献。

  最后还需指出,虽然本书以"保险公司风险管理"为题,但风险管理实际上涉及了经济和社会的各个方面,因此本书只是在内容选材上注重以保险公司为例,在理论的分析和讨论等方面并没有局限于保险或保险公司的风险管理范畴。

编者
2016 年 6 月

目 录

前言 ··· 1

第一篇 风险识别

第一章 风险和风险管理概述 ·· 3
第一节 风险的定义 ·· 3
第二节 保险公司的风险 ··· 5
第三节 风险管理概述 ··· 10
复习思考题 ·· 17

第二篇 风险评估

第二章 寿险风险评估 ·· 21
第一节 静态生存模型 ··· 21
第二节 动态生存模型 ··· 27
复习思考题 ·· 35

第三章 非寿险风险评估 ·· 36
第一节 赔款频率估计 ··· 36
第二节 赔款额度的分布函数 ·· 39
第三节 经验费率和信度理论 ·· 48
复习思考题 ·· 52

第四章 利率风险评估 ·· 53
第一节 利率的基本概念 ··· 53
第二节 利率期限结构 ··· 55
第三节 利率风险 ·· 61
复习思考题 ·· 72

第三篇 风险的认知和沟通

第五章 风险认知和沟通的经济学观点 ····································· 75

第一节　期望效用模型 ……………………………………………………………… 75
　　第二节　保险市场的经济学理论 …………………………………………………… 81
　　　复习思考题 …………………………………………………………………………… 91

第六章　风险认知和沟通的心理学与社会学观点 …………………………………… 92
　　第一节　理性期望效用决策的悖论 ………………………………………………… 92
　　第二节　风险的心理学视角：前景理论 …………………………………………… 99
　　第三节　风险的社会学观点 ………………………………………………………… 101
　　　复习思考题 ………………………………………………………………………… 106

第四篇　风险管理

第七章　企业风险管理的理论分析 …………………………………………………… 109
　　第一节　企业风险管理的经济学原理 ……………………………………………… 109
　　第二节　企业风险度量理论概述 …………………………………………………… 114
　　第三节　风险度量的蒙特卡罗模拟法 ……………………………………………… 119
　　　复习思考题 ………………………………………………………………………… 124

第八章　企业风险管理的实务研究 …………………………………………………… 125
　　第一节　传统资产负债管理和全面风险管理 ……………………………………… 125
　　第二节　保险公司的资本配置 ……………………………………………………… 129
　　　复习思考题 ………………………………………………………………………… 141

第九章　保险公司的偿付能力监管 …………………………………………………… 142
　　第一节　常用的保险监管制度 ……………………………………………………… 142
　　第二节　最低资本的确定方法 ……………………………………………………… 147
　　　复习思考题 ………………………………………………………………………… 158

附　录

附录一　《中央企业全面风险管理指引》 …………………………………………… 161

附录二　《人身保险公司全面风险管理实施指引》 ………………………………… 175

附录三　《保险公司风险管理指引》 ………………………………………………… 180

第一篇

风险识别

　　本篇主要对风险特别是保险公司的风险和风险管理给出初步介绍。内容包括风险的定义、保险公司的风险概念和风险分类,以及风险管理概述。

第一章
风险和风险管理概述

第一节 风险的定义

保险公司是以风险为经营对象的专门机构,在经营风险的过程中,自身也面临着各种风险。关于风险,目前还没有一个公认的定义。以下将介绍"风险"一词的来源和风险的一些定义。

一、"风险"一词的来源

按照西方的某种说法,风险(risk)的词根可以追溯至希腊语 rizikon,原意为根(root)。这个含义来自荷马史诗《奥德赛》的故事:俄底修斯由于其船上的伙计杀死太阳神的牧牛,他的海船因此被主神宙斯制造的巨大风浪摧毁。俄底修斯漂流到了六头女妖斯库拉(Scylla)居住的岩壁和吞吸海水的怪物卡律布狄斯(Charybdis)之间,为了躲避怪物,俄底修斯跳到了一颗无花果树的根上,最终平安脱险。

在英语中,维基百科的观点则认为"risk"最早见于 17 世纪出版的《牛津英语辞典》。而这个词汇来自阿拉伯语,意思是"追求繁华"(to seek prosperity)。实际上,这本辞典的 1621 年版还是拼写成出自阿拉伯语的"risque",直到 1655 年才拼写成"risk",并对"risk"给出了如下的定义:

(Exposure to) the possibility of loss, injury, or other adverse or unwelcome circumstance; a chance or situation involving such a possibility. 这个定义和现代英语词典中的定义已经基本一致。

在我国的《现代汉语词典》中,风险被解释为等价于危险,指"有遭到损害或失败的可能"。在古汉语中,危险常简写为危,如《春秋左传》中有"居安思危,思则有备,有备则无患"的语句。也就是说,这里对危险的理解是,只要采取适当的措施(如智慧的认知、理性的判断,以及采取及时而有效的防范措施),就可以使破坏或损失的概率不会出现,此时风险就可能带来机会,甚至不仅规避了损失,反而可能会带来收益,这也是为何汉语中有"危机"这样的词汇。

实际上在英语中也有类似的说法,比如"risk is the unwanted subset of a set of uncertain outcomes"就把"risk"定义成未来可以避免或减小,而非目前马上需要处理的问题(as future issues which can be avoided or mitigated, rather than present problems that must be immediately addressed)。

"危险"这个词汇在汉语中转变为"风险",可能与出海航行有关。譬如,百度百科中就认为：汉语中"风险"一词的由来，最为普遍的一种说法是，在远古时期，以打鱼捕捞为生的渔民们，每次出海前都要祈祷，祈求神灵保佑自己能够平安归来，其中主要的祈祷内容就是让神灵保佑自己在出海时能够风平浪静、满载而归；他们在长期的捕捞实践中，深深地体会到"风"给他们带来的无法预测、无法确定的危险，他们认识到，在出海捕捞打鱼的生活中，"风"即意味着"险"，因此有了"风险"一词的由来。

但百度百科也提到另一种据说经过多位学者论证的"风险"一词的"源出说"，称"风险"一词是舶来品。有人认为来源于阿拉伯语，有人认为来源于西班牙语或拉丁语，而比较权威的说法是来源于意大利语的"risque"一词。在其早期的运用中，"risque"被理解为客观的危险，体现为自然现象或者航海遇到礁石、风暴等事件。

实际上前文已经提到"risque"这个词汇最早来源于阿拉伯语，据考证应该是16世纪时由中东和北非的阿拉伯商人引入欧洲大陆的，当这个词汇从欧洲大陆引入英国并被普遍应用后，就代替了原来的"in terms of good and bad fortune"的说法，社会学家和历史学家普遍认为"risk"这个词汇的流行与欧洲社会从中世纪发展为现代工业社会的过程是分不开的，因为正是这种发展过程才使得风险成为现代社会的基本特征之一。

不管"风险"一词来源于何处，现代意义上的"风险"其基本核心含义都是指"未来结果的不确定性或损失"，按照百度百科的说法：目前"风险"一词，已经大大超越了"遇到危险"的狭义含义，而是指"遇到破坏或损失的机会或危险"。可以说，经过两百多年的演绎，"风险"一词越来越概念化，并且随着人类活动的复杂性和深刻性而逐步深化，被赋予了从哲学、经济学、社会学、统计学甚至文化艺术领域的更广泛、更深层次的含义，与人类的决策和行为后果联系越来越紧密，也成为人们生活中出现频率很高的词汇。

二、风险三要素

所谓风险三要素，是指风险因素(hazard)、风险事故(peril)，以及因风险事故发生造成的损失(loss)即风险损失。三者的关系为：风险是由风险因素、风险事故和风险损失三者构成的统一体，风险因素引起或增加风险事故，而风险事故发生可能造成风险损失。

(一)风险因素

风险因素是指引起或增加风险事故发生的机会或扩大损失幅度的条件，是风险事故发生的潜在原因。风险因素一般分为以下三种类型：

(1)实质风险因素，是指对某一标的物增加风险发生机会或者导致严重损伤和伤亡的客观自然原因。例如，空气干燥是引起火灾的风险因素，地面断层是导致地震的风险因素。

(2)心理风险因素，是指由于心理的原因引起行为上的疏忽和过失，从而成为引起风险的发生原因。例如，乱扔烟头容易引起火灾，酒后驾驶容易引起交通事故，等等。

(3)道德风险因素，是指人们的故意行为或者不作为。例如，放火引起火灾，故意不履行合约引起经济损失，等等。

(二)风险事故

风险事故是造成生命财产损失的偶发事件，是造成损失的直接的或外在的原因，是损失的媒介。风险事故可分为以下三种类型：

(1)源于自然界的，如天灾(acts of God)。

(2)源于人为因素的，如人祸(human's acts)。

(3)源于物之本质的，如物性(nature of material)。

(三) 风险损失

风险损失则是指非故意的、非预期的和非计划的经济价值的减少。风险损失可分为直接损失(direct loss)和间接损失(consequential loss)。

三、风险的分类

风险分类有多种方法,常用的有以下几种:

(一) 按照风险的性质划分
(1) 纯粹风险,是指只有损失机会而没有获利可能的风险。
(2) 投机风险,是指既有损失的机会也有获利可能的风险。

(二) 按照产生风险的环境划分
(1) 静态风险,是指因自然力的不规则变动或人们的过失行为导致的风险。
(2) 动态风险,是指因社会、经济、科技或政治变动产生的风险。

(三) 按照风险发生的原因划分
(1) 自然风险,是指因自然因素和物力现象所造成的风险。
(2) 社会风险,是指因个人或团体在社会上的行为导致的风险。
(3) 经济风险,是指在经济活动过程中,因市场因素影响或者管理经营不善导致经济损失的风险。

(四) 按照风险致损的对象划分
(1) 财产风险,是指各种财产损毁、灭失或者贬值的风险。
(2) 人身风险,是指个人的疾病、意外伤害等造成残疾、死亡的风险。
(3) 责任风险,是指法律或者有关合同规定,因行为人的行为或不作为导致他人财产损失或人身伤亡,行为人所负经济赔偿责任的风险。

第二节 保险公司的风险

一、保险中的风险概念

最早从保险角度提出风险概念的是美国学者海恩斯(Haynes),他对风险进行分类并对风险的本质进行了分析,将风险定义为损失发生的可能性,为风险管理与保险相结合奠定了理论基础。

美国学者威利特(Willet)进一步把风险理论与保险联系起来研究,把风险与偶然和不确定性联系起来,提出风险是客观存在的,具有不确定性,从保险业的角度探讨风险与损失之间的内在联系。

国际标准化组织(ISO)在"ISO/IEC Guide 73 Risk Management Vocabulary,2002"中将风险定义为:某事件发生的概率与事件所产生后果的合成效应。在其2009年发布的《风险管理:原则与指南》中将风险定义为:不确定性对目标的影响。

澳大利亚/新西兰风险管理标准(AS/NZS 4360:2004－Risk Management)中将风险定义为:影响预期目标的可能事件,包括事件导致的可能结果及其可能性大小。

美国财产意外险承保师协会(AICPCU)的教材(CPCU510:*Foundations of Risk Man-*

agement, Insurance, and Professionalism》中将风险定义为：后果的不确定性，其中，有些潜在后果是负面的。

国务院国有资产监督管理委员会发布的《中央企业全面风险管理指引》称企业风险为未来的不确定性对企业实现其经营目标的影响。企业风险一般可分为战略风险、财务风险、市场风险、运营风险、法律风险等；也可以能否为企业带来盈利等机会为标志，将风险分为纯粹风险（只有带来损失的一种可能性）和机会风险（带来损失和盈利的可能性并存）。

我国保监会在2007年颁布的《保险公司风险管理指引（试行）》（保监发〔2007〕23号）中将风险定义为：对实现保险经营目标可能产生负面影响的不确定性因素。

可见，以上保险中的风险概念和前述风险的一般定义是一致的。风险同样包括三个要素：(1)导致风险的外因，即外部的不确定性；(2)导致风险的内因，即风险主体的预期目标和策略；(3)风险的事故及其产生的效应，即实际后果与预期目标的偏差。因此，为了识别和研究保险公司的风险，可以将保险公司的风险定义为相对于保险公司相关方，由外因和内因的相互作用所导致的、偏离保险公司预期目标的负面效应。负面效应是指后果的不利偏差的严重程度及其发生的可能性大小。

二、保险公司的风险分类

保险公司在经营过程中面临许多风险，并且有许多分类方法。

中国第二代偿付能力监管制度体系将保险公司的风险分为两大类：能够量化的风险和难以量化的风险。能够量化的风险包括市场风险、信用风险和保险风险；难以量化的风险包括操作风险、战略风险、声誉风险和流动性风险等。

其具体定义如下：

(1)市场风险，是指由于利率、汇率、权益价格和商品价格等的不利变动而遭受非预期损失的风险。

(2)信用风险，是指由于交易对手不能履行或不能按时履行其合同义务，或者信用状况的不利变动而导致的风险。

(3)保险风险，是指由于死亡率、疾病率、赔付率、退保率等假设的实际经验与预期发生不利偏离而造成损失的风险。

(4)操作风险，是指由于不完善的内部操作流程、人员、系统或外部事件而导致直接或间接损失的风险，包括法律及监管合规风险（但不包括战略风险和声誉风险）。

(5)战略风险，是指由于战略制定和实施的流程无效或经营环境的变化，而导致战略与市场环境和公司能力不匹配的风险。

(6)声誉风险，是指保险公司的经营管理或外部事件等原因导致利益相关方对保险公司负面评价从而造成损失的风险。

(7)流动性风险，是指保险公司无法及时获得充足资金或无法以合理成本及时获得充足资金以支付到期债务的风险。

另外，保险公司表外业务的风险需要特别关注。表外业务主要包括不在资产负债表内反映的承诺、担保、衍生工具等，这类业务面临的风险主要是市场风险（如汇率风险、利率风险等）、信用风险、流动性风险等。表外业务不在保险公司的资产负债表内反映，因此其风险容易被忽视。

在国际保险学术界，对保险公司的风险分类有所谓精算分类方法和金融分类方法，下面分别介绍寿险公司和非寿险公司的风险分类。

(一)寿险公司的风险分类

在寿险公司的风险分类方法中,精算方法主要是从传统资产负债管理的角度进行分类,金融方法则是从全面风险管理的角度所进行的风险导向分类。

1. 寿险公司风险的精算分类方法

(1)资产风险(C1 风险,asset risk),即由于资产的市场价值下降引起的损失。人寿保险公司持有许多不同的资产,如证券、不动产、保单抵押贷款等,这使得人寿保险公司对利率与资产的市场价值的变化十分敏感。资产市值的下降,轻者会引起人寿保险公司盈利能力的恶化,严重的会造成偿付能力不足从而使公司经营出现危机。

(2)定价风险(C2 风险,pricing risk),也即精算风险。人寿保险公司的定价包含许多因素,如死亡率、发病率、营运成本、投资回报等。由于人寿保险公司的经营期限很长,在确定产品价格时,如果不能准确地将这些因素及其将来变化趋势纳入,将会影响人寿保险公司是否能够承担对保单持有人的保险责任。

(3)资产负债匹配风险(C3 风险,ALM risk),是指资产和负债不能匹配的风险,主要包括但不限于利率风险。利率变化的风险对人寿保险公司的经营有着特别重大的影响。例如,如果利率变化造成资产价值的增减无法与负债价值的增减匹配,人寿保险公司可能会面临问题。由于利率波动,可能造成人寿保险公司经营出现相当大的利差损。

(4)其他风险(C4 风险,miscellaneous risk),包括监管制度的变化风险、操作风险、法律风险等。在我国,由于《保险法》对保险公司的投资作了严格的限制,允许的投资范围十分有限,主要是银行存款、国债、金融机构和部分大企业发行的债券、一定比例的证券投资基金,从而造成资产负债无法匹配的风险加大。此外,由于人寿保险公司经营的长期性,随着时间的迁移,法律解释的变化也会对未来人寿保险公司的给付、赔付责任产生重大的影响。

2. 寿险公司风险的金融分类方法

(1)纯粹风险,也就是精算风险,包括寿险和非寿险风险等。其中最重要的是费率风险,即在确定费率或给付、赔付标准时不准确产生的风险。费率风险主要有两类:费率定价过低和给付、赔付标准过高。

(2)投机风险,也就是金融风险,包括系统风险、信用风险、流动风险、操作风险和法律风险等,分述如下:

①系统风险,又称市场风险,即引起资产或负债价值变化的风险,包括利率风险、证券市场风险、汇率风险等。人寿保险公司的资产中的股票、公司债券和质押贷款以及负债与利率、汇率和股票市场等风险因素的变化紧密相连,任何风险因素的变化都会直接影响这些投资产品的回报率和负债的价值。人寿保险公司投资的资产在信用等级、流动性、期限等方面往往与负债并不相关联而影响两者的匹配。

②信用风险,即由于债务人因其财务状况恶化或担保物价值贬值无法履行责任而产生的风险。由于人寿保险公司的资产有相当部分是公司债券,因此这种风险对其影响较大。

③流动风险,即由于无法预测的事件造成资产流动性不足引起的风险。人寿保险公司经营的业务大多是长期业务,因此其投资也大多是长期投资,以与保险合同到期的责任匹配。但由于某些无法预测的事件,如市场利率比保单预定利率高很多,造成保单持有人大量退保,在保险公司现金不足时不得不低价变现长期资产而遭受损失。

④操作风险,包括公司管理、信息处理、员工行为等方面的风险。这些方面的低效与失误

会给人寿保险公司经营带来巨大的损失。

⑤法律风险,即法律法规的变化,包括解释的变化都会给人寿保险公司带来巨大的风险。因此,必须密切关注立法发展的趋势,了解未来法律法规的变化,包括经济全球化给法律制度与环境带来的冲击。此外,法律风险还包括保险欺诈、违规经营、保单持有人对保险合同的不同理解等,这使得法律风险变得十分复杂。法律风险可能会给人寿保险公司造成巨大的损失。

(二)非寿险公司的风险分类方法

非寿险公司也有精算分类和金融分类两种,以下仅介绍金融分类方法。

1. 纯粹风险

(1)产品风险。产品是非寿险公司经营、扩大市场份额的基础和关键。然而,受非寿险精算技术发展的限制,保险公司对产品的开发和费率的厘定可能会缺乏适当的预测和评估,由此导致对潜在风险估计不足,条款不严密;同时,对产品策略缺乏整体规划,险种结构单一,新生市场开发不足,深度不够,增加了产品的推广难度。

(2)承保风险。如果非寿险公司对保险标的没有进行严格的风险选择和承保控制,就会产生承保风险。非寿险公司最主要的风险是承保风险,占总风险的一半。这与其业务类型有很大的关系,因为非寿险公司所承保的各种风险具有波动性较大、损失规律不易掌握的特点,因此,非寿险公司首先要注意承保风险的防范和化解。

(3)理赔风险。在理赔环节,如果缺乏有效的核赔手段和对各种骗赔行为的鉴别手段,就可能产生理赔风险。理赔风险的产生既有理赔制度不健全、理赔人员素质不高、人情赔付等内部原因,也包括由于投保人或被保险人的道德因素、心理因素等导致的赔付波动。

(4)分保风险。再保险是非寿险公司分散和转移风险的重要手段,如果分保不当,会给公司经营造成严重损失。非寿险公司的分保风险主要有:对分保重视不够,或为追求业务规模和承保利润而"惜分";分保技术落后、经验不足,如自留额设定不合理,分保人选择不当等。

2. 投资风险

非寿险公司的投资风险主要来自三个方面:(1)资金运用方式单一,投资收益率低;(2)资金运用范围限制过严,存在为追求高收益而违规操作的风险;(3)缺乏具有丰富投资经验的专门人才和系统的投资规范,投资专业化水平低。

3. 操作风险

由于公司内部控制不健全或失效、操作失误等原因导致的风险。主要表现为:政策制定或执行不当,比如信息不充分或有关信息没有及时传达给操作人员,或在信息传递中出现偏差等原因造成的损失;操作不当甚至违规操作,操作人员业务技能不高或失误可能造成的损失。

4. 流动性风险

流动性风险是指由于流动性不足给非寿险公司造成损失的可能性。主要表现在资产、负债结构配置不合理,资金管理不当而使未来的现金流入不能满足未来赔付责任的现金流出。流动性对非寿险公司关系重大,由于保险事故具有极强的偶然性、突发性、破坏性,如果不能及时履行赔付责任,就会使公司出现危机。

5. 巨灾风险

巨灾风险主要指洪水、地震、飓风等巨灾使一定地域范围内大量保险标的同时受损,引发巨额索赔而对公司经营稳定性带来影响的风险。巨灾风险对非寿险公司具有特别的意义,因为巨灾的发生往往导致公司资本金受损,严重时会导致破产。当前巨灾风险的防范和控制主要存在的难点是:巨灾责任模糊、缺乏法定内涵;对巨灾损失缺乏准确统计,巨灾风险无法精算,难以积累巨灾风险基金;未形成独立险种,只作为特约责任或附加险种来对待。

6. 财务风险

即因非寿险公司财务运行和报告机制存在缺陷而带来的风险。主要表现在成本核算与控制、经营预算、经营费用的控制、资源的配置、准备金的计提和应收保费的管理等方面。

7. 竞争风险

非寿险市场竞争日益激烈,市场主体较多,由于产品有限且相似,往往造成市场空间狭小,竞争呈恶性趋势,有些公司可能采用自杀性费率、高额手续费以及无原则退费、变相回扣等手段争揽业务。

8. 其他风险

除上述风险外,在非寿险公司的经营管理过程中还可能面临信用、决策、政策、利率、通胀、退保、人力资源等风险。

阅读材料 1-1 Risks in Providing Insurance Services

A. The Actuarial View of Risks

The various categories of risks are dubbed C-1, C-2, C-3, and C-4, deriving these names from the Committee assigned to make recommendations on these issues.

C-1 risks are asset risks, which arise from the possibility that borrowers of insurer funds may default on their obligations to the company, or that the market value of an insurer's investment assets may decline. They include interest rate risk, credit risk, market risk, and currency risk.

C-2 risk is pricing risk, which stems from uncertainty about future operating results relating to items such as investment income, mortality and morbidity, frequency and severity of claims and losses, administrative expenses, sales and lapses. If an insurer's pricing is based on assumptions that prove inadequate, it may not be able to meet its obligations to policy owners.

C-3 risk is asset/liability matching risk, which springs from the impact of fluctuating interest and inflation rates on the values of assets and liabilities. If the impact of fluctuating rates is different on assets than on liabilities, the values of assets and liabilities will change by different amounts, and could expose the insurer to insolvency.

C-4 risks are miscellaneous risks, generally thought to be beyond the ability of insurers to predict and manage, but they nevertheless represent real risk to the company. These risks include tax and regulatory changes, product obsolescence, poor training of employees and sales agents, and malfeasance, malversation, or misconduct of managers or other employees.

B. The Financial View of Risks

As an alternative to the actuarial decomposition of risk which is unique to the insurance industry, standard financial risk definitions are increasingly being proposed in the industry. For the sector as a whole, these risks can be broken into six generic types: actuarial, systematic, credit, liquidity, operational and legal risks.

Actuarial risk is the risk that arises from raising funds via the issuance of insurance policies and other liabilities. It is the risk that the firm is paying too much for the funds it receives, or alternatively, the risk that the firm has received too little for the risks it has agreed to absorb.

Systematic risk is the risk of asset and liability value changes associated with systematic factors. It is sometimes referred to as market risk.

Credit risk is the risk that a borrower will not perform in accordance with its obligations. Credit risk may arise from either an inability or an unwillingness on the part of the borrower to perform in the pre-committed contracted manner.

The real risk from credit is the deviation of portfolio performance from its expected value. Accordingly, credit risk is diversifiable but difficult to eliminate completely, as general default rates themselves exhibit much fluctuation.

Liquidity risk can best be described as the risk of a funding crisis. While some would include the need to plan for growth, the risk here is more correctly seen as the potential for a funding crisis.

Operational risk is associated with the problems of accurately processing claims, and accurately processing, settling, and taking or making delivery on trades in exchange for cash. It also arises in record keeping, processing system failures and compliance with various regulations.

Legal risks are endemic in financial contracting and are separate from the legal ramifications of credit and operational risks.

（资料来源：Babbel and Santomero, Risk Management by Insurers: An Analysis of the Process, Wharton School, 1997.）

第三节 风险管理概述

一、风险管理的历史

风险管理是一门新兴的管理学科。按照相关教材和百科全书（如百度百科和维基百科）的说法，风险管理自 20 世纪 30 年代开始萌芽。风险管理最早起源于美国，在 20 世纪 30 年代，由于受 1929~1933 年世界经济危机的影响，美国约有 40% 的银行和企业破产，经济倒退了约 20 年。美国企业为应对经营上的危机，许多大中型企业都在内部设立了保险管理部门，负责安排企业的各种保险项目。因此当时的风险管理主要依赖保险手段。

1938 年以后，美国企业对风险管理开始采用科学的方法，并逐步积累了丰富的经验。20 世纪 50 年代风险管理发展成为一门学科，"风险管理"一词逐步形成。

20 世纪 70 年代以后逐渐掀起了全球性的风险管理运动。70 年代以后，随着企业面临的风险复杂多样和风险费用的增加，法国从美国引进了风险管理并在其国内传播开来。与法国同时，日本也开始了风险管理研究。

近 20 年来，美国、英国、法国、德国、日本等国家先后建立起全国性和地区性的风险管理协会。1983 年在美国召开的风险和保险管理协会年会上，世界各国专家学者云集纽约，共同讨论并通过了"101条风险管理准则",它标志着风险管理的发展已进入一个新的发展阶段。

1986年,由欧洲11个国家共同成立的"欧洲风险研究会"将风险研究扩大到国际交流范围。1986年10月,风险管理国际学术讨论会在新加坡召开,风险管理已经由环大西洋地区向亚洲太平洋地区发展。

20世纪90年代后,随着资产证券化在国际上的兴起,风险证券化也被引入风险管理研究领域。最为成功的例子是瑞士再保险公司发行的巨灾债券,以及由美国芝加哥期货交易所发行的PCS期权。

中国对于风险管理的研究开始于20世纪80年代。一些学者将风险管理和安全系统工程理论引入中国。目前,中国大部分企业还缺乏对风险管理的认识,也没有建立专门的风险管理机制。作为一门学科,风险管理学在中国尚处于起步和发展阶段。

对风险管理研究的方法采用定性分析方法和定量分析方法。定性分析方法是通过对风险进行调查研究,做出逻辑判断的过程。定量分析方法一般采用系统论方法,将若干相互作用、相互依赖的风险因素组成一个系统,抽象成理论模型,运用概率论和数理统计等数学工具定量计算出最优的风险管理方案。

风险管理主要分为两类:

一是经营管理型风险管理,主要研究政治、经济、社会变革等所有企业面临的风险的管理。

二是保险型风险管理,主要以可保风险作为风险管理的对象,将保险管理放在核心地位,将安全管理作为补充手段。

二、风险管理的学说

(一)纯粹风险说

纯粹风险说将企业风险管理的对象放在企业静态风险的管理上,将风险的转嫁与保险密切联系起来。该学说认为,风险管理的基本职能是确认和分析威胁企业的纯粹风险,并通过分析在风险自保和进行保险之间选择最小成本获得最大保障的风险管理决策方案。该学说是保险型风险管理的理论基础。

(二)企业全部风险说

企业全部风险说以德国和英国为代表,将企业风险管理的对象设定为企业的全部风险,包括企业的纯粹风险和投机风险,认为企业的风险管理不仅要把纯粹风险的不利性减少到最小,也要把投机风险的收益性达到最大。该学说认为,风险管理的中心内容是与企业倒闭有关的风险的科学管理。企业全部风险说是经营管理型风险管理的理论基础。

(三)亨瑞奇的骨牌理论

亨瑞奇(Heinrich)于1957年提出,工业意外事故的发生就好像骨牌的倾倒,是一连串紧接的事件造成的。亨瑞奇发现98%的意外伤害是可预防的。因此,他主张损失防范应从人为或机械的危险因素着手,如从一连串骨牌中抽出一张,使倾倒的骨牌中断,不致发生连锁反应而造成危险事故。

(四)汉顿的能量释放定理

汉顿(Haddon)于1970年提出能量释放定理(Haddon's Energy Release Theory),他将损失事故的成因解释为:当能量蓄积超过负荷时,由于失去控制的能源被释放出来,加诸于人体或物体之上,以致造成损害的物理现象。因此,他提出损失防范工作,可从减少能量的形成、控制释放的数量、提高人或结构物能量的负荷能力,以及减少已释放能量的伤害四方面着手。

三、全面风险管理

目前的企业风险管理采用全面风险管理(ERM，Enterprise Risk Management)理念。保险公司的全面风险管理计划既可以提供可保危险传统的保险保障，也包括那些可以利用资本市场进行避险交易的财务风险的保障。全面风险管理的性质包括：(1)融保险危险、财务风险与经营风险于一体。(2)全方位的管理，包括危险工程、风险理财、风险人文。(3)在不同的管理哲学下对风险会有不同的认知。(4)通常被用来支持重大的投资计划，遭受损失后再投资的融资计划。(5)建立在交易成本考虑的基础上，仅适用在大型的经济决策单位。

(一)全面风险管理的定义

国资委的《中央企业全面风险管理指引》将全面风险管理定义为：企业围绕总体经营目标，通过在企业管理的各个环节和经营过程中执行风险管理的基本流程，培育良好的风险管理文化，建立健全全面风险管理体系，包括风险管理策略、风险理财措施、风险管理的组织职能体系、风险管理信息系统和内部控制系统，从而为实现风险管理的总体目标提供合理保证的过程和方法。

保监会的《人身保险公司全面风险管理实施指引》将全面风险管理定义为：从公司董事会、管理层到全体员工全员参与，在战略制定和日常运营中，识别潜在风险，预测风险的影响程度，并在公司风险偏好范围内有效管理公司各环节风险的持续过程。在进行全面风险管理的同时，公司应根据自身的经营情况，重点监测、防范和化解对公司经营有重要影响的风险。

(二)全面风险管理的基本流程

《中央企业全面风险管理指引》认为，全面风险管理的基本流程包括以下主要工作：(1)收集风险管理初始信息；(2)进行风险评估；(3)制定风险管理策略；(4)提出和实施风险管理解决方案；(5)风险管理的监督与改进。

(三)全面风险管理的基本原则

《人身保险公司全面风险管理实施指引》认为，保险公司全面风险管理应遵循以下基本原则：

(1)一致性原则

公司在建立全面风险管理体系时，应确保风险管理目标与战略发展目标的一致性。

(2)匹配性原则

公司在全面风险管理过程中，应确保公司资本水平与所承担的风险相匹配，所承担的风险与收益相匹配。

(3)全面性原则

公司全面风险管理应渗透至公司各项业务环节，对每一类风险都应全面认识、分析与管理。

(4)全员参与原则

公司应建立全员参与的风险管理文化和相应机制，各级别员工都应按照其工作职责参与公司的风险管理工作，承担日常风险管理职责。

(5)定量与定性相结合原则

公司应根据自身业务性质、规模和复杂程度开发相适应的风险量化技术，推广应用先进成熟的风险管理经验，实现定量与定性方法的有机结合。

(6)不断优化原则

公司应不断地检查和评估内外部经营管理环境和竞争格局的变化及其对公司全面风险管理所产生的实质影响,及时调整和优化风险管理政策、制度和流程。

按照这些原则,保险公司应建立与自身业务性质、规模和复杂程度相适应的全面风险管理体系,有效识别、评估、计量、应对和监控风险。全面风险管理的各项要求应与公司管理和业务流程紧密结合。

从上述国资委和保监会关于全面风险管理的基本流程和原则可以发现,全面风险管理的基本组成结构包括风险的评估、风险的认知和沟通,以及风险的管理四个基本方面,本书以后的章节将从这四个方面给出相关的分析和讨论。

阅读材料 1—2　　美联储官员谈全面风险管理

美联储理事苏珊·贝叶斯(Susan Bies)就"如何从监管的角度看待全面风险管理"发表了美联储的观点,阐述了对全面风险管理的总体看法,并探讨了全面风险管理在合规风险和操作风险管理等方面的具体应用。贝叶斯还特别指出了近期美国银行业在抵押贷款、信息安全、资产组合等领域的问题,以及美联储所采取的措施。下面是部分要点的摘译:

良好的风险管理对于任何行业的经营来说都是不可或缺的。所有的银行业机构都应当努力改善其风险管理,具体采用何种方法改进风险管理则取决于机构的规模大小和经营复杂化程度。可以肯定的是,良好的风险管理势必有助于提高企业的效率和效益。

一、对全面风险管理的总体看法

随着高科技的日新月异,以及金融机构业务流程、金融工具、经营规模与范围的创新,金融服务业正在不断地发展,同时也面临着不断变化的监管架构所带来的挑战。成功的全面风险管理流程能够帮助金融机构应对种种挑战,风险管理流程会为企业管理者提供一个框架,以便其明确地考虑风险敞口的变化,从而判断该机构愿意承受的风险量,并确保有到位的风险缓释措施,将风险限定在既定水平。

当然,全面风险管理是一个含义相当广泛的话题,对于不同的人来说可能具有不同的内涵。我们可以将全面风险管理定义为一个流程,这一流程能使管理层有效地应对突发事件及相关风险和机会,提高增加股东价值的能力。而根据全面风险管理文献的说法,全面风险管理包含下列内容:(1)调整机构实体的风险偏好和风险战略;(2)提高机构 ENT;(3)降低操作异常和损失的发生频率和严重程度;(4)识别和管理多种类、跨机构的风险;(5)主动抓住随时出现的机会;(6)提高机构实体资本配置的有效性。

美国反舞弊委员会发起组织委员会(COSO)曾经发布全面风险管理框架。这一框架为研究全面风险管理提供了一个非常实用的方法,并由此引发了更深层次的探讨。在COSO框架中,全面风险管理由8个相互关联并由管理层经营企业的不同方式所引发的要素组成,这些要素与管理的过程有机结合。这8个要素是:(1)内部环境;(2)目标设定;(3)事件识别;(4)风险评估;(5)风险对策;(6)控制活动;(7)信息和交流;(8)持续监测。

COSO框架明确指出,尽管全面风险管理的各个组成要素在不同的实体中有不同的作用方式,但是全面风险管理的基本原则却适用于各种规模的机构。例如,在确保风险管理框架质量的前提下,中小型企业可能选择非正式的途径或者非正规的结构来应用风险管理框架。这与银行监管者所要传递的信息不谋而合。监管者期望每家机构,无论其经营规模大小或复杂程度如何,都有一个良好的风险管理框架。虽然监管者的期望和银行的做法难免存在一些分

歧,但发展趋势是,监管者对银行业机构风险管理的要求与银行的实际做法逐渐趋于一致。

在规模较小或者非综合性的银行,其管理者和员工常常要一人担负多种职责。那么如何来避免这种利益冲突并确保对流程和决策的独立评价呢?

二、合规风险

全面风险管理能发挥切实作用的一个重要方面是合规管理。合规风险缘于一家金融机构未能遵循法律、监管规定或者行为准则。大型综合性银行业机构应制定一套完整的风险管理计划,否则应对合规风险将是一件非常棘手的事情。较小的机构由于人力资源所限,也面临着要随时跟进不断变化着的监管规定的挑战。

为了建立适当的合规风险控制措施,银行业机构应该首先了解其整体的合规风险。银行管理层至少每年都要在其职权范围内对风险和风险控制措施进行评估。一份全面的合规管理计划应当是动态的和主动的。合规管理计划应当不断评估随着机构增加新的业务条线或业务活动,变更现有经营活动或流程,或者监管规定发生变化而带来的风险。评估的流程应当包括评估报告,用以评估这些变化将如何影响企业风险敞口的水平和性质,以及风险缓释和控制措施是否有效地将风险敞口限定在既定水平内。为避免合规管理计划制定出来后无人问津,每家银行都必须对其风险和控制措施进行持续的再评价,并与所有参与合规管理流程的员工进行沟通。如果将合规管理视为一次性项目,这家机构将会面临其合规管理计划不能反映其服务或客户变化的风险。银行业机构的董事会需要确保该机构具有自上而下的合规文化,并且高级管理层要很好地将合规文化传达下去,使每一位员工都能清楚地知道自身的合规职责。清晰的沟通渠道和授权路线将有助于避免利益冲突。

对于管理层来说,将合规风险管理融入机构的日常经营活动是一件难度更大的事,因为合规风险通常反映的是法律或者监管规定的强制性命令,而机构有时并不认为这些命令是其经营成功的关键。例如,银行家们大多会理解信用风险管理和利率风险管理对于其机构的重要性,因为他们可以借此降低收入的流失并控制损失。然而,为更广泛的社会利益而制定的监管规定则被视为更昂贵的要求。例如,《爱国者法案》要求银行就重大交易向政府报告,加重了银行的报告负担。

三、操作风险

近几年,美联储逐渐提高了其对操作风险的关注度。操作风险一直是非银行金融机构面临的最大风险。银行日益关注操作风险的主要原因在于,很多利率风险和信用风险可以通过出售贷款、运用金融衍生工具和一个健全的风险管理模型来得到控制。此外,收入中高速增长的部分更多地来源于交易处理、名义账户和出售复杂的金融产品等业务。要想立于不败之地,银行必须建立一个综合的系统来管理所有的经营活动。同时,随着银行广泛运用复杂模型评估和管理信用风险和市场风险,这些模型因设计或数据整合缺陷产生的操作风险也日益增大。

在对银行业机构的常规性检查中,美联储注重检查银行的风险控制程序、流程和内部控制措施的充分性,包括对高风险活动控制程序的交易测试等。更具体地说,银行的电汇活动和贷款管理部门经常是检查的目标,通过检查,美联储发现了一些银行在操作风险控制方面的共同缺陷,这些缺陷值得引起所有银行的重视。

在电汇或类似交易业务方面,操作风险如未能得到有效缓释,美联储提示所有银行通过以下措施防范操作风险:(1)制定有关电汇交易的合理审批和授权要求,以确保一定级别的管理层了解相应级别的交易,并建立一个良好的问责制度;(2)制定收回流程、密码、资金转账协议,以及其他有关客户电汇请求的印鉴控制措施;(3)持续关注印鉴控制,因为这一领域也是最有可能受外部欺诈影响的环节。

如果职责分离不当或者缺乏双重控制措施,贷款管理将是另一个银行业机构可能因此而遭受重大损失的领域。美联储提示银行应做到以下事项:(1)确保信贷管理人员不能为自己放贷或续贷;(2)限制员工进入信贷管理系统计算机应用程序的权限,每一员工只能进入与其职责相应的计算机程序;(3)以政策和程序的形式,为员工提供如何识别和处理不正常交易的统一指引。

四、抵押贷款

有效地管理按揭贷款资产组合的风险,除了审慎认购之外,还包括很多内容。有经验的风险管理经理应当懂得,在房地产繁荣时期,有必要通过仔细衡量相关风险来控制借贷热情。这些风险包括,对于边际借款人未来收入增长的预期可能过于乐观。除此以外,还可能存在的风险是机构拥有大量同类贷款组合,而使其在房地产低迷时期面临集中度风险。贷款者之间就市场份额的竞争越为激烈的时候,机构就越需要考虑上述种种风险。

在近几年房地产市场繁荣时期,面对持续飙升的房价和不断调高的利率,许多借款人已经转向非标准付款和分期付款安排的抵押贷款,以减轻其还本付息的压力。近两年,很多新发放的贷款就是非传统的抵押贷款,其中包含了诱惑利率(teaser rates)和负的摊还借款(negative amortization)等可调整利率抵押贷款(adjustable-rate mortgages)。与此同时,一些银行忽视收入证明、降低评价标准,没有充分评估借款人在利率上升、全额摊还开始时的偿付能力。另外,近来相当一部分非传统的借贷产品已出现在次级市场。

在房地产繁荣期,房屋净资产(作为多渠道收入的一种)同样暴涨。在某种程度上,房屋资产的价值上涨是一种安全的保证,它为贷款人提供了更有价值的抵押物。但是美联储从以往的经验中看到,过度看重抵押物价值将会带来贷款展期的风险。借款人的房屋资产净值只在当该物业被处置(取消赎回权/预先处理)的时候才有意义,而这是贷款人和借款人都希望避免的情形。房屋保值也为借款人提供了更多的动机来保持他们现有的贷款水平,尤其是对于他们拥有的第二处物业或投资的不动产。更重要的是,借款人都希望其房屋抵押贷款的现金流用以还款。

目前看来,抵押贷款的拖欠还不是很多,但近几个月来次级抵押贷款拖欠情况的上升集中于可调整利率次级抵押贷款(adjustable-rate subprime loans),这可能与利率的重新调整有关,因为第一次对次级可调整利率抵押贷款(subprime ARMs)的利率调整远早于对优惠可调整利率抵押贷款(prime ARMs)的利率调整。抵押贷款信用质量的前景仍然是乐观的,但警戒信号已经渐渐浮现。美联储在近几个月内已经观察到清晰的初步信号,房价不再如以前那样上涨,在某些主要市场上房价甚至已经开始逐步下跌。房屋资产的上涨极有可能放缓或者停滞,与此同时,随着诱惑利率优惠期的到期,抵押贷款利率完全参照市场水平,最终与市场利率相当,借款人还本付息的压力将持续增加。尽管美联储预期抵押贷款的拖欠情况仍在可控范围之内,但贷款人仍然应当密切监测未来的发展情况。

五、信息安全

在近几年,有关信息安全和身份盗窃的问题已经引起联邦政府的高度关注。不久之前,联邦政府为加强反身份盗窃的工作,专门签署了一项行政命令,创建了一个反身份盗窃工作小组。美国银行业监管机构的领导们都被任命为这个工作小组的成员。

银行业机构越来越多地使用互联网作为沟通和支付的渠道,这就要求建立并应用更为复杂的控制机制,如企业全面防火墙保护、多因素印鉴方案和虚拟专用网络连接等。但是,非公

开的客户信息被网络攻击或安全性被破坏的新闻几乎每周都见诸报端。这些事件已经导致金融服务业数以百万美元的直接经济损失,并造成了极大的声誉损害。身份盗窃对于受害消费者所造成的损失也是巨大的。

尽管很多广为公开的违反信息安全的事件都源于银行以外的第三者访问该银行的客户信息,但银行同时也面临着内部人员违反信息安全或者滥用信息的风险。美联储的近期检查发现,一些银行内部人员进入的连接电子资金转账网络的信息技术系统控制薄弱,导致操作损失。对这些机构的进一步调查表明,欺诈行为的持续时间、涉及金额和造成的损失都是由于内部人员可以进入会计系统和相关系统而直接导致的。

由此得到的教训是:首先,银行业金融机构应当严密控制其资金转账系统的访问权限,确保权限设置坚持职责分离、双重控制和管理层最终决定。其次,银行业金融机构的高级管理层访问业务条线操作系统应受到限制,尤其是资金转账系统。如果此类限制不现实,则必须制定并施行额外的控制措施。最后,有效地管理信息安全风险(甚至只是某个特定职能部门的信息安全)需要全面地对相关风险进行真实和完整的评估。

六、资产组合信用风险

资产组合信用风险也应当引起整个银行的重视和全面管理。在很多案例中,一些机构也许对每个风险敞口都进行了良好的信用风险管理,但是却没有足够重视各类风险敞口聚集后对于整个机构的影响。

管理好资产组合的信用风险并不是一件容易的事情。银行会面临种种挑战,例如,风险敞口的聚集,要在整个资产组合中识别和量化出信贷集中度。很自然,监管者有时会对银行日益增长的信用风险集中和银行管理此类风险的能力而感到忧虑。最近,美国银行业监管机构共同签发了关于管理商业房地产集中的《监管指引草案》,旨在强调健全的资产组合管理原则。这些原则是银行在制定其商业房地产贷款战略时都应遵循的。一家银行既要监测单笔贷款的执行情况,也要在集中的基础上考虑由同类物业或者在同一市场上的物业抵押的贷款的风险情况。该指引中设定了一些金额标准,这并不是监管限制,而是监管参考指标,以便监管者识别银行潜在的商业房地产集中风险。监管者希望机构自己分析商业房地产集中的风险,并确立他们自己限制商业房地产集中的标准。毕竟,就识别和了解商业房地产集中的风险而言,机构处于最有利地位,而监管者的工作就是确认机构确实做了此事。

七、结论

美联储认为,所有银行业金融机构都需要良好的风险管理。全面的风险管理方法有助于设定整个机构的目标、培育整个机构的企业文化、确保核心业务和关键风险得到常规性监测。事实上,总有很多机会去改进全面风险管理战略,并制定有效执行该战略的相应制度。此外,银行还应当认识到,以前从未有过的问题可能突然在某一业务条线或职能部门出现。因此,哪怕是对最简单的业务部门而言,多估计一些假设的情形总是有帮助的。

与此同时,银行风险管理的方式方法应取决于机构的经营规模、业务复杂程度及其风险状况。很多案例表明,小型机构简单地采用最为复杂的风险管理做法并没有太大效果。美联储希望银行业机构不仅要识别、量化和管理其风险,而且同时要发展和保持适当的公司治理结构,并与其业务活动和所承担的风险相适应。美联储希望就这些不同问题所制定的指引能与银行家们自身的风险管理做法渐趋一致。

(资料来源:上海银监局。)

复习思考题

1. 保险中有许多不同的风险概念,它们之间有何异同?保险中的风险概念和风险的一般定义之间有何联系?
2. 保险公司的风险分类方法中,寿险公司与非寿险公司之间有何异同?
3. 翻译阅读材料1—1。
4. 参考阅读材料1—2,谈谈保险公司的全面风险管理。

第二篇

风险评估

  保险公司的风险评估通常需要给出保险公司所面临的各种风险的适当描述，本篇主要介绍风险的量化或概率描述，也就是风险的技术分析。风险的技术分析可以帮助保险公司决策人员估计未来风险的大小，是保险风险管理的重要组成部分。这里讨论了保险公司面临的三种主要风险，即寿险风险、非寿险风险和利率风险的风险评估方法。与普通精算教材的内容不同，这里对寿险风险增加了目前国际上比较热门的动态生存模型介绍，对非寿险风险增加了巨灾风险的评估，对利率风险则增加了利率风险的经济学模型等内容。

第二篇

风险理论

第二章 寿险风险评估

寿险风险主要涉及投保人的生存、死亡、疾病和发生意外等随机事件,而相关的概率模型称为生存模型。传统的生存模型主要研究生存函数和生命表的构造与应用,一般来说是静态的模型。由于生存函数在不同时间点可能有不同的表现形式,表现在保险市场也就是长寿风险,所以就需要研究动态的生存模型。本章第一节介绍静态生存模型,第二节介绍动态生存模型也即长寿风险模型。

第一节 静态生存模型

一、生存函数

新生儿未来的死亡年龄 X 是一个连续型的随机变量。描述 X 一般采用其分布函数 $F(x)$,即:

$$F(x) = \Pr(X \leqslant x), x \geqslant 0$$

但在生存模型中,更常用的描述死亡年龄随机变量的是下面的生存函数:

$$S(x) = 1 - F(x) = \Pr(X > x), x \geqslant 0$$

生存函数给出的是死亡发生在时间 x 以后的概率。显然,$S(0)=1$ 和 $S(\infty)=0$。

生存函数是生存模型中最基本的函数,利用它可以表述其他与死亡年龄相关的概率函数。例如,新生儿在年龄 x 与 $z(x<z)$ 之间死亡的概率为:

$$\Pr(x < X \leqslant z) = S(x) - S(z)$$

下面利用生存函数表示其他常用的一些生命函数。

(一) x 岁人的剩余寿命

用 (x) 表示一个 x 岁的人,$T(x) = X - x$ 表示这个人的剩余寿命,简称余命。显然,余命也是一个随机变量,其分布函数可表示如下:

$$\begin{aligned}
\Pr(T(x) \leqslant t) &= \Pr(X \leqslant x+t \mid X > t) \\
&= \Pr(x < X \leqslant x+t \mid X > t) \\
&= \frac{F(x+t) - F(x)}{1 - F(x)} \\
&= \frac{S(x) - S(x+t)}{S(x)}
\end{aligned}$$

在精算学中,有一套国际通用的符号用来表示有关 $T(x)$ 的各种概率函数,比如:

$$_tq_x = \Pr(T(x) \leqslant t), t \geqslant 0$$

$$_tp_x = \Pr(T(x) > t), t \geq 0$$

符号 $_tq_x$ 可解释为 (x) 将在 t 年内死亡的概率,即 $_tq_x$ 关于变量 t 是 $T(x)$ 的分布函数。同时,$_tp_x$ 还可解释为 (x) 活到 $x+t$ 岁的概率,即 $_tp_x$ 是 (x) 的生存函数。在年龄 $x=0$ 的特别情形下,$T(0)=X$,且:

$$_xp_0 = S(x) \quad x \geq 0$$

如果 $t=1$,约定允许省略上述符号中的前缀,即有:

$$q_x = {}_1q_x$$
$$p_x = {}_1p_x$$

对于 (x) 将生存 t 年并在其后 u 年内死亡的概率,有一个特殊的符号:

$$_{t|u}q_x = \Pr(t < T(x) \leq t+u)$$
$$= {}_{t+u}q_x - {}_tq_x$$
$$= {}_tp_x - {}_{t+u}p_x$$

与前面一样,当 $u=1$ 时,$_{t|u}q_x$ 中的 u 可省略而写成 $_{t|}q_x$。

利用生存函数 $S(x)$,可以将上述生存函数表示如下:

$$_tq_x = \frac{S(x) - S(x+t)}{S(x)}$$

$$_tp_x = \frac{S(x+t)}{S(x)}$$

$$_{t|u}q_x = \frac{S(x+t) - S(x+t+u)}{S(x)}$$

(二)死亡效力

现年 X 岁的生命在今后 Δx 年内死亡的概率为:

$$_{\Delta x}q_x = \Pr(x < X \leq x + \Delta x | X > x)$$
$$= \frac{F(x+\Delta x) - F(x)}{1 - F(x)}$$
$$\cong \frac{f(x)\Delta x}{1 - F(x)}$$

其中 $f(x) = F'(x)$ 是死亡年龄的概率密度函数。而

$$\frac{f(x)}{1-F(x)} = \lim_{\Delta x \to 0+} \frac{\Pr(x < X \leq x + \Delta x | X > x)}{\Delta x}$$

称为死亡效力或瞬时死亡率,记作 μ_x,即:

$$\mu_x = \frac{F'(x)}{1 - F(x)} = -\frac{S'(x)}{S(x)}$$

生存函数和死亡效力之间也有下面的关系:

$$S(x) = \exp\left(-\int_0^x \mu_s ds\right)$$

二、生命表

从上一节可知,描述生存概率最重要的是生存函数 $S(x)$。为了精确描述生存函数,曾有不少精算师致力于寻找生存函数的解析表达式。下面是几个以提出者命名的解析分布的例子。代替生存函数,这些例子中实际给出的是死亡效力的解析表达式。

(一) De Moivre 分布(均匀分布)

De Moivre(1724)提出,存在一个极大年龄 ω,并设死亡年龄在上均匀分布,此时死亡效力为:

$$\mu_x = \frac{1}{\omega - x}, 0 < x < \omega$$

(二) Gompertz 分布

Gompertz(1824)提出,死亡效力应按指数增长:

$$\mu_x = Bc^x, x \geq 0, B > 0, c \geq 1$$

(三) Makeham 分布

Makeham(1860)推广 Gompertz 分布,并假设:

$$\mu_x = A + Bc^x, x > 0, B > 0, A \geq -B, c \geq 1$$

以上解析表达式有一定的理论意义,但实际的生存函数很难用几个参数决定的解析函数表示。因此,在生存模型中最常用的描述生存函数的表达方式是表格法,也就是通常所说的生命表。为方便起见,常见的生命表并非 $S(x)$ 的离散数值表格,而是将其扩大一定倍数,譬如乘以 $l_0 = 100\,000$,由此 $S(x)$ 就表现为整数值,并用 l_x 表示。故有:

$$l_x = l_0 \cdot S(x)$$

显然,利用 l_x 同样可以表示其他的一些生命函数。例如:

$$_kp_x = \frac{l_{x+k}}{l_x}$$

$$_kq_x = \frac{l_x - l_{x+k}}{l_x} = \frac{_kd_x}{l_x}$$

$$_{k|m}q_x = \frac{l_{x+k} - l_{x+k+m}}{l_x} = \frac{_md_{x+k}}{l_x}$$

利用 l_x 还可以定义中心死亡率 m_x,其定义为:

$$m_x = \frac{\int_0^1 l_{x+t}\mu_{x+t}\,\mathrm{d}t}{\int_0^1 l_{x+t}\,\mathrm{d}t} = \frac{l_x - l_{x+1}}{L_x}$$

这里的 $L_x = \int_0^1 l_{x+t}\,\mathrm{d}t$ 表示初始 l_x 个生命在年龄 x 与 $x+1$ 之间生存总年数的期望值。

生命表给出的只是 l_x (或等价的 $S(x)$)在整数年龄上的离散值,还不是生存概率分布的完整描述。对非整数年龄 l_x(和 $S(x)$)的值则常用插值的数学方法获得。下面介绍三种不同的插值法:

(1)线性插值(年龄内均匀分布假设)。线性插值假定生存函数在 $x+t(0<t<1)$ 的值可由线性插值得到,即:

$$S(x+t) = (1-t)S(x) + tS(x+1)$$

(2)几何插值(年龄内常数死力假设)。假定生存函数在 $x+t(0<t<1)$ 的值可表示为:

$$S(x+t) = S(x)^{1-t}S(x+1)^t$$

(3)调和插值(Balducci 假设)。假定生存函数在 $x+t$ $(0<t<1)$ 的值 $S(x+t)$ 满足下面的关系式:

$$\frac{1}{S(x+t)} = \frac{1-t}{S(x)} + \frac{t}{S(x+1)}$$

可以证明，在适当假设下，中心死亡率 m_x 和 q_x 有一定的关系。譬如，在死亡均匀分布假设下，m_x 和 q_x 有如下相互关系：

$$m_x = \frac{q_x}{1-\frac{1}{2}q_x} \quad 与 \quad q_x = \frac{m_x}{1-\frac{1}{2}m_x}$$

因此，$L_x = \frac{1}{2}(l_x + l_{x+1})$，$m_x = \dfrac{d_x}{\frac{1}{2}(l_x + l_{x+1})}$。

三、生命表的种类及构造

在寿险精算中，精算师的重要工作之一就是对各种不同投保对象估计其生存函数。当然，实际工作中不可能对每个人都编制相应的生命表。但通常会针对不同的统计范围、对象、用途等划分不同种类的生命表。主要的生命表划分类型有国民生命表与经验生命表。

(一)国民生命表

国民生命表是根据全国范围内的人口统计资料估计得到的，反映了一个特定时期内全体国民的寿命分布情形。在制定社会保险和医疗保健计划中有作用。

(二)经验生命表

经验生命表则是人寿保险公司根据其投保人统计资料编制得到的，反映的是这些公司的经验和其投保人的寿命分布情形。

寿险公司针对其投保人的不同投保类型、性别和是否有选择，编制有不同类型的经验生命表。主要类型有以下几种：

(一)年金生命表与寿险生命表

在寿险公司的投保人中，年金购买者和寿险购买者的寿命分布差别很大，因此常常对这两类被保险人分别构造不同的生命表，分别称为年金生命表和寿险生命表。

(二)男性生命表与女性生命表

统计显示，女性的死亡率通常比男性低。反映这种差别的方法有两种：一是对不同性别分别构造男性生命表和女性生命表；二是不分性别构造男女混合表，对男性直接使用表中的死亡率，对女性则采用所谓的年龄倒退法，譬如假定 50 岁女性的死亡率等于 47 岁男性的死亡率。

(三)选择生命表与终极生命表

有时候精算师还会针对投保人通过选择的时间提供不同的生命表。譬如，我们可以把寿险公司的核保过程看作一种选择，在 x 岁经过选择的人以后各年的死亡率记为：

$$q_{[x]+j}, j = 0,1,2,\cdots$$

这里下标方括号中的 x 称为选择年龄。因此，$q_{[x]}$ 表示刚经过选择之后 x 岁人的死亡率；$q_{[x]+1}$ 表示在 1 年前经过选择的 $x+1$ 岁人的死亡率；依此类推。

统计经验显示，相同年龄投保人的选择时间越晚，其死亡率越低。即对于 $0 < k < x$，有：

$$q_{[x-k]+j+k} > q_{[x]+j}, j = 0,1,2,\cdots$$

另一方面，随着选择时间的推移，两者的差别会越来越小，即 $q_{[x-k]+j+k} - q_{[x]+j}$ 会随着 j 的增大而减小。实务中通常确定一个期限 r，规定选择经过 r 年后，我们忽略这个差别，也即 $q_{[x-k]+r+k} = q_{[x]+r}$，这个 r 称为选择期。此时可去掉方括号，写成：

$$q_{[x-k]+r+k} = q_{[x]+r} = q_{x+r}$$

我们把不同选择期相应的生命表称为选择生命表,而把选择效果消失后的生命表称为终极生命表。

四、生命表的编制

"生命表的编制"是精算学中的一门重要课程。一般来说,在生存模型理论中并不直接估计生存函数 $S(x)$,而是首先估计一年内的死亡概率 q_x,并由此得到 $S(x)$ 的估计值。生命表的估计一般包括下面三个步骤。

(一)步骤1:粗死亡率的估计

这个过程包括数据收集和死亡率的初步估计。数据收集过程中通常会规定一组生命和某一称为观测期的期限(可能是一年或更多年),并在观测期内对该组生命进行观测。一般来说,在观测期内可能并不能观察到每个生命自年龄 x 岁到 $x+1$ 岁的完整过程,这种现象如 Lexis 图(图 2—1)所示。

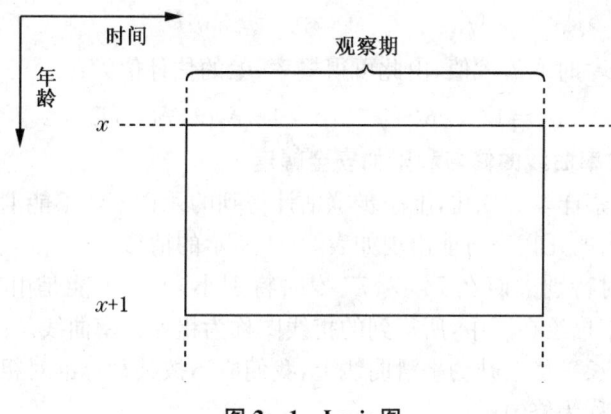

图 2—1 Lexis 图

图 2—1 中,每个被观测生命对应于一段对角线,表明该生命被观测的时间区间,长方形的两条横向边界是所考虑的年龄范围,两条纵向边界表示观测期的始点与终点。对于在观测期开始以前进入 x 岁的生命,观测是不完全的(某些生命在观测以前可能已经死亡);类似的是,对于那些在观测期结束后才进入 $x+1$ 岁的生命,观测也是不完全的。另外一些不完全观测来自那些在 x 与 $x+1$ 岁之间进入被观测生命组的生命;以及那些由于死亡以外的原因,如合同到期,而在 x 与 $x+1$ 岁之间离开被观测组的生命。

设有 n 个生命与长方形中的观测记录有关,假定标号为 i 的生命在年龄 $x+t_i$ 与 $x+s_i$ 之间被观测($0 \leqslant t_i < s_i \leqslant 1$)。总和:

$$E_x = (s_1 - t_1) + (s_2 - t_2) + \cdots + (s_n - t_n)$$

称为风险暴露。Lexis 图上所有对角线段的总长度都为 $\sqrt{2}E_x$。又令,D_x 表示在长方形内观测到的死亡人数,则 I 表示所有因死亡而终止观测的生命构成的集合。下面介绍两种常用的估计粗死亡率 q_x 的方法。

1. 矩方法

矩方法中,为了估计 q_x,要求死亡数的期望值等于观测到的死亡数。由于死亡数的期望值可表示为:

$$\sum_{i=1}^{n} {}_{1-t_i}q_{x+t_i} - \sum_{i \notin I} {}_{1-s_i}q_{x+s_i}$$

在调和插值的假设下,上式可简化为:

$$\sum_{i=1}^{n}(1-t_i)q_x - \sum_{i \notin I}(1-s_i)q_x = E_x q_x + \sum_{i \in I}(1-s_i)q_x$$

令此表达式等于观测到的死亡数,即得 q_x 的矩估计值:

$$\hat{q}_x = \frac{D_x}{E_x + \sum_{i \in I}(1-s_i)}$$

2. 极大似然方法

假定 n 个生命是独立的,于是观测期的似然函数为:

$$\prod_{i \in I} \mu_{x+s_i} \cdot {}_{s_i-t_i}p_{x+t_i} \cdot \prod_{i \notin I} {}_{s_i-t_i}p_{x+t_i}$$

由年龄内常数死力假设,上式可简化为:

$$(\mu_{x+1/2})^{D_x} \cdot \exp(-\mu_{x+1/2} E_x)$$

此式当 $\hat{\mu}_{x+1/2} = D_x/E_x$ 时取最大值,由此可得概率 q_x 的估计值为:

$$\hat{q}_x = 1 - \exp(-\hat{\mu}_{x+\frac{1}{2}}) = 1 - \exp(-D_x/E_x)$$

(二)步骤 2:死亡率曲线的修匀和附加安全幅度

由于观察期和观察样本的变化,上一步骤估计得到的死亡率还不能消除异常波动,还仅是粗死亡率。譬如,算出的死亡率可能出现如表 2—1 所示的情形:

死亡率在 76 岁时特别大而在 74 岁、77 岁时特别小,说明可能是由于异常波动导致的。将表 2—1 中的死亡率描绘在图中,所得到的折线图称为粗死亡率曲线。由于真实的死亡率应当落在一条随年龄增长平稳上升的平滑曲线上,我们应当按某种标准对粗死亡曲线进行修正,这样的过程在精算中称为修匀。

表 2—1　　粗死亡率例子

年龄	粗死亡率
70	0.044
71	0.084
72	0.071
73	0.076
74	0.04
75	0.104
76	0.16
77	0.058
78	0.11
79	0.093
80	0.139

图 2—2 中的折线图是未经修匀前的粗死亡率曲线,修匀后的曲线(用方格点连接的曲线)消除了异常波动的现象,但还没有消除正常的随机波动现象。要消除这种现象,可以采用在修匀的死亡率上附加一个安全幅度的方法。

附加安全幅度对年金和寿险的意义不一样。对年金投保人而言,死亡率过高的随机波动是不利的;而对寿险投保人而言,死亡率过低的随机波动是不利的。图 2—2 中用三角点连接的曲线是寿险死亡率附加安全幅度的一个例子。

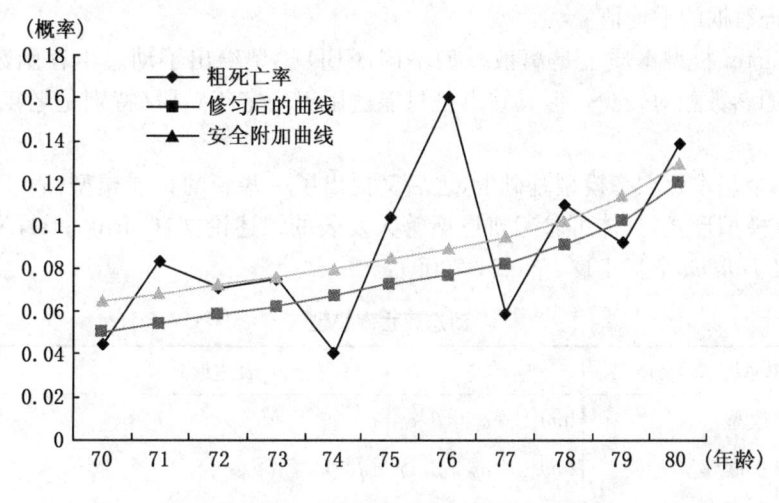

图 2—2 粗死亡率及修匀和安全附加曲线图

(三)步骤 3:死亡率曲线的补正和生命表的估计

保险公司在估计死亡率时,由于缺乏大年龄投保人和小年龄投保人的经验数据,不易采用统计方法得到其估计值。经常应用的方法是利用数学插值补正得到完整的死亡率曲线。最后,在得到 q_x 的估计值后,常用下式估计得到 $S(x)$:

$$\hat{S}(x)=(1-\hat{q}_0)(1-\hat{q}_1)\cdots(1-\hat{q}_{x-1})$$

由于在适当假设下,中心死亡率 m_x 和 q_x 有一定的关系,而中心死亡率的估计样本数据要求相对较为简单,特别是比较适合人口统计数据,因此有时也经常通过估计中心死亡率构造生命表(特别是国民生命表)。下节介绍的动态生存模型中的 Lee-Carter 模型就采用了中心死亡率。

第二节 动态生存模型

上节介绍的传统生存模型是静态模型,但是人口的未来寿命不断变化,具有很大的不确定性,所以采用传统生存模型描述人口的死亡风险就有很大局限性。为了克服传统方法的局限性,美国人口统计学家李(Lee)和卡特(Carter)在 1992 年首先提出了一种动态生存模型,该方法结合传统的人口统计模型与时间序列模型,通过对历史数据的拟合,给出未来生存函数的描述。Lee-Carter 模型实际上描述的是中心死亡率,其模型的具体形式如下:

$$\ln(m_{x,t})=\alpha_x+\beta_x k_t+\varepsilon_{x,t}$$

其中,$m_{x,t}$ 表示 x 岁生命在时刻 t 的中心死亡率;α_x 表示死亡率随年龄变化的趋势;k_t 描

绘时刻 t 时死亡率的变化,可以表示为一个随机序列；β_x 描绘与具体年龄相关的死亡率变化情况；$\varepsilon_{x,t} \stackrel{iid}{\sim} N(0,\sigma_\varepsilon^2)$ 是一个白噪声,反映与年龄相关的其他影响。

凯恩斯(Cairns)、布莱克(Blake)和多德(Dowd)(这三人以下简称 CBD)在 2006 年又提出了如下新的动态生存模型,即 CBD 模型：

$$\ln\left(\frac{q_{x,t}}{1-q_{x,t}}\right)=\gamma_t^{(1)}+\gamma_t^{(2)}(x-\bar{x})$$

其中,$\bar{x}$ 是拟合数据的平均值。

与 Lee-Carter 模型本质上是离散模型不同,CBD 模型给出了动态生存函数的解析表达式,需要估计的参数相对较少。但其缺点是只能适用于一定年龄段(特别是老年人群)生命的死亡率估计。

在以上两个基本死亡率模型基础上,之后又提出了一些新的扩展模型,表 2—2 是一些主要的动态生存模型形式(具体可参考凯恩斯等人发表的综述论文：Cairns, et al, *North American Actuarial Journal*, Vol 13, No.1, 2009)：

表 2—2　　　　　　　　　　　动态死亡率模型

模型	表达形式
Lee-Carter 模型	$\ln m_{x,t}=\alpha_x+\beta_x\kappa_t+\varepsilon_{x,t}$
Lee-Carter 扩展模型	$\ln m_{x,t}=\alpha_x+\beta_x^{(1)}\gamma_t+\beta_x^{(2)}\kappa_{t-x}+\varepsilon_{x,j}$
CBD 模型	$\ln\left(\frac{q_{x,t}}{1-q_{x,t}}\right)=\gamma_t^{(1)}+\gamma_t^{(2)}(x-\bar{x})$
CBD 扩展模型 1	$\ln\left(\frac{q_{x,t}}{1-q_{x,t}}\right)=\gamma_t^{(1)}+\gamma_t^{(2)}(x-\bar{x})+\kappa_{t-x}$
CBD 扩展模型 2	$\ln\left(\frac{q_{x,t}}{1-q_{x,t}}\right)=\gamma_t^{(1)}+\gamma_t^{(2)}(x-\bar{x})+\gamma_{t-x}^3[(x-\bar{x})^2-\sigma_x^{(2)}]+\kappa_{t-x}$
CBD 扩展模型 3	$\ln\left(\frac{q_{x,t}}{1-q_{x,t}}\right)=\gamma_t^{(1)}+\gamma_t^{(2)}(x-\bar{x})+\kappa_{t-x}(x_C-x)$

下面分别给出 CBD 模型和 Lee-Carter 模型估计的例子。案例 2—1 来自 CBD 发表于 2006 年的原始论文,他们原来的模型和符号与上述稍有不同,为方便起见,这里还是保留 CBD 原始模型的形式。

案例 2—1　　　　　　　　CBD 模型

CBD 定义了如下的远期生存概率 $p(t,T_0,T_1,x)$,表示在 t 时刻估计的,在 0 时刻是 x 岁的生命,在 T_0 时生存的条件下,T_1 时还生存的概率($T_1>T_0>t$)。

CBD 又定义了 $\overset{\circ}{p}(t,x)=p(t+1,t,t+1,x)$ 为在 0 时刻为 x 岁人群的实现生存概率,另外定义实现的死亡率 $\overset{\circ}{q}(t,x)=1-\overset{\circ}{p}(t,x)$。

CBD 采用下面的模型来描述死亡率曲线(也即表 2—2 中的 CBD 模型)：

$$\overset{\circ}{q}(t,x)=1-p(t+1,t,t+1,x)=\frac{e^{A_1(t+1)+A_2(t+1)(x+t)}}{1+e^{A_1(t+1)+A_2(t+1)(x+t)}}$$

其中，$A_1(t)$ 和 $A_2(t)$ 是 t 时刻的相关参数。

应用上述模型于 1961~2002 年英国的死亡率数据，CBD 得到了各年的模型参数估计，比如图 2—3 是 2002 年年初的实际死亡率和拟合曲线图，以及 1960~2002 各年的 $A_1(t)$ 和 $A_2(t)$ 参数值（见图 2—4）。

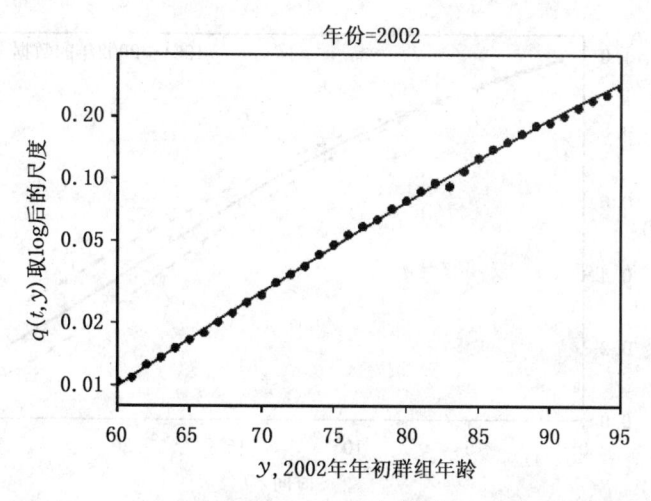

图 2—3　2002 年年初英国 60 岁以上男性死亡率和拟合曲线

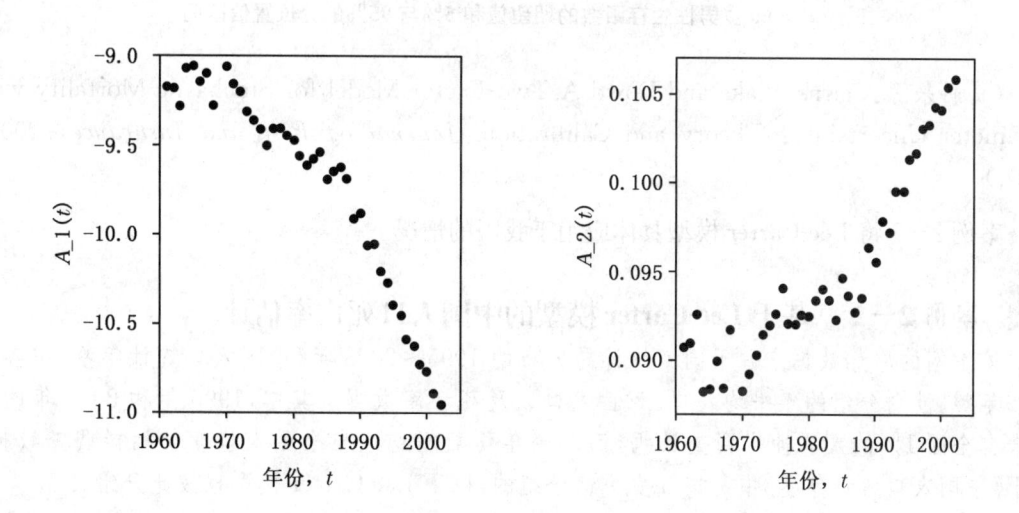

图 2—4　1961~2002 年 $A_1(t)$ 和 $A_2(t)$ 的估计值

由图 2—4 可见，$A_1(t)$ 和 $A_2(t)$ 有明显的上升和下降趋势，CBD 采用了如下模型描述 $A_1(t)$ 和 $A_2(t)$ 的动态变化：定义向量 $A(t)$ 为 $A(t)=(A_1(t),A_2(t))'$，其满足的动态模型为：

$$A(t+1)=A(t)+\mu+CZ(t+1)$$

其中，μ 为 2×1 向量，C 为 2×2 上三角矩阵，$Z(t)$ 为二维标准正态分布。利用 1961~2002 年 $A_1(t)$ 和 $A_2(t)$ 的估计数据，CBD 得到了上述模型参数的如下估计值：

$$\hat{\mu}=\begin{pmatrix}-0.043\ 4\\0.000\ 367\end{pmatrix},\hat{V}=\hat{C}\hat{C}'=\begin{pmatrix}0.010\ 67 & -0.00\ 161\ 7\\-0.000\ 161\ 7 & 0.000\ 002\ 590\end{pmatrix}$$

由此可以预测未来的死亡率并得到相应的生存函数，注意：由于未来的死亡率是不确定的,相应的生存函数也是不确定的。图 2—5 给出了 CBD 估计的 0 时刻(即 2002 年)65 岁生命未来的生存函数 $S(t)=p(0,0,t,65)$。用静态生存模型中的符号表示也即 $_tp_{65}$,但应注意的是,由于未来各年的死亡率是不确定的,这里的 $_tp_{65}=p(0,0,t,65)$ 因此也是不确定的。图 2—5 中的实心线表示 $S(t)$ 的期望值,两条虚线分别表示其 5% 和 95% 的分位值。

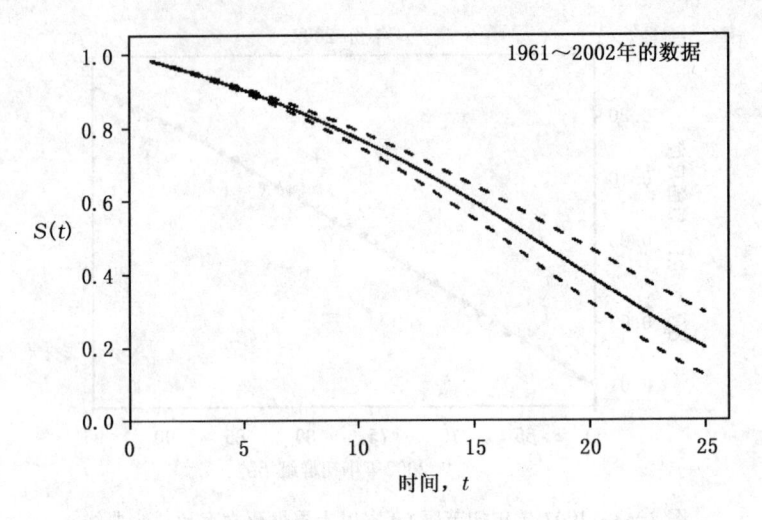

图 2—5 利用 1961～2002 年的数据估计得到的模型与既得 2002 年后
60 岁男性生存函数的期望值和 5%与 95%的分位置信区间

(资料来源:Cairns, Blake and Dowd. A Two-Factor Model for Stochastic Mortality with Parameter Uncertainty: Theory and Calibration. *Journal of Risk and Insurance*,2006,(73).)

案例 2—2 将 Lee-Carter 模型具体应用于我国的情况。

案例 2—2 基于 Lee-Carter 模型的中国人口死亡率估计

该案例的原始数据来源于国家统计局公布的 1995～2008 年《中国人口统计年鉴》中各年的按年龄、性别分组的年平均人口、死亡人口以及死亡率数据。其中,1995 年和 2005 年的数据来自全国 1% 的人口抽样调查数据,而其余年份数据均来自全国人口变动抽样调查数据。由于《中国人口统计年鉴》中是按 5 岁一组分组的,以下 Lee-Carter 模型也按此分组。

Lee-Carter 模型不能运用普通的 OLS 方法进行回归预测,这是因为 Lee-Carter 模型右边的所有变量都是不可观测的,所以模型参数不是唯一的。为此加入以下两个限制条件:

$$\sum_x \beta_x = 1, \sum_t \kappa_t = 0$$

在此限制下,具体估计过程如下:

(1) $\hat{m}_{x,t} = d_{x,t}/L_{x,t}$,其中,$d_{x,t}$ 为 x 岁的人在 t 时刻一年内的死亡人数,$L_{x,t}$ 为 x 岁的人在 t 时刻一年内的生存总年数。

(2) 估计 α_x 为:$\hat{\alpha}_x = \dfrac{\sum_t \ln(\hat{m}_{x,t})}{n}$,即 $\ln(m_{x,t})$ 关于时间的平均值,它可以视为某一特定年龄组的平均死亡率,这里 n 表示取样年数。

(3)估计 β_x, κ_t：对矩阵 $[\ln(\hat{m}_{x,t}) - \hat{\alpha}_x]$ 进行奇异值分解，β_x, κ_t 的估计值分别为矩阵中左一列和右一列的奇异向量。

(4)调整估计得到的 $\hat{\kappa}_t$，并运用时间序列模型预测未来值 $\hat{\kappa}_{t+s}$，其中 $s>0$。

(5)预测未来的中心死亡率 $m_{x,t+s}$：$\hat{m}_{x,t+s} = \exp(\hat{\alpha}_x + \hat{\beta}_x \hat{\kappa}_{t+s})$。

(6)在一定假设下，利用预测的中心死亡率估计未来的生存函数和生命表。

应用人口抽样调查数据于 Lee-Carter 模型的上述估计方法，得到的参数估计结果如表2—3至表2—5和图2—6至图2—8所示。

表2—3　　　　　1994～2007年中国男性 α_x 和 β_x 的估计值

年龄组	α_x 的估计值 $\hat{\alpha}_x$	β_x 的估计值 $\hat{\beta}_x$
0～4 岁	−5.376 399	0.314 271
5～9 岁	−7.230 723	0.171 268
10～14 岁	−7.637 580	0.080 115
15～19 岁	−7.127 626	0.085 616
20～24 岁	−6.677 136	0.092 523
25～29 岁	−6.597 070	0.096 495
30～34 岁	−6.360 909	0.075 590
35～39 岁	−6.165 789	0.048 926
40～44 岁	−5.852 712	0.053 165
45～49 岁	−5.475 006	0.071 305
50～54 岁	−5.122 870	0.086 913
55～59 岁	−4.613 139	0.103 725
60～64 岁	−4.090 559	0.125 367
65～69 岁	−3.623 143	0.139 117
70～74 岁	−3.103 248	0.123 620
75～79 岁	−2.651 770	0.112 550
80～84 岁	−2.196 161	0.127 680
85～89 岁	−1.803 144	0.132 729
90 岁及以上	−1.426 431	0.167 451

表2—4　　　　　1994～2007年中国女性 α_x 和 β_x 的估计值

年龄组	α_x 的估计值 $\hat{\alpha}_x$	β_x 的估计值 $\hat{\beta}_x$
0～4 岁	−5.220 787	0.214 271
5～9 岁	−7.698 744	0.158 900
10～14 岁	−7.878 723	0.120 273
15～19 岁	−7.539 158	0.142 032
20～24 岁	−7.176 025	0.183 418
25～29 岁	−7.006 768	0.152 670

续表

年龄组	α_x 的估计值 $\hat{\alpha}_x$	β_x 的估计值 $\hat{\beta}_x$
30～34 岁	−6.927 225	0.108 959
35～39 岁	−6.718 800	0.079 314
40～44 岁	−6.417 380	0.080 048
45～49 岁	−6.005 592	0.084 690
50～54 岁	−5.596 260	0.087 243
55～59 岁	−5.118 782	0.091 855
60～64 岁	−4.580 624	0.074 141
65～69 岁	−4.039 131	0.064 703
70～74 岁	−3.505 808	0.071 398
75～79 岁	−3.009 504	0.082 182
80～84 岁	−2.499 612	0.087 685
85～89 岁	−2.116 446	0.091 471
90 岁及以上	−1.560 645	0.094 537

表 2—5　　　　　　　　1994～2007 年中国男性和女性的 κ_t 估计值

年份	男性 κ_t 的估计值 $\hat{\kappa}_t$	女性 κ_t 的估计值 $\hat{\kappa}_t$
1994	0.425 730	0.435 919
1995	0.349 035	0.303 478
1996	0.067 808	0.240 960
1997	0.020 964	0.119 497
1998	0.007 171	0.023 625
1999	−0.058 846	0.089 986
2000	−0.016 722	0.020 427
2001	0.059 539	0.039 929
2002	−0.190 651	−0.177 532
2003	−0.225 177	−0.196 213
2004	−0.190 809	−0.277 150
2005	−0.312 668	−0.279 512
2006	−0.261 700	−0.300 786
2007	−0.309 524	−0.401 993

从图 2—6 中可看出，除了 0～4 岁以外，在其他年龄段，女性的 $\hat{\alpha}_x$ 值都比男性的小，即女性的死亡率要比男性小，说明女性的平均寿命要比男性长。有趣的是，在 0～4 岁男性的 α_x 值更小，这可能是因为中国在一定程度上还存在重男轻女的现象，有些父母对刚出生的女婴照顾不周，导致 0～4 岁女性的死亡率高于男性。

Alpha的估计值

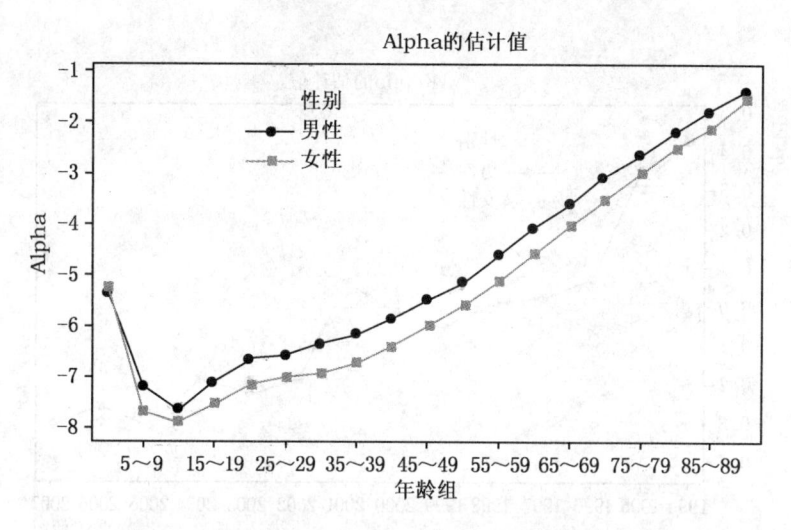

图 2—6 估计值 $\hat{\alpha}_x$ 的按年龄分组图

Beta的估计值

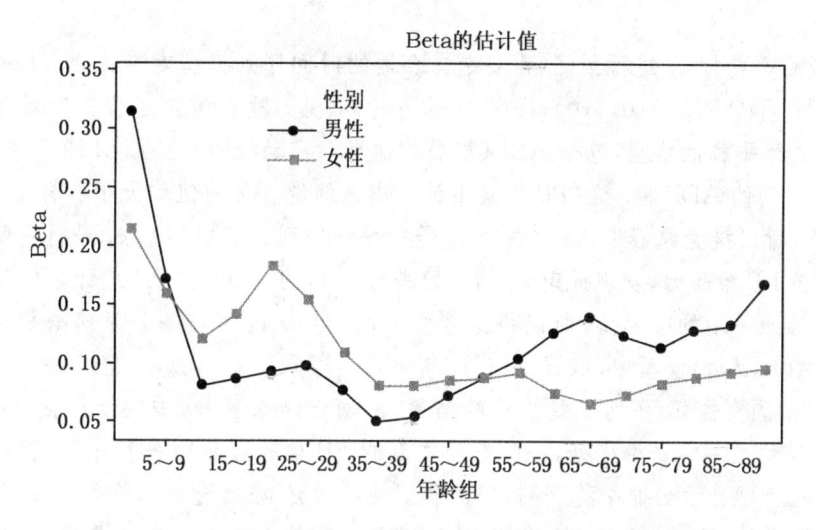

图 2—7 估计值 $\hat{\beta}_x$ 的按年龄分组图

作为载荷因子，β_x 用来测量因子 κ_t 发生变化而特定年龄死亡率发生变化的程度。例如，小（大）的 β_x 值就表示当 κ_t 随着时间减少时，特定年龄的死亡率就下降得慢（快）。如图 2—7 所示，在中国，在年龄段 10~50 岁，女性对死亡率的波动比男性更为敏感，而在其他年龄段，男性对死亡率的波动比女性更为敏感，因此老年男性在 κ_t 下降过程中（即死亡率改善的过程中）死亡率改善得更为明显，这也意味着老年男性的死亡率与老年女性死亡率之间的差距将越来越小，老年人口中男性比例将有所提高，保险公司在对男性相关产品定价时应该注意到这点，在老年男性预定的死亡率基础上应加上更高的风险边际。除此之外，男性和女性的 β_x 拟合曲线具有比较相似的模式。

图 2—8 给出了 κ_t 的拟合值图形，与我们的预期一致，从图 2—8 中可以看出死亡率随着时间的推移基本上呈降低的趋势，说明我国死亡率不断改善的趋势。从图 2—8 还可以看出，男性和女性的 κ_t 拟合曲线具有比较类似的模式，说明从总体上来说我国男性和女性的死亡率

改善趋势一致。

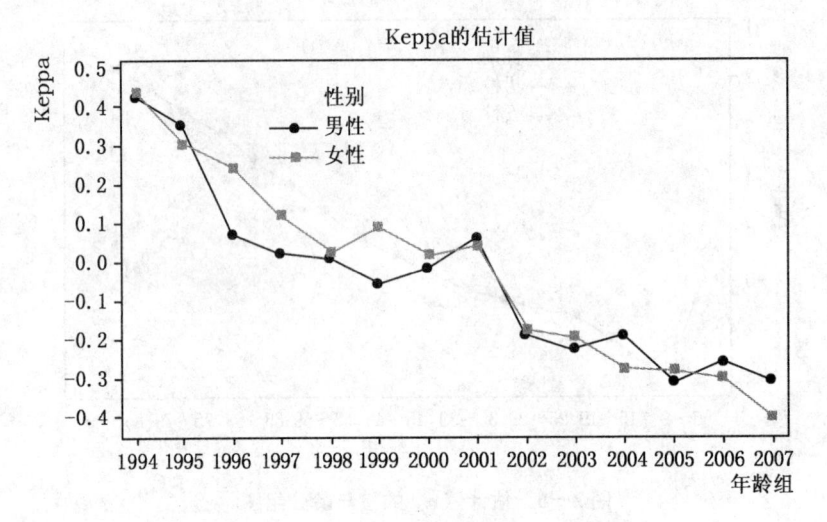

Keppa的估计值

图2—8 估计值 $\hat{\kappa}_t$ 的时间序列图

为了对死亡率指标 κ_t 进行预测，需要选择合适的时间序列模型对其拟合。Lee-Carter 的原始模型中利用了 ARIMA(0,1,0)，即将时间序列 κ_t 视为随机游走过程。针对我国的时间序列 κ_t，首先进行平稳性检验，包括 ADF(扩展的迪克—富勒检验)检验和 PP(飞利浦—佩隆)检验，发现 κ_t 序列的 ADF 检验和 PP 检验中计算出来的统计量的值均大于各自1%显著性水平下的临界值，所以接受原假设，认为序列 κ_t 是非平稳序列。当对序列 κ_t 进行一阶差分之后做 ADF 检验和 PP 检验时，发现此时 κ_t 的一阶差分序列的 ADF 和 PP 统计量的值已均小于各自1%显著性水平下的临界值，所以拒绝零假设，认为 κ_t 的一阶差分序列是平稳序列。因此，在 ARIMA(p,d,q) 模型中，取 $d=1$。

类似可得中国女性 κ_t 序列平稳性检验结果，从输出结果可知，中国女性 κ_t 序列的 ADF 和 PP 检验结果均显示非平稳序列，一阶差分之后的 PP 检验显示为平稳序列，但一阶差分之后的 ADF 检验仍然显示非平稳序列，因此我们继续对 κ_t 序列进行二阶差分，二阶差分之后的 ADF 检验显示 κ_t 序列为平稳序列。ADF 与 PP 检验结果存在一定的差异，但我们在建模的过程中应该引进尽可能少量的参数，而且利用下文关于 ARIMA 模型参数识别的方法，可知 κ_t 序列二阶差分拟合的效果不如一阶好，因此，在 ARIMA(p,d,q) 模型中，仍然取 $d=1$。

下面确定 ARIMA(p,d,q) 模型中 p 和 q 的值，也就是模型中的阶数。为了剔除主观成分，这里采用信息准则法对模型的阶数进行识别。一般来说，信息准则包括两项：一项是残差平方和(RSS)；另外一项是由于增加额外参数所丧失的自由度的惩罚项，这里采用赤池信息准则(Akaike Information Criteria, AIC)和施瓦茨贝叶斯信息准则(Scwarz-Bayesian Information Criteria, SBIC)。为了使模型拟合的效果最佳，选择的参数应该使信息准则的值最小，即具有最小的 RSS 值、最小的 AIC 值以及最小的 SBIC 值。发现模型 ARIMA(0,1,1)同时具有最小的 RSS 值、AIC 值、SBIC 值，因此我们将采用 ARIMA(0,1,1)模型对中国男性序列 κ_t 进行预测，即假设 κ_t 满足以下等式：

$$\kappa_t = c + \kappa_{t-1} + \varepsilon_t - \theta \varepsilon_{t-1}$$

由此得到中国男性序列 κ_t 估计式如下：

$$\kappa_t^{(m)} = -0.04198 + \kappa_{t-1}^{(m)} + \varepsilon_t^{(m)} - 0.99717\varepsilon_{t-1}^{(m)}$$

与中国男性序列 κ_t 一样,对中国女性序列 κ_t 仍采用 ARIMA(0,1,1)模型进行预测,得到中国女性序列 κ_t 估计式如下:

$$\kappa_t^{(f)} = -0.05821 + \kappa_{t-1}^{(f)} + \varepsilon_t^{(f)} - 0.99724\varepsilon_{t-1}^{(f)}$$

由此可以对 κ_t 序列进行预测,得到的预测结果如表2—6和表2—7所示。

表 2—6　　　　　　　　　中国男性死亡率指标 κ_t 预测值

年份	2008	2009	2010	2011
$\hat{\kappa}_t$	−0.352 176	−0.394 159	−0.436 142	−0.478 125
年份	2012	2013	2014	2015
$\hat{\kappa}_t$	−0.520 108	−0.562 090 41	−0.604 073 3	−0.646 056 19

表 2—7　　　　　　　　　中国女性死亡率指标 κ_t 预测值

年份	2008	2009	2010	2011
$\hat{\kappa}_t$	−0.460 357	−0.518 568	−0.576 779	−0.634 990
年份	2012	2013	2014	2015
$\hat{\kappa}_t$	−0.693 202	−0.751 413 01	−0.809 624 27	−0.867 835 54

以上预测结果显示,中国男、女性死亡率指标都呈明显的下降趋势,因此各年龄段的死亡率都将呈下降趋势,我们可以用2008~2011年的实际死亡率对模型的结果进行检验。

(资料来源:甘利民,上海财经大学硕士论文,2011年。)

复习思考题

1. 为何生命表有不同种类?生命表的编制有哪些步骤?
2. 为何需要研究动态的生存模型?
3. 主要有哪些动态死亡率模型?
4. 重复案例2—1中CBD模型的估计过程。
5. 重复案例2—2中Lee-Carter模型的估计过程。

第三章
非寿险风险评估

一般的寿险产品保险金额是确定的,主要的不确定性是发生保险赔付的可能性及时间。而非寿险的保险赔付则受损失发生的概率(赔款频率)和损失金额(赔款额度)两方面的影响。与生存模型中生存函数的估计主要采用非参数估计方法不同,在非寿险风险评估中通常会首先设法寻找这两种随机因素分布的解析表达式,并通过统计推断对其中的参数进行评估。本章第一节介绍赔款频率的评估。第二节介绍赔款额度的评估,其中特别介绍了巨灾风险的评估。由于巨灾风险样本较少,发生后的损失巨大,其风险评估有不同于一般精算方法的一些特点。关于巨灾风险的评估在后续章节中还会陆续涉及,本章介绍的主要是经典的非寿险精算评估方法。针对非寿险风险的非均匀性特点,第三节介绍信度理论和经验费率。

第一节 赔款频率估计

由于赔款频率一般是指某类保险平均每个危险单位发生的赔款次数。赔款次数的估计可以看作等价于赔款频率的估计。这里的危险单位是计算保险费率所设定的一种尺度。例如,汽车保险采用 1 年每辆汽车为危险单位,这样所得的赔款频率就是指每辆汽车每年平均发生的赔款次数。若每辆汽车只涉及一份保单或一个被保险人,则赔款频率也就是每个被保险人或每份保单的年赔款次数。

赔款频率的估计可以采用类似寿险精算中估计粗死亡率的方法,譬如设某险种具有 K 个危险单位时发生 n 次赔款,则其赔款频率 q 的点估计为:

$$\hat{q} = \frac{n}{K}$$

上式中的危险单位数 K 相当于人寿保险中生命表估计时的风险暴露数,在非寿险中也可以看作保险公司承担的未满期责任。由于经验数据中保险合同的保险日期可以分布在全年,精算师也常用近似方法进行估算,八分法是常用的一种估算方法。下面给出利用八分法计算危险单位数和估计赔款频率的一个例子。

一、赔款频率的估计:八分法

八分法的基本原理是把某个季度投保或续保的全部保单均看作在该季度中点那天生效。也就是说,所有在 t 年的第一季度投保或续保的保单,在该年有 7/8 年的责任;在 t 年的第二季度投保或续保的保单,在该年有 5/8 年的责任;第三、四季度,以及 $t-1$ 年生效并在第 t 年终止的保单,其保险责任的计算也可进行类似分析。另外可能有部分保单在到期前就终止保险责任,其相应的保险责任的计算要作相应的修正。所有第 t 年内有效的保单的保险责任相

加后即得该年的危险单位数,除该年发生赔款的次数,就得到了赔款频率的估计值。

例 3—1 某保险公司 2000~2001 年度各季度企财险保单的数目及终止情况如表 3—1 所示。若已知 2001 年发生 12 次赔款,估计该保单的赔款频率。

表 3—1　　　　　某保险公司 2000~2001 年度企财险保单的数目及终止情况

季度	投保或续保的保单数目	
	2000 年	2001 年
第一季度	40	60
第二季度	50	60
第三季度	60	70
第四季度	80	90

假设所有保单中提早终止的保单有 5 张,其发行日期和终止日期如表 3—2 所示。

表 3—2　　　　　　　　保单的发行日期和终止日期

发行日期	折合发行期	终止日期	扣减天数
2000 年 3 月 5 日	2000 年 2 月 14 日	2000 年 6 月 4 日	45
2000 年 7 月 1 日	2000 年 8 月 15 日	2000 年 11 月 5 日	227
2000 年 10 月 12 日	2000 年 11 月 15 日	2001 年 2 月 14 日	274
2001 年 1 月 5 日	2001 年 2 月 14 日	2001 年 9 月 30 日	92
2001 年 5 月 1 日	2001 年 5 月 15 日	2001 年 8 月 25 日	128

解析:表 3—2 最后一列给出了利用八分法计算时应扣减的天数。计算方法如下:比如,2000 年 3 月 5 日发行的保单,折合发行日期为 2000 年 2 月 14 日,则在 2001 年尚有 45 天的责任,但其在 2000 年 6 月 4 日已终止,故其扣减天数为 45 天。又如,2001 年 1 月 5 日发行的保单,折合发行日期为 2001 年 2 月 14 日,则在 2001 年尚有 320 天的责任,但其在 2001 年 9 月 30 日已终止,故其扣减天数为 92 天。因此总的扣减天数为 776 天(45+227+274+92+128)。

因此,按八分法计算,该保单 2001 年度的危险单位数 K 为:

$$K = 40 \times \frac{1}{8} + 50 \times \frac{3}{8} + 60 \times \frac{5}{8} + 90 \times \frac{7}{8} + 60 \times \frac{7}{8} + 60 \times \frac{5}{8} + 70 \times \frac{3}{8} + 90 \times \frac{1}{8} - \frac{766}{365}$$

$$= 265.4(\text{天})$$

赔款频率的估计值为:

$$\hat{q} = \frac{12}{265.4} = 0.045\ 2$$

二、赔款次数的分布函数的估计

上面给出了赔款频率的估计方法,为了得到对赔款次数更具体的描述,需要知道赔款次数的分布函数。描述赔款次数一般采用某一特定风险在一年内发生赔款次数的离散随机变量 K 来表示。表 3—3 是描述离散随机变量的一些常用分布及其数字特征。在这些离散随机变量分布中，比较适用于描述赔款次数 K 的分布是负二项分布和 Poisson 分布。其参数估计的方法主要有矩方法和最大似然估计方法。其应用参见例 3-2。

表 3-3　　　　　　　　　　　　　　常用的离散型分布

离散型分布	概率分布	参数限制	矩母函数	矩 均值	矩 方差
二项分布	$C_n^x p^x q^{n-x}, x=0,1,\cdots,n$	$0<p<1$ $q=1-p$	$(pe^\delta+q)^n$	np	npq
贝努里分布	二项分布中 $n=1$ 的特例				
负二项分布	$C_{r+x-1}^x p^r q^x, x=0,1,\cdots$	$0<p<1$ $q=1-p$ $r>0$	$\left(\dfrac{p}{1-qe^\delta}\right)^r, qe^\delta<1$	$\dfrac{rq}{p}$	$\dfrac{rq}{p^2}$
几何分布	负二项分布中 $r=1$ 的特例				
Poisson 分布	$\dfrac{e^{-\lambda}\lambda^x}{x!}, x=0,1,\cdots$	$\lambda>0$	$e^{\lambda(e^\delta-1)}$	λ	λ
均匀分布	$\dfrac{1}{n}; x=0,1,\cdots$	n 为正整数	$\dfrac{e^\delta(1-e^{\delta n})}{n(1-e^\delta)}; \delta\neq 0,1; s=0$	$\dfrac{n+1}{2}$	$\dfrac{n^2-1}{12}$

例 3-2　某机动车辆损失险保单数为 12 000 张。经观察，其中赔款次数为 0、1、2 和 3 次以上的保单数分别为 10 423 张、1 471 张、100 张、6 张。试给出这些保单未来一年内赔款次数的分布估计。

解析：

均值的估计值为：

$$\hat{\bar{k}} = 0 \times \frac{10\ 423}{12\ 000} + 1 \times \frac{1\ 471}{12\ 000} + 2 \times \frac{100}{12\ 000} + 3 \times \frac{6}{12\ 000}$$

$$= 0 \times 0.868\ 58 + 1 \times 0.122\ 58 + 2 \times 0.008\ 333 + 3 \times 0.000\ 5$$

$$= 0.140\ 75$$

方差的估计值为：

$$\hat{\sigma}^2 = 0^2 \times 0.868\ 58 + 1^2 \times 0.122\ 58 + 2^2 \times 0.008\ 333 + 3^2 \times 0.000\ 5 - (0.140\ 75)^2$$

$$= 0.140\ 61$$

由于方差和均值的值基本相同，我们估计赔款次数满足 Poisson 分布，则无论采用矩估计法或极大似然估计法，都可估计其参数为 0.140 75，因此赔款频率 k 的分布满足：

$$\Pr(k=x) = e^{-0.140\ 75} \frac{(0.140\ 75)^x}{x!}$$

对假设的分布函数还要作相应的拟合检验，下面介绍几种主要的统计检验方法。

（一）χ^2 检验

χ^2 拟合优度检验的原假设是 H_0：损失数据服从某个理论分布。为了检验 H_0，先把观测到的数据分成 n 组。选择检验统计量 $\chi^2 = \sum\limits_{i=1}^{N} \dfrac{(O_i - E_i)^2}{E_i}$，其中 O_i 为第 i 组中观测到的频数，E_i 为根据理论分布计算出来的理论频数。在 H_0 成立的前提下，统计量 χ^2 服从自由度为 $n-k-1$ 的 χ^2 分布，其中 k 为待估参数的个数。当统计量 χ^2 值大于一定显著性水平下的 χ^2 分布的临界值时，应拒绝原假设，即数据拟合效果不好。

(二)Kolmogorov-Smirnov 检验

Kolmogorov-Smirnov 检验是一种常用于检验某个样本是否服从特定的分布的非参数统计检验方法。其基本思想是当样本容量足够大的时候,经验分布函数 $F_n(x)$ 将收敛到概率分布函数 $F(x)$,并且 $F_n(x)$ 是 $F(x)$ 的一致估计量。可以证明当 $n \to \infty$ 时,$F_n(x)$ 以概率 1 均匀地收敛到 $F(x)$。

因为经验分布函数收敛到理论分布函数,所以在经验分布函数 $F_n(x)$ 和假设理论分布函数 $F(x)$ 紧密程度的基础上便可以建立一种拟合检验,这就是 Kolmogorov-Smirnov 检验,其统计量由下式给出:

$$D_n = \sup\{|F_n(x) - F(x)|\}, -\infty < x < \infty$$

式中的 D_n 就是经验分布函数 $F_n(x)$ 和理论分布因数 $F(x)$ 间的最大差额,由此可以导出统计量的精确分布。如果样本服从特定的理论分布,D_n 将倾向于较小,否则 D_n 将倾向于较大,这样就可以建立一个合理的检验程序。

例 3—2(续) 下面对采用的分布模型进行拟合检验。

(1)利用 χ^2 检验(见表 3—4)。

表 3—4　　　　　　　　　　　χ^2 检验结果

赔款次数	样本保单数	期望保单数	Chi-square
0	10 423	10 423.477 5	0.000 02
1	1 471	1 467.245 2	0.009 6
2	100	103.257 4	0.102 8
3 或更多	6	5.019 9	0.191 4
总数	12 000	12 000.000 0	0.303 8

自由度为 2(4−1−1),对 5% 的置信水平,χ^2 值为 5.991。因此,不能拒绝 Poisson 分布的假设。

(2)利用 Kolmogorov-Smirnov 检验(见表 3—5)。

表 3—5　　　　　　　　**Kolmogorov-Smirnov 检验结果**

赔款次数	$F_0(x)$	$F_{12\,000}(x)$	$|F_0(x) - F_{12000}(x)|$
0	0.868 71	0.868 58	0.000 13
1	0.990 98	0.991 17	0.000 19
2	0.999 58	0.999 50	0.000 08
3	0.999 99	1.000 00	0.000 01
4 或更多	1.000 00	1.000 00	0.000 00

最大的差绝对值为 0.000 19,而临界值 $= \dfrac{1.36}{\sqrt{12\,000}} = 0.012\,42$。因此,也不能拒绝 Poisson 分布的统计假设。我们最后选择的模型是赔款次数满足参数为 0.140 75 的 Poisson 分布。

第二节　赔款额度的分布函数

描述赔款额度一般采用连续随机变量,表 3—6 是常用的连续随机变量分布函数及其数字特征。

表 3-6　　　　　　　　　　　　　　　常用的连续型分布

连续型分布	密度函数	参数限制	矩母函数	矩 均值	矩 方差
均匀分布	$\frac{1}{b-a};a<x<b$	—	$\frac{e^{bs}-e^{as}}{(b-a)s};s\neq 0$ $1,s=0$	$\frac{b+a}{2}$	$\frac{(b-a)^2}{12}$
正态分布	$\frac{1}{\sigma\sqrt{2\pi}}\exp\left\{-\frac{(x-\mu)^2}{2\sigma^2}\right\}$	$\sigma>0$	$\exp\{\mu s+\sigma^2 s^2/2\}$	μ	σ^2
Gamma 分布	$\frac{\beta^\alpha}{\Gamma(\alpha)}x^{\alpha-1}e^{-\beta x};x>0$	$\sigma>0,\beta>0$	$\left(\frac{\beta}{\beta-s}\right)^\alpha;s<\beta$	$\frac{\alpha}{\beta}$	$\frac{\alpha}{\beta^2}$
指数分布	Gamma 分布中 $\alpha=1$ 时的特例	$\beta>0$	$\left(\frac{\beta}{\beta-s}\right);s<\beta$	$\frac{1}{\beta}$	$\frac{1}{\beta^2}$
Pareto 分布	$\alpha x_0^\alpha/x^{\alpha+1};x>x_0$	$x_0>0,\alpha>0$		$\frac{\alpha x_0}{\alpha-1}$ $(\alpha>1)$	$\frac{\alpha x_0^2}{(\alpha-2)(\alpha-1)^2}$ $(\alpha>2)$
对数正态分布	$\frac{1}{x\sigma\sqrt{2\pi}}\exp\left(\frac{(\ln x-m)^2}{2\sigma^2}\right)$	$\sigma>0$		$e^{m+\sigma^2/2}$	$(e^{\sigma^2}-1)e^{2m+\sigma^2}$
混合指数分布	$p\alpha e^{-\alpha x}+q\beta e^{-\beta x}$	$x>0,0<p<1$ $q=1-p,\alpha,\beta>0$		$\frac{p}{\alpha}+\frac{q}{\beta}$	$\frac{p(1+q)}{\alpha^2}+\frac{q(1+p)}{\beta^2}-\frac{2pq}{\alpha\beta}$

在具体估计赔款额度时会根据不同的险种采用不同的连续分布。例如,火灾保险高额赔款概率可能较大,常用的火灾险的赔款金额分布函数有对数正态分布、Pareto 分布和混合指数分布等;车辆损失保险常用 Gamma 分布;等等。在确定了赔款额分布的形式以后,同样可以由经验数据估计参数值。与寿险的情形不同,非寿险的理赔时间可能会拖延很长。因此,观察期内收集的赔款案件中可能只有小部分在观察期内已理赔完毕,其赔款数称为已决赔款。其余在观察期内已发生损失但尚未处理或已处理而尚未确定赔款数量的称为未决赔款。因此,在具体做参数估计时,要做相应的调整。在理赔时间拖延很长时,还要考虑资金的时间价值和通货膨胀等影响。下面以我国地震损失为例介绍赔款额度的分布函数估计方法。

案例 3-1　　　　　　　　　　　中国地震风险评估

本案例样本选自 1966～2005 年我国地震直接经济损失在 1 亿元人民币(经物价指数调整后)以上的地震损失数据,运用非寿险精算评估方法,对样本数据建立相关的经验分布函数并拟合损失分布。我国地震损失金额的分布很不均匀,绝大多数的地震损失都处在 10 亿元以内。其分布情况如表 3-7 所示。

表 3-7　　　　　　　　　我国地震损失的频数和频率分布　　　　　　　　（金额单位:亿元）

地震损失金额	频数	频率	累计频率	频率密度
1～2	16	0.275 862	0.275 862	0.275 862
2～3	6	0.103 448	0.379 310	0.103 448
3～4	7	0.120 69	0.5	0.120 69

续表

地震损失金额	频数	频率	累计频率	频率密度
4～7	10	0.172 414	0.672 414	0.057 471
7～10	6	0.103 448	0.775 862	0.034 483
10～20	8	0.137 931	0.913 793	0.013 793 1
20～30	2	0.034 483	0.948 276	0.003 448 3
30～40	1	0.017 241 4	0.965 517 2	0.001 724 14
40～60	0	0	0.9655172	0
60～80	1	0.017 241 4	0.982 759	0.000862
80～1 000	1	0.017 241 4	1.000 000	0.000 018 74
合计	58	1.000 000	—	—

地震损失的经验分布函数是：

$$F_n(x)=\begin{cases}0.275\ 862, & x=2\\ 0.379\ 310, & x=3\\ 0.5, & x=4\\ 0.672\ 414, & x=7\\ 0.775\ 862, & x=10\\ 0.913\ 793, & x=20\\ 0.948\ 276, & x=30\\ 0.965\ 517\ 2, & x=40\\ 0.982\ 759, & x=60\\ 1.000\ 00, & x=1\ 000\end{cases}$$

进一步可以画出其经验分布函数的图像和给出其描述性统计量的表格(见表3—8)。

表3—8　　　　　　　　　样本数据的主要描述性统计量

主要统计变量	统计变量数值	主要统计变量	统计变量数值
均值	226 750	极差	9 049 300
方差	$1.402\ 3\times10^{12}$	中值	39 873
标准差	1 184 200	偏度	7.341 2
最小值	10 292	峰度	55.259 0
最大值	9 059 640	内四分极值	66 233

由于统计样本损失数据集中在10亿元以下，我们对观测数据进行对数变换，经过对数变换以后的样本数据的经验分布函数见图3—1。

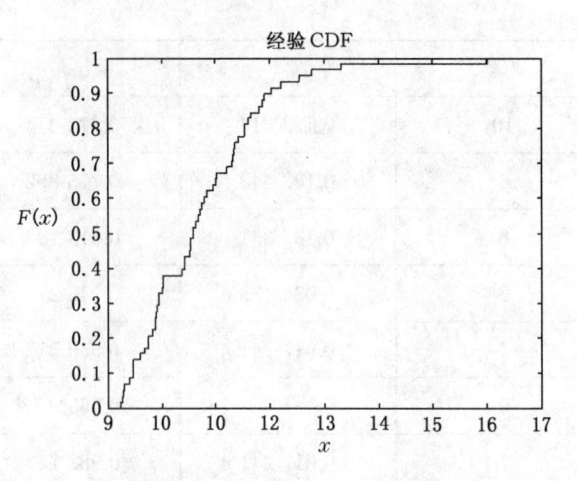

图 3—1　对数变换以后的样本数据的经验分布函数

由于对损失数据取了对数以后样本仍然显示一定正偏性，适合采用非对称、尾部较厚的双参数模型进行损失分布的拟合，我们将利用三种常用的具有正偏特点的理论分布模型即对数正态分布、Gamma 分布和 Weibull 分布对样本数据的对数值进行拟合，其拟合分布函数曲线与经验分布函数曲线的比较见图 3—2，表 3—9 给出了理论分布中参数估计结果、对应参数的置信区间以及拟合优度检验值。

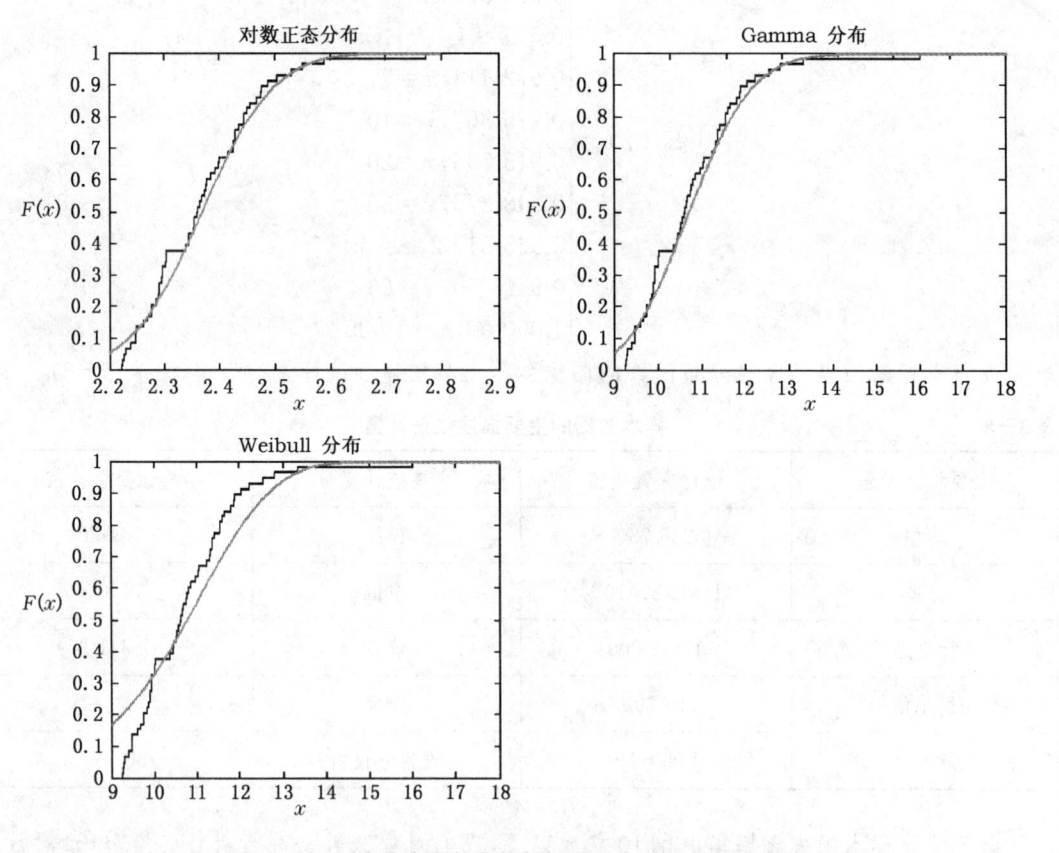

图 3—2　拟合分布函数曲线与经验分布函数曲线的比较

表 3—9　　　　　　　　　　拟合分布的参数估计和拟合优度检验

理论分布名称	密度函数	参数估计	95%的置信区间
对数正态分布	$f(x)=\dfrac{1}{\sigma\sqrt{2\pi}}\dfrac{\exp\left(-\dfrac{1}{2}\left(\dfrac{\ln(x)-u}{\sigma}\right)^2\right)}{x},x>0$	$u=2.368\ 9$ $\sigma=0.104\ 6$	$(2.341\ 4,2.396\ 4)$ $(0.088\ 4,0.128\ 0)$
Gamma 分布	$f(x)=\dfrac{1}{\beta^\alpha\Gamma(\alpha)}x^{\alpha-1}e^{-\frac{x}{\beta}},x>0$	$\alpha=89.627\ 4$ $\beta=0.119\ 9$	$(62.326\ 1,128.887\ 9)$ $(0.083\ 3,0.172\ 6)$
Weibull 分布	$f(x)=a^{-\gamma}\gamma x^{\gamma-1}\exp(-a^{-\gamma}x^\gamma),x>0$	$a=11.306\ 6$ $\gamma=7.398\ 1$	$(10.895\ 5,11.733\ 2)$ $(6.293\ 5,8.696\ 6)$

理论分布名称	χ^2 检验值	Kolmogrov-Smirnov 检验值	游程检验值	Jarque-Bera 检验
对数正态分布	4.134 1	0.109 6	−0.720 1	74.484 1
Gamma 分布	4.413 1	0.111 1	1.027 8	—
Weibull 分布	16.083 4	0.187 1	−1.886 7	—

由表 3—9 给出的结果可知,在对样本数据的对数值进行拟合时,用对数正态分布 $LogN$(2.368 9,0.104 6)时其 χ^2 检验值 4.134 1,小于 95%的置信水平下自由度是 5 的 χ^2 分布的临界值 11.071,同时在用 Kolmogrov-Smirnov 检验时理论分布函数和经验分布函数在各样本点上的最大差异是 0.109 6,小于临界值 $0.178\ 6\left(\dfrac{1.36}{\sqrt{n}}\right)$。在进行游程检验的过程中,由于观测值 −0.720 1 位于区间 [−1.96,1.96] 中,可以认为样本数据是取自于对数正态分布,但是在用 Jarque-Bera 检验来评价正态分布的拟合程度时,Jarque-Bera 统计量的值是 74.484 1,远大于其临界值 5.991 5,不能认为样本数据的对数值服从对数正态分布 $LogN$(2.368 9,0.104 6)。同样,在用 Gamma(89.627 4,0.119 9) 描述时也都通过了 χ^2 检验、Kolmogrov-Smirnov 检验和游程检验,但是在用 Weibull 分布描述时统计量的观测值都超过了临界值,只通过了游程检验,所以我们拒绝这个分布假设。因此,我们把损失数据对数值的分布选定为 Gamma(89.627 4,0.119 9)。

(资料来源:柳海东,上海财经大学硕士论文,2006 年。)

由于巨灾的分布函数的特点是尾部特别肥厚,而案例 3—1 中采用的三种分布的密度函数尾部下降较快,因此对特别巨大数额灾害也即分布尾部的拟合表现还不够理想,为此在下面的案例中介绍康明斯(Cummins)、刘易斯(Lewis)和菲利普斯(Phillips)(这三人以下简称 CLP)对美国自然灾害损失金额的相关统计分析。与巨灾风险评估相关的极值理论等内容在第七章还有介绍。

案例 3—2　CLP 对美国自然灾害损失金额的相关统计分析

CLP 的样本数据来源于两方面:一是美国一家保险数据供应商 Property Claims Service (PCS)的来自美国自然灾害保险损失的实际数据;二是美国著名的巨灾风险咨询公司 Risk Management Solution (RMS)的模拟数据。这里主要介绍前者的相关结果。

CLP 选用的备选分布的密度函数如下:

对数正态:

$$s(L)=\frac{1}{(L-d)\sigma\sqrt{2\pi}}e^{-\left[\frac{\ln(L-d)-\mu}{\sigma}\right]^2},L>d$$

Pareto 分布：

$$s(L)=\alpha d^\alpha L^{-(1+\alpha)},L>d$$

Burr12：

$$s(L)=\frac{|a|q(L-d)^{a-1}}{b^a\left[1+\left(\frac{L-d}{b}\right)^a\right]^{q+1}},L>d$$

GB2：

$$s(L)=\frac{|a|(L-d)^{ap-1}}{b^{ap}B(p,q)\left[1+\left(\frac{L-d}{b}\right)^a\right]^{p+q}},L>d$$

这里的巨灾定义为损失大于某个阀值 d 的灾害。

在做统计估计前，CLP 对 PCS 的数据做了相应处理，主要是通过建筑成本和人口变化做了相应调整，具体公式如下：

$$L_{ijt}^{94}=L_{ijt}\frac{c_{94}}{c_t}\frac{v_{j,94}}{v_{jt}}$$

其中，L_{ijt}^{94} 表示第 i 次巨灾在第 j 个州、时间 t 的相应 1994 年调整后的损失金额，L_{ijt} 表示原始损失金额，$\frac{c_{94}}{c_t}$ 是建筑成本指数调整因子，$\frac{v_{j,94}}{v_{jt}}$ 是人口指数调整因子。

图 3—3 是 1949～1994 年经上述调整后的各年损失金额，表 3—10 是分灾害类型的描述性统计量。CLP 后面的分析集中于美国两类最主要的巨灾——地震和飓风，图 3—4 是 1949～1994 年经调整后的各年地震和飓风保险损失金额，表 3—11 则是利用这些样本数据得出的四种分布函数的参数估计值。图 3—5 和图 3—6 分别是损失金额的 ln 取值为 200 万美元和 650 万美元以上的尾部的几种拟合分布函数曲线与经验分布函数曲线比较，可以看出 Burr 分布的拟合程度相对比较理想，对数正态分布的尾部下降太快，Pareto 分布的尾部则太厚。

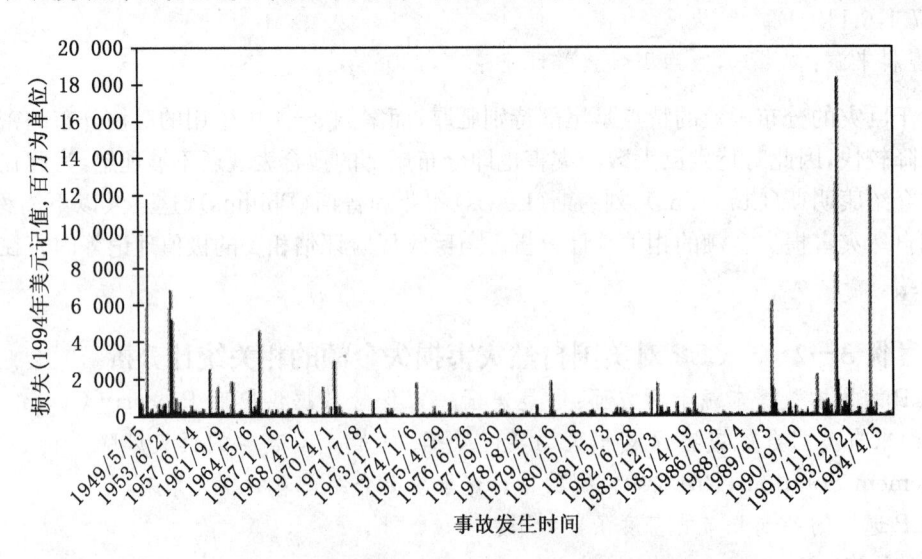

图 3—3 美国 1949～1994 年巨灾损失金额

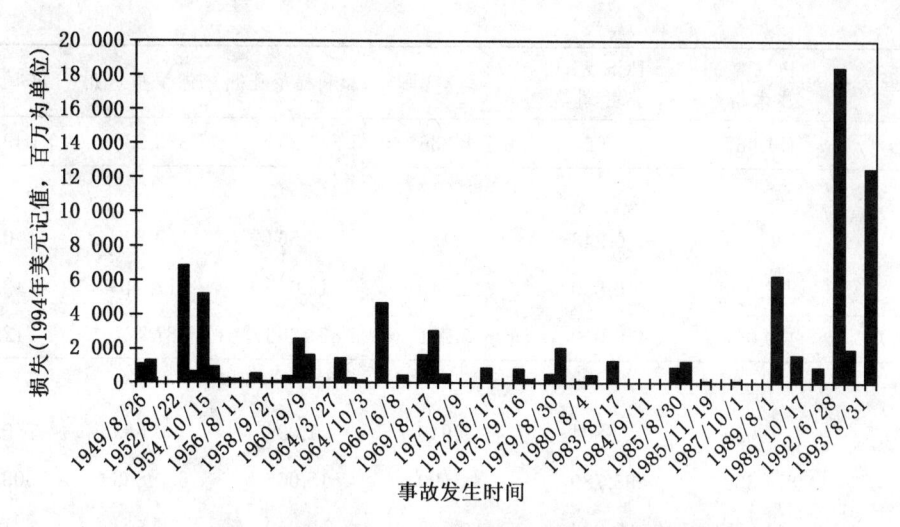

图 3—4 美国 1949~1994 年地震和飓风损失金额

表 3—10　　　　　　　　　　美国 1949~1994 年巨灾损失描述性统计

灾害类型	N	均值	标准差	变异系数	偏差	最小值	最大值
地震	14	1 079 919 991	3 313 558 418	3.07	3.64	11 852 852	12 500 000 000
森林火灾	27	228 427 389	434 833 689	1.90	4.44	3 769 473	2 296 609 302
洪水	14	73 110 934	117 528 364	1.61	2.20	7 022 724	356 502 769
冰雹	53	82 098 301	90 209 509	1.10	2.11	7 992 680	443 331 807
飓风	57	1 222 680 792	2 763 012 070	2.26	4.76	5 278 321	18 391 014 407
冰灾	1	20 625 310	0			20 625 310	20 625 310
雪灾	11	102 884 340	194 752 240	1.89	3.07	7 167 945	677 636 717
龙卷风	21	74 586 127	116 138 156	1.56	3.67	3 246 349	546 706 772
热带风暴	8	73 889 334	58 915 748	0.80	1.81	19 991 072	204 946 131
火山喷发	1	69 870 633	0			69 870 633	69 870 633
风灾	864	95 987 693	429 832 971	4.48	23.50	2 827 037	11 746 275 284
其他灾害	66	108 959 698	191 921 889	1.76	3.25	3 777 433	983 118 263
全部灾害	1 137	166 981 831	849 081 766	5.08	14.85	2 827 037	18 391 014 407

资料来源：PCS 保险数据供应商。

附注：损失额按 1994 年美元记值。

表 3—11　　　　　　　　　　各种分布函数参数估计值

分布函数和参数	PCS 建筑成本指数	PCS 人口指数调整	全美国	加利福尼亚州	佛罗里达州	美国东南部
Log 正态						
μ	5.396	4.586	4.403	3.703	5.654	5.337
σ	2.064	2.168	2.195	2.059	2.259	2.211

续表

分布函数和参数	PCS建筑成本指数	PCS人口指数调整	全美国	加利福尼亚州	佛罗里达州	美国东南部
$-\log(L)$	471.667	426.964	6 108.236	5 344.295	7 388.235	7 049.331
Pareto:						
a	0.328	0.343	0.431	0.564	0.296	0.323
d	12.040	6.850	12.040	12.040	12.040	12.040
$-\log(L)$	430.041	470.040	6 653.261	5 834.966	8 087.477	7 712.696
Burr12:						
a	0.659	0.804	0.910	1.099	0.689	0.760
b	874.302	95.780	44.600	18.006	690.888	308.502
q	1.991	0.999	0.737	0.619	1.507	1.215
$-\log(L)$	502.537	461.542	6 609.184	5 813.172	7 889.142	7 539.407
GB2:						
a	0.150	0.078	0.405	1.842	0.179	0.491
b	291 488 438.71	0.001	23.515	21.847	1 349 162.97	469.254
p	10.970	121.909	3.816	0.498	7.988	1.886
q	88.975	50.199	2.491	0.335	34.485	2.590
$-\log(L)$	501.438	460.476	6 604.769	5 811.365	7 882.308	7 537.281
发生频率	2.20	2.20	6.67	3.60	0.83	1.35

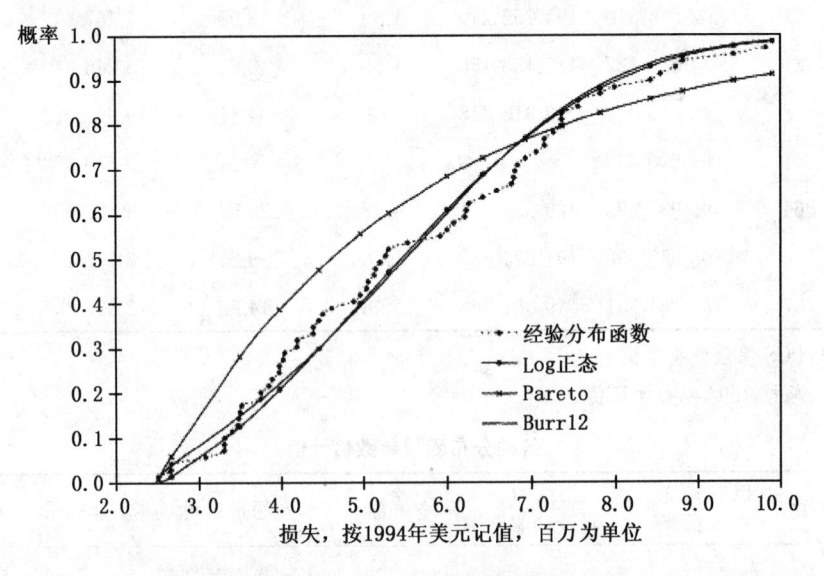

图3－5 拟合分布函数曲线与经验分布函数曲线的尾部比较（$\ln(\text{loss}) > 200$万）

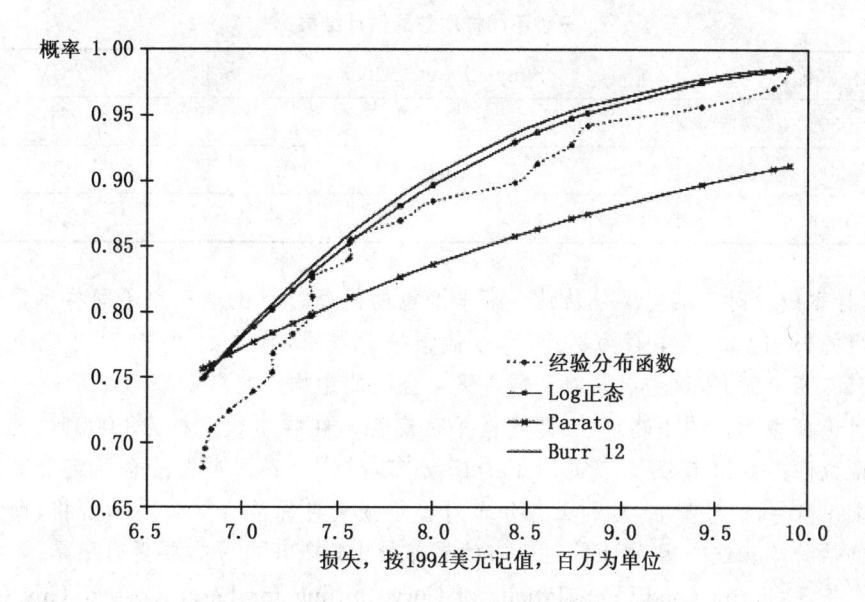

图 3-6　拟合分布函数曲线与经验分布函数曲线的尾部比较(ln(loss)>650万)

(资料来源:Cummins, Lewis and Phillips, Pricing Excess-of-loss Reinsurance Contracts against Catastrophe Loss, *The Financing of Catastrophe Risk*, K. Froot (Ed.), University of Chicago Press, 1999.)

上述两个案例说明巨灾风险的风险评估特别困难,这是因为巨灾风险样本数量很少,并且风险随时间变动可能会有结构性的变化,因此非寿险风险的统计估计往往有很大的不确定性。这种不确定性具体表现为三个方面:

(1)选择的模型或拟合分布函数可能是不适当的,即所谓的建模不确定性(model uncertainty);

(2)在选择适当的分布函数后,参数估计可能可靠性不足,即所谓的参数不确定性(parameter uncertainty);

(3)即使建立的风险模型确实是过去该风险类型的适当描述,由于未来该风险类型可能会发生结构性变化,原来的模型可能不再适用于未来新的风险情景,即所谓的动态不确定性(dynamic uncertainty)。

下面的案例是 Guy Carpenter 公司的精算师阿米蒂·帕马(Amit Parmar)和迈克尔·凯恩(Michael Cane)给出的非寿险风险评估不确定性的一个例子,这个案例包括了对建模不确定性和参数不确定性两方面影响的分析。

案例 3-3　　非寿险风险评估不确定性

本案例假定某非寿险风险实际的分布函数是 Pareto 分布,参数 α 是 1.6。但评估人员并不清楚实际分布函数的形式和参数,希望通过样本评估风险,下面按照(抽取的)样本数分别为 30、300 和 3 000 的三种情况分别加以讨论。

首先假定已经知道实际的分布函数形式,考察样本数对参数估计的影响(即参数不确定性)。帕马和凯恩对三种不同样本数的估计结果如表 3-12 所示。

表 3—12　　　　　　　　　　　　　三种不同样本数的估计结果

样本数	Simple Pareto Alpha	CV
30	1.364	0.193
300	1.648	0.059
3 000	1.596	0.019

可见，样本较少时确实对参数估计会带来严重的问题。讨论这三种不同样本数评估对定价可能产生的影响。以样本数为3 000的评估结果为基准，样本数为30时可能会高估价格18%～135%，相对而言，这种误差对巨额再保险合同的影响尤其严重。

接着讨论模型选择的不确定性（即建模不确定性），在样本数保持为3 000时，选择三种不同的分布函数即对数正态分布、变形β、Pareto分布，讨论对不同再保险合同定价可能产生的影响。以Pareto分布为基准，对数正态分布对较小损失再保险合同会高估价格，而对高额损失合同会低估价格。这是因为Pareto分布的尾部相比对数正态分布要更为肥厚。

（资料来源：Parmar and Cane, Pitfalls of Curve Fitting for Large Losses, Guy Carpenter, 2011.）

巨灾风险的不确定性会使得相关行为人偏离理性行为人假设，并使风险市场失效，本书案例6－3将进一步讨论巨灾风险不确定性的经济影响。

第三节　经验费率和信度理论

一、经验费率

与寿险费率确定相比，非寿险的主要不同是多数非寿险险种存在风险不均匀的问题，同一险种的不同标的的风险水平可能有很大的不同。有一些可能经常出险，而另一些则很少或基本不出险。因此，想通过混合各种不同风险水平标的的经验数据得到该险种赔款频率和赔款金额的统计，估计有时可能是不恰当的。为解决这个问题，一方面可以对险种做进一步分类并对不同分类给出分类费率。譬如，对车辆损失险，保险公司可以按被保险人的年龄、性别、驾驶经验、车辆的品牌和款式、停车地点等再细分成不同的险种，收取不同的费率。但过细的分类可能在经济上不划算，而且单纯依靠分类很多时候可能仍然不能解决同类保单的风险不均匀性的问题。此时，精算师常常采用所谓经验费率的方法来处理上述问题。

经验费率是指按照保单实际的赔付经验调整保费的费率确定方法，其基本原理是贝叶斯方法，它的理论基础就是下面的贝叶斯公式：

若随机事件 $A \subset \bigcup_{i=1}^{\infty} B_i = \Omega$，并且 $i \neq j$ 时，$B_i I B_j = \Phi$，则有：

$$P(B_i | A) = \frac{P(A|B_i)P(B_i)}{\sum_{i=1}^{\infty} P(A|B_i)P(B_i)}, i=1,2,\cdots$$

其中，$P(B_i)$ 称为先验概率，$P(B_i | A)$ 称为后验概率。

下面具体给出利用贝叶斯公式确定经验费率的例子。

例 3—3 已知保险公司的车辆损失险的保险标的有三种类型 A、B、C，其赔款频率满足 Poisson 分布，相应的参数分别为 0.1、0.2 和 0.5。假设保险标的属于这三种类型的概率分别是 50%、30% 和 20%。现有一份保单在过去一年内发生两次赔款，问这份保单属哪种类型？

解析：记 X 为保单所属类型，Y 为一年中发生的赔款次数。

由于保险标的的不均匀性，该保单具体属于哪种类型并不清楚。对不同的类型，过去一年内发生两次赔款的概率分别为：

$$P(Y=2|X=A) = e^{-0.1} \times (0.1)^2 / 2! = 0.004\,524\,2$$

$$P(Y=2|X=B) = e^{-0.2} \times (0.2)^2 / 2! = 0.016\,374\,6$$

$$P(Y=2|X=C) = e^{-0.5} \times (0.5)^2 / 2! = 0.075\,816\,3$$

由贝叶斯公式，该保单属于各个类型的概率分别为：

$$P(X=A|Y=2) = \frac{0.5 \times 0.004\,524\,2}{0.5 \times 0.004\,524\,2 + 0.3 \times 0.016\,374\,6 + 0.2 \times 0.075\,816\,3} = 0.101\,3$$

$$P(X=B|Y=2) = \frac{0.3 \times 0.016\,374\,6}{0.5 \times 0.004\,524\,2 + 0.3 \times 0.016\,374\,6 + 0.2 \times 0.075\,816\,3} = 0.219\,9$$

$$P(X=C|Y=2) = \frac{0.2 \times 0.075\,816\,3}{0.5 \times 0.004\,524\,2 + 0.3 \times 0.016\,374\,6 + 0.2 \times 0.075\,816\,3} = 0.678\,8$$

结果表明，过去一年发生两次赔款的保单很可能属于 C 类，这和我们的直觉是一致的。此时应该按 C 类保险确定该保单的费率。

案例 3—4　　奖惩系统

奖惩系统（Bonus-Malus System, BMS），是经验费率的一种形式，它将风险分成一些独立的费率厘定类型，同时根据一定期限内发生的赔款次数将风险归类。奖惩系统在机动车辆保险中应用较多。按照这种制度，如果被保险人在某一期限（通常是上一保险年度）内未发生赔付，其续保保费可以得到较大的折扣；而对于有赔付记录的保单，则提高其续期保费，也即缴纳比标准保费更高的费率。有的奖惩系统只针对无索赔奖励而没有相应的索赔惩罚条款，这种奖惩系统称为无赔款优待制度（No-Claim Discount, NCD）。在我国保险实务界，有时也把包含索赔惩罚条款的奖惩系统统称为无赔款优待制度。

一个奖惩系统至少有两个组成部分：保费折扣率等级和转移规则。表 3—13 是澳大利亚汽车保险的奖惩系统。

表 3—13　　澳大利亚汽车保险奖惩系统

无赔款年数	优待水平(%)	一次赔款后的优待水平(%)	二次赔款后的优待水平(%)
0	0	0	0
1	20	0	0
2	30	0	0
3	40	20	0
4	50	30	0
5 或 5+	60	40	20

澳大利亚汽车保险的奖惩系统是具 6 个等级的奖惩系统，0 等级对应的是基础费率，它是划分其他等级的参考标准。保单持有人每经历一个无赔款年，来年续保时其优待水平可增加

一个等级,这样可逐年提高其优待水平直到最高。而每一次赔款发生将使得来年的优待水平降低两个等级。例如,优待等级为5的保单(60%折扣)发生一次赔付时的优待等级降至3级(40%折扣),再发生一次赔付则降至1级(20%折扣)。如果连续发生三次索赔,优待水平将降至0。由于澳大利亚的奖惩系统没有索赔惩罚,因此是一种标准的无赔款优待制度。

用数学符号描述,一个奖惩系统可以用下面的三个要素确定:
(1)保费优待等级 $b=(b_0, b_1, \cdots, b_N)$。
(2)初始等级。
(3)转换规则,即当有无赔案发生时决定由一级向另一级转换的规则。这种规则可用转换式 T_k 表示,即当有 k 个赔案报告时,该保单的保险费由 i 级变为 j 级,记作 $T_k(i)=j$。T_k 可由矩阵 $T_k=(t_{ij}^{(k)})$ 来表示,其中

$$t_{ij}^{(k)} = \begin{cases} 1, & T_k(i)=j \\ 0, & 其他 \end{cases} \quad (i,j=1,2,\cdots,N)$$

例如,对于澳大利亚的无赔款优待制度,假设初始等级为3,经过一个无赔款年后,转换成等级4,即 $k=0, i=3, j=4$,用转换式表示就是 $T_0(3)=4, t_{34}^{(0)}=1$。

对上述奖惩系统,其等级变动的概率可以用转移概率矩阵 P 来表示。P 为 $N\times N$ 阶矩阵,记作 $P=(p_{ij})_{1\leqslant i,j\leqslant N}$,式中 p_{ij} 是第 i 行和第 j 列的元素,表示等级 i 在一年后变动到等级 j 的条件概率,也即 $p_{ij}=\Pr(一年后等级为 j | 初始等级为 i)$。显然,对所有的 $i=1,2,\cdots,N$,都有 $\sum_{j=1}^{N} p_{ij}=1$,即转换概率矩阵同一行上的元素之和等于1。

假定澳大利亚车险在一年内没有赔案,以及发生 $1,2,\cdots$ 次赔案的概率与保单持有人目前的等级无关,并假设没有赔案发生,发生1次、2次以上赔案的概率分别为 $p_0, p_1, p_2=1-p_0-p_1$。则相应的转换概率矩阵为:

$$P = \begin{bmatrix} 1-p_0 & p_0 & 0 & 0 & 0 & 0 \\ 1-p_0 & 0 & p_0 & 0 & 0 & 0 \\ 1-p_0 & 0 & 0 & p_0 & 0 & 0 \\ p_2 & p_1 & 0 & 0 & p_0 & 0 \\ p_2 & 0 & p_1 & 0 & 0 & p_0 \\ 0 & p_2 & 0 & p_1 & 0 & p_0 \end{bmatrix}$$

有了转换概率矩阵,在已知某年度各个等级的保单数目的情况下,可以预测下一年度各个等级的保单数目。数学上可以证明,这样经过逐年反复迭代,最终会达到一个稳定状态。此时各个等级的保单数目不再发生变化。例如,澳大利亚汽车保险无赔款优待制度中,假定某类业务保单数目为7 500张,并假设其间无退保发生。又假设赔款概率服从参数为0.1的Poisson分布,那么运用转移概率逐次迭代得到的每年各个等级中的保单数目如表3—14所示。可以发现,经历大约20年的时间,基本趋于稳定状态。

表3—14　　　　　　　　每年各等级的保单数目

年份	等级					
	0	1	2	3	4	5
1	7 500					
2	714	6 786				
3	714	646	6 140			

续表

年份	等级					
	0	1	2	3	4	5
4	714	646	584	5 566		
5	211	1 149	584	529	5 027	
6	211	239	1 494	529	478	4 549
7	190	259	259	1 765	478	4 549
8	79	352	278	646	1 596	4 549
9	79	150	463	663	585	5 560
10	73	156	189	922	600	5 560
11	48	174	195	674	835	5 574
12	48	129	233	681	610	5 798
13	46	131	172	736	617	5 798
14	40	134	174	681	666	5 805
15	40	124	182	683	616	5 855
…	…	…	…			
20	38	123	168	682	620	5 869
稳定状态	38	123	167	682	618	5 872

显然,设计奖惩系统的目的之一是按风险水平对投保人进行分类,但实证分析的结果显示:奖惩系统对处理风险的异质性(也就是区分不同风险水平的保单)方面,没有起到很好的作用;在减少小额赔款方面,奖惩系统则起到了一定的作用。因为保单持有人在损失发生后,如果赔偿额较小,可能会采取自己承担损失以换取保费优惠。因此,奖惩系统可避免小额赔款,从而降低保险公司的理赔成本和管理费用。

二、信度理论

由于非寿险的经验数据的风险异质和不均匀性,特别是有些险种可能根本没有经验数据,在利用经验费率技术估计保险费时,精算师有时首先对相应保单做主观的先验估计,然后利用观测数据对主观估计进行修正。从 20 世纪初到现在,信度理论的发展经历了两个阶段:一是早期的有限扰动信度理论,二是现代的以贝叶斯理论为基础的最精确信度理论。其中有限扰动信度理论假设样本数据取自独立同分布的随机变量,误差纯粹是由随机误差引起的。此时,随着样本数的增加,由大数定律可知,经验估计的信度也随之增加。数学上则表现为信度因子 Z 的增加。其中当 $Z=1$ 时,保单费率完全由经验估计得到,称为完全可信性;如果样本数据不够多,不满足完全可信性时,Z 的值在 0~1 范围,表示经验费率的可信程度。而最精确信度理论则考虑风险的异质性,常用的方法包括 Buhlmann 方法和 Buhlmann—Straub 方法等。上面的例子就是最精确信度理论的一个具体应用。在精算学中另外还有所谓的经验贝叶斯信度理论等。这就是精算学中所谓的信度理论(credibility theory)。

下面是应用信度理论的一个具体例子。

例 3—4 某险种的保单在保险期限内的赔款次数 X 服从以 θ 为参数的 Poisson 分布,精算师估计 θ 服从以 α、β 为参数的 Gamma 分布,其分布的密度函数为:

$$f(\theta)=\frac{\beta}{\Gamma(\alpha)}e^{-\beta\theta}(\beta\theta)^{\alpha-1}, \theta>0$$

其均值为 α/β，代表精算师对赔款频率的主观的先验估计；方差为 α/β^2，代表精算师对其估计的信心。假设观测得到的过去一年内 N 份该种保单的赔款次数为 Y，则：

$$\Pr[Y=y|\theta]=e^{-N\theta}[(N\theta)^y/y!]$$

由贝叶斯公式，有：

$$f(\theta|Y=y)=\frac{\Pr[Y=y|\theta]\cdot f(q)}{\int_0^\infty \Pr[Y=y|\theta]f(q)dq}=[(\beta+N)/\Gamma(\alpha+y)]e^{-(\beta+N)\theta}((\beta+N)\theta)^{\alpha+y-1}$$

上述结果表明，附加赔款信息的效果是赔款频率 θ 满足的分布仍为 Gamma 分布，但均值估计由 α/β 变为 $(\alpha+y)/(\beta+N)$。

下面是应用例 3-4 结果的一个具体例子。

例 3-5 精算师对某新发行保单赔款频率的先验估计值为 20%，并认为这个估计值的误差不大于 5%，因此估计在均值左右两个标准差的范围是 15%～25%。若第一年内全年发行的保单计算出其危险单位为 1 006，该年发生赔案 193 次，求赔款频率的修正估计值。

解析：按精算师的主观判断，赔款频率可能以左右两个标准差落在 15%～25% 的范围内，从而一个标准差约为 0.025，因此 Gamma 分布的参数满足：

$$\frac{\alpha}{\beta}=0.20, \frac{\alpha}{\beta^2}=(0.025)^2$$

经计算，可得：

$\alpha=64, \beta=320$

修正的 Gamma 分布的参数值为：

$A=64+193, B=320+1\,006$

所以赔款频率的修正估计值为 $\frac{A}{B}=0.193\,8$。

重新组合前面的均值修正公式，得：

$$(\alpha+y)/(\beta+N)=\left[\frac{N\cdot(\alpha/\beta)}{N\cdot(\alpha/\beta)+\alpha}\right]\cdot\left(\frac{y}{N}\right)+\left[\frac{\alpha}{N\cdot(\alpha/\beta)+\alpha}\right]\cdot\left(\frac{\alpha}{\beta}\right)$$

$$=Z\cdot\left(\frac{y}{N}\right)+(1-Z)\cdot\left(\frac{\alpha}{\beta}\right)$$

其中：

$$Z=\left[\frac{N\cdot(\alpha/\beta)}{N\cdot(\alpha/\beta)+\alpha}\right]$$

注意：这里的 Z 是观察赔款频率 y/N 的加权系数，而 $(1-Z)$ 是先验估计值的加权系数。因此，Z 的大小代表了经验估计值在评估赔款频率时的权重，在精算中通常称为信度因子。

复习思考题

1. 非寿险的精算评估方法与寿险的精算评估方法有何区别？
2. 通过例 3-2 说明赔款次数分布函数的评估方法。
3. 通过案例 3-1 说明赔款额度分布函数的评估方法。
4. 阅读案例 3-2 和案例 3-3，分析巨灾风险评估主要会产生哪些问题。
5. 何为信度理论？为何该理论在非寿险精算中特别重要？

第四章
利率风险评估

与保险风险评估相同,利率风险评估需要给出利率的概率分布描述,但后者属于市场风险和系统性风险,因此对利率风险的描述需要更加注重市场的影响。本章第一节介绍利率的一些基本概念;第二节介绍利率期限结构,包括离散和连续时间两种情形,以及利率期限结构的估计方法;第三节讨论利率风险,主要分确定性模型、随机模型和经济学模型三种情形进行介绍。

第一节 利率的基本概念

利息可以看作借款人付给出借人资本的租金,而利率就是指租金的价格。以下是一些与利率有关的基本概念。

一、积累函数

考虑投资 1 单位的本金,我们定义其在时刻 t 的积累值为积累函数 $a(t)$。这个函数具有下述性质:

(1) $a(0)=1$。

(2) $a(t)$ 通常是递增函数。当 t 增加时,函数值减少则意味着利息为负,这种情况一般很少出现。

(3) $a(t)$ 通常是连续函数。

如果本金不是单位金额而是 $k>0$,我们称其在时刻 t 的积累值为积累金额函数 $S(t)$。显然有:$S(t)=k \cdot a(t)$。$S(t)-S(t_0)$ 即为时间 t_0 到 t 之间的利息。

(一)单利

如果积累函数形式为:

$$a(t)=1+it$$

这种类型产生的利息称为单利。

(二)复利

如果积累函数形式为:

$$a(t)=(1+i)^t$$

这种类型产生的利息称为复利。

二、实质利率和名义利率

实质利率是指某一时期 t 开始投资 1 单位本金时,在此时期内获得的利息。实质利率 i_t

可用积累函数和积累金额函数表示如下：

$$i_t = \frac{a(t+1)-a(t)}{a(t)} = \frac{S(t+1)-S(t)}{S(t)}$$

（为方便起见，在下面的符号中有时省略时间下标 t。）

在实际中，利息的支付期与实质利率的度量期可能是不同的。譬如，每一时期付 m 次利息，期初投资 1 单位本金时，在此时期内获得的利息称为名义利率，通常记作 $i^{(m)}$。名义利率与实质利率 i 之间有如下的等价关系：

$$1+i = (1+i^{(m)}/m)^m$$

三、贴现函数

积累函数的倒数 $a^{-1}(t)$ 称为贴现函数。贴现与积累是相反的过程，金额 k 积累到 t 时期末的金额为 $k \cdot a(t)$；如果到 t 时期末要求得到的积累金额为 k，开始时所需的投资金额为 $k \cdot a^{-1}(t)$，我们称之为 t 时刻发生的金额 k 的贴现值或现值。贴现值或现值的概念不仅可用在单个时间点发生的金额，也可用于发生在不同时间点的一连串现金流。

如果记发生在时间 $t_i, i=0,1,\cdots,n$ 的金额分别为 x_i 的现金流，即 $(x_0, x_1, \cdots, x_n)$，则有如下现值公式：

$$PV = x_0 a^{-1}(t_0) + x_1 a^{-1}(t_1) + \cdots + x_n a^{-1}(t_n)$$

四、贴现因子

投资时期为 1 年的贴现函数为 $(1+i)^{-1}$，称作贴现因子，通常记为 v。在复利的情形下，投资时期为 t 的贴现函数有下述关系：

$$a^{-1}(t) = \frac{1}{(1+i)^t} = v^t$$

五、实质贴现率和名义贴现率

前述的实质利率被定义为期末支付的利息的度量，实质贴现率则是期初付利息的一种度量。其精确的定义为在一时期内取得的利息金额与期末金额之比。通常记作 d，也可用积累金额函数表示为：

$$d = \frac{S(t+1)-S(t)}{S(t+1)}$$

对复利的情形，实质利率、实质贴现率和贴现因子之间有一些有用的关系式：

$$d = \frac{i}{1+i}$$

$$d = 1-v$$

和

$$d = iv$$

类似名义利率，也可以定义利息支付期与贴现率度量期不同时的贴现率为名义贴现率。若记一期支付 m 次的名义贴现率为 $d^{(m)}$，则实质贴现率和名义贴现率之间有如下关系式：

$$1-d = \left[1 - \frac{d^{(m)}}{m}\right]^m$$

六、利息效力

实质利率与实质贴现率是度量一个时期内的利息,名义利率与名义贴现率则度量比如 $1/m$ 时期内的利息。在很多情形下需要度量无穷小时间区间内的利率,这种利率称为利息效力。记时刻 t 的利息效力为 δ_t,利用积累函数或积累金额函数,其可严格定义为:

$$\delta_t = \frac{S'(t)}{S(t)} = \frac{a'(t)}{a(t)}$$

利用微积分基本定理,可以得到如下公式:

$$S(t) - S(0) = \int_0^t S(s)\delta_s ds$$

利息效力理论上可以随时变化,如果它在某时间区间内保持常数,则实质利率在此区间内也保持常数,并有如下关系式:

$$e^\delta = 1 + i$$

或:

$$\delta = \log(1+i)$$

此时,用名义利率和名义贴现率分析,还可以得到利息效力的另一个有趣的解读。由名义利率和实质利率的关系式,有:

$$\left[1 + \frac{i^{(m)}}{m}\right]^m = e^\delta$$

可得:

$$i^{(m)} = m\left[e^{\frac{\delta}{m}} - 1\right]$$

因此:

$$\lim_{m \to \infty} i^{(m)} = \delta$$

类似的亦可证明:

$$\lim_{m \to \infty} d^{(m)} = \delta$$

实际上,m 不同时,相应的名义利率、名义贴现率,以及实质利率、实质贴现率和利息效力之间有如下排序关系:

$$d = d^{(1)} < d^{(2)} < \cdots < d^{(\infty)} = \delta = i^{(\infty)} < \cdots < i^{(2)} < i^{(1)} = i$$

利息效力度量的是无穷小时间区间内的利率,在利率理论中一般又称为连续时间利率,而上面定义的实际利率或名义利率一般称为离散时间利率,下一节将针对这两种情况进一步介绍与利率期限结构相关的一些基本概念。这之后的论述只考虑复利的情形,并且对离散时间采用的都是年实际利率(即 $m=1$)。

第二节 利率期限结构

一、离散时间框架下的利率期限结构

(一)即期利率

即期利率(spot rate)s_t 表示从现在(时刻 0)到时刻 t 投资资金获得的实际年利率。对不

同的 t，通常有不同的即期利率 s_t，在利率理论中，即所谓的利率期限结构。相应的曲线图一般称为收益率曲线或即期利率曲线。利率期限结构的例子参见图 4—1。

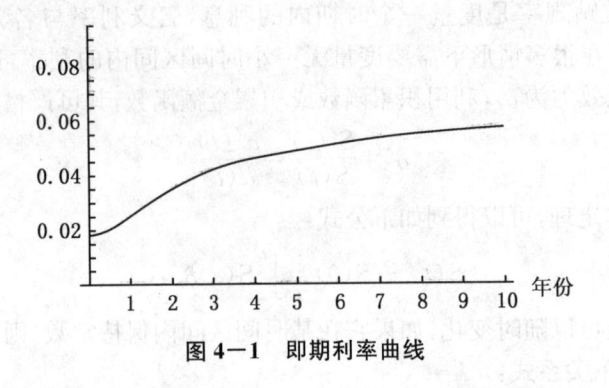

图 4—1 即期利率曲线

利用利率期限结构，可以得到任何现金流的现值公式。譬如，考虑 2 年期债券，假定其面值为 F，每年的红利为 C，则其价格为：

$$P = \frac{C}{1+s_1} + \frac{C+F}{(1+s_2)^2}$$

利率期限结构或收益率曲线有各种不同的形状，按其变动趋势划分通常有向上倾斜、持平和向下倾斜三种基本类型（见图 4—2）。一般而言，由于时间价值因素的关系，利率会随着到期期限的增加而增加，因此，大多数收益率曲线表现为向上倾斜。然而，由于预期或其他非时间价值因素的作用，收益率曲线有时也会表现为其他两种类型或更复杂的形状。

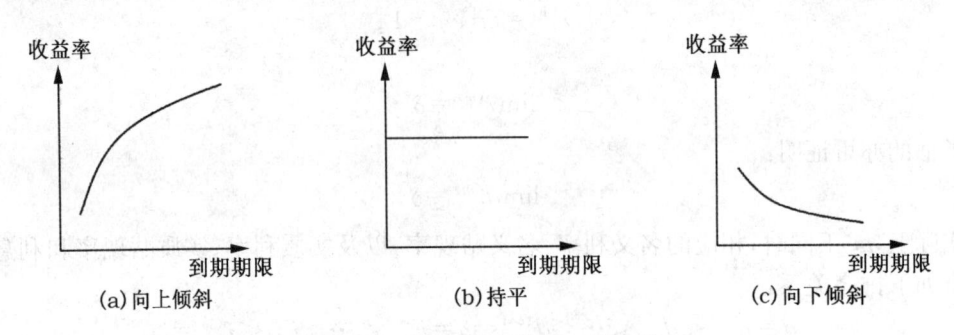

图 4—2 利率期限结构的三种类型

为了解释利率期限结构的特点，经济学家提出了很多理论假设与模型。下面是几种主要的理论假说。

1. 预期假说

预期假说理论认为，长期利率是该期限内人们预期的短期利率的平均数。因此，收益率曲线反映了所有金融市场参与者的综合预期。

2. 流动性偏好假说

由于短期债券的流动性强于长期债券，流动性偏好理论认为，投资者对持有短期债券存在较强的偏好，只有得到一个正的时间溢价作为补偿时，才会愿意持有长期债券。即使短期利率在未来的水平保持不变，长期利率仍然会高于短期利率，这就说明了收益率曲线通常是向上倾斜的原因。

注意：时间溢价为正与收益率曲线有时向下倾斜的事实并不矛盾。其原因在于：在短期利率预期未来会下降的情况下,长期利率的时间溢价向上效应会被预期利率向下效应抵消,当预期效应大于时间效应时,综合作用的结果仍然会使收益率曲线呈现向下倾斜的变动;当预期效应正好抵消时间效应时,收益率曲线则会呈现水平变动特征。

3. 市场分割假说

市场分割假说理论认为,期限不同的证券市场是完全分离或独立的,每一种证券的利率水平在各自的市场上由该证券的供给和需求所决定,不受其他不同期限的证券的预期收益变动的影响。按照市场分割假说的解释,收益率曲线形式之所以不同,是由于不同期限的证券的供给和需求不同。

(二) 远期利率

远期利率(forward rate)定义为现在时刻确定的未来两个时刻 i 和 j 之间的年实际利率,记作 $f_{i,j}$。即期利率与远期利率有如下关系:

$$(1+s_j)^j = (1+s_i)^i (1+f_{i,j})^{j-i}$$

$$f_{i,j} = \left[\frac{(1+s_j)^j}{(1+s_i)^i}\right]^{1/(j-i)} - 1$$

注意:在不存在利率变动风险的情况下,也即确定性利率模型中,远期利率 $f_{i,j}$ 也就是 i 时刻的即期利率,描述的是该时刻的利率期限结构。但在存在利率风险的不确定性模型中,现在时刻(0 时刻)是不能确定 i 时刻的即期利率的,而相应的远期利率则是确定值,某种意义上可以看作现在时刻对未来 i 时刻即期利率的期望值。

(三) 短期利率

短期利率(short rate)是指一年期利率,在确定性利率模型中即时间间隔为一年的远期利率。譬如,k 时刻的短期利率 $r_k = f_{k,k+1}$。因此,远期利率和短期利率有如下关系:

$$(1+f_{i,j})^{j-i} = (1+r_i)(1+r_{i+1})\cdots(1+r_{j-1})$$

在不确定性利率模型中,短期利率 r_k 是在 k 时刻确定的一年期即期利率,因此在现在时刻(0 时刻)也是不能确定的。

二、连续时间框架下的利率期限结构

以下将在连续时间框架下介绍与利率和利率期限结构相关的一些概念。有些与上述的有相同之处,但为了读者阅读相关文献方便而采用了不同符号或名称来描述同样的概念。

(一) 贴现因子 $P(t,T)$

贴现因子 $P(t,T)$ 表示时间 T 时的一元钱在时间 t 时的贴现值,如图 4—3 所示。

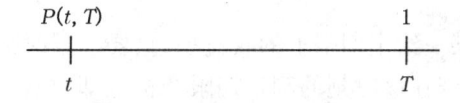

```
      P(t, T)                    1
        ├──────────────────────┤
        t                       T
```

图 4—3 贴现因子示意图

利用贴现因子,可以在时间 t 给出未来不同时间点上现金流的现值公式,譬如,下面的公式给出了在时间 $(t_1, t_2, \cdots, t_n)$ 产生的现金流为 $(C_1, C_2, \cdots, C_n)$ 在时间 t 的现值:

$$C_1 P(t, t_1) + \cdots + C_{n-1} P(t, t_{n-1}) + C_n P(t, t_n)$$

$P(t,T)$ 是两个变量 t 和 T 的函数,注意,在利率存在风险的情况下,在时间 t 之前,$P(t,T)$ 是不确定的。

利用 $P(t,T)$，可以定义到期收益率（yield to maturity）。

(二) 到期收益率 $R(t,T)$

到期收益率 $R(t,T)$ 满足如下等式：

$$P(t,T)=e^{-R(t,T)(T-t)}$$

显然有：

$$R(t,T)=-\frac{\log P(t,T)}{T-t}$$

$R(t,T)$ 描述的是关于 T 的曲线即 t 时刻的利率期限结构，与 $P(t,T)$ 一样，在利率存在风险的情况下，在时间 t 之前，$R(t,T)$ 也是随机不确定的。因此，只有在到达时间 t 之后才能给出时间 t 时的利率期限结构。

$R(t,T)$ 描述的是在时刻 t 测量的 t 和 T 之间的收益率，因此也就是前面介绍的即期利率，只不过这里的定义是在连续时间的框架下给出的。类似的也可以在时刻 t 测量未来时刻 T 和 S 之间的连续时间收益率，即远期利率：

$$R(t;T,S)=-\frac{\log P(t,S)-\log P(t,T)}{S-T}$$

由此还可以定义瞬时远期利率（instantaneous forward rate）$f(t,T)$ 以及瞬时短期利率（instantaneous short rate）$r(t)$：

$$f(t,T):=\lim_{S\to T}R(t;T,S)=-\frac{\partial \log P(t,T)}{\partial T}$$

$$r(t):=f(t,t)=\lim_{T\to t}R(t,T)$$

这里的瞬时远期利率和瞬时短期利率其实都类似于离散时间情形的短期利率，只是将即期和远期的情形做了更明确的区分。这里使用"瞬时"这个修饰词是因为在连续时间框架下利率指的是无穷小区间内的利率，也就是本章第一节介绍的利息效力。瞬时短期利率只是变量 t 的一个函数，因此包含的信息比贴现因子 $P(t,T)$ 或到期收益率 $R(t,T)$ 要少一些，但实际上在一定的模型假设下，也可以用短期利率描述贴现因子，并有如下关系：

$$P(t,T)=E\left[e^{-\int_t^T r(s)ds}\mid F_t\right]$$

由于直接描述整条收益率曲线的变化比较复杂，由上式，通过描述短期利率变化，也可以得到整条收益率曲线的变化。但必须注意，其中的期望实际上应该是在风险中性概率下给出的。

三、利率期限结构估计

由于即期利率定义为某一给定期限上的收益率，只要在某时刻市场上发行有所有不同期限的零息债券，就很容易得到在该时刻的利率期限结构也即收益率曲线。但市场上一般常见的都是付息债券，此时可以采用所谓的靴襻法（bootstrapping method）。譬如，假设我们观察到一只票面利率为 5% 的 3 年期债券的市场价格为 98.5，如果从市场上已观察到 1 年期和 2 年期的即期利率分别是 4% 和 5%。则有如下该债券的定价公式：

$$P=\frac{5}{1.04}+\frac{5}{1.05^2}+\frac{105}{(1+s_3)^3}=98.5$$

由此可以计算出 3 年期即期利率为 5.6%。

如果市场上发行债券的期限有限，靴襻法就不能得到所有时间的利率期限结构，此时需要适当的数学插值法,譬如,可以采用三阶多项式拟合收益率曲线。下面介绍用三次样条函数拟合英国国债市场收益率曲线的一个案例。

案例 4—1 三次样条函数拟合英国国债市场收益率曲线

表 4—1 是 1996 年 9 月 4 日在市场交易的 9 种英国国债的相关信息。

表 4—1   9 种英国国债的交易情况

	息票率(%)	下次息票时间	到期时间	价格(p_i)
债券 1	10	1996—11—15	1996—11—15	103.82
债券 2	9.75	1997—01—19	1998—01—19	106.04
债券 3	12.25	1996—09—26	1999—03—26	118.44
债券 4	9	1997—03—03	2000—03—03	106.28
债券 5	7	1996—11—06	2001—11—06	101.15
债券 6	9.75	1997—02—27	2002—08—27	111.06
债券 7	8.5	1996—12—07	2005—12—07	106.24
债券 8	7.75	1997—03—08	2006—09—08	98.49
债券 9	9	1996—10—13	2008—10—13	110.87

菲利浦维科(Filipovic)利用上述信息与三次样条函数拟合,得到了相应的英国国债市场收益率曲线。这里首先介绍三次样条的概念。

所谓样条,是指分段光滑,各段交接处也具有一定光滑性的函数。其中三次样条是分段为三次多项式的一类样条函数,其应用最为广泛。给定 $m+1$ 个结点 $\xi_0 < \cdots < \xi_m$,三次样条可以表示成如下形式:

$$\sigma(x) = \sum_{i=0}^{3} a_i x^i + \sum_{j=1}^{m-1} b_j (x - \xi_j)_+^3,$$

多项式样条有基底,即所谓多项式 B 样条。三次 B 样条的形式如下:

$$\psi_k(x) = \sum_{j=k}^{k+4} \left(\prod_{i=k, i \neq j}^{k+4} \frac{1}{\xi_i - \xi_j} \right) (x - \xi_j)_+^3,$$

在选择适当的三次 B 样条基底(譬如假定共 m 项)后,期限为 x 的贴现函数可以拟合成如下形式:

$$D(x;z) = z_1 \psi_1(x) + \cdots + z_m \psi_m(x)$$

对不同期限的贴现函数可以表示成如下向量形式:

$$d(z) = \begin{pmatrix} D(x_1;z) \\ \vdots \\ D(x_N;z) \end{pmatrix} = \begin{pmatrix} \psi_1(x_1) & \cdots & \psi_m(x_1) \\ \vdots & & \vdots \\ \psi_1(x_N) & \cdots & \psi_m(x_N) \end{pmatrix} \cdot \begin{pmatrix} z_1 \\ \vdots \\ z_m \end{pmatrix} =: \Psi \cdot z$$

假定市场上有 n 种债券,其价格可以写成向量 $p = (p_1, \cdots, p_n)$,其现金流发生的时刻为 $T_1 < \cdots < T_N$,其中第 i 种债券在 T_j 时刻发生的现金流金额为 $c_{i,j}$。因此有下面的 $n \times N$ 现金流矩阵:

$$C = (c_{i,j})_{\substack{1 \leq i \leq n \\ 1 \leq j \leq N}}$$

例如,在英国国债的例子中,其现金流发生在总共 104 个时刻,可以写成如下的 9×104 现金流矩阵:

$$C = \begin{bmatrix} 0 & 0 & 0 & 105 & 0 & 0 & 0 & 0 & 0 & \cdots \\ 0 & 0 & 0 & 0 & 0 & 4.875 & 0 & 0 & 0 & \cdots \\ 6.125 & 0 & 0 & 0 & 0 & 0 & 0 & 0 & 6.125 & \cdots \\ 0 & 0 & 0 & 0 & 0 & 0 & 0 & 4.5 & 0 & \cdots \\ 0 & 0 & 3.5 & 0 & 0 & 0 & 0 & 0 & 0 & \cdots \\ 0 & 0 & 0 & 0 & 0 & 4.875 & 0 & 0 & 0 & \cdots \\ 0 & 0 & 0 & 0 & 4.25 & 0 & 0 & 0 & 0 & \cdots \\ 0 & 0 & 0 & 0 & 0 & 0 & 0 & 3.875 & 0 & \cdots \\ 0 & 4.5 & 0 & 0 & 0 & 0 & 0 & 0 & 0 & \cdots \end{bmatrix}$$

估计收益率曲线的问题就化为估计参数向量 $z=(z_1,\cdots,z_m)'$ 的问题,也即求解下面的最优问题:

$$\min_{z \in R^m} ||p - C\psi z||$$

在英国国债的例子中,菲利浦维科首先选择了如下 12 个结点的前 7 个 B 样条基底函数
$\{-20,-5,-2,0,1,6,8,11,15,20,25,30\}$
其形状如图 4-4 所示。

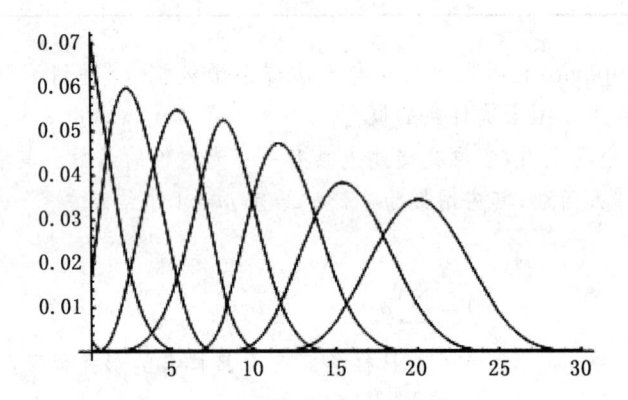

图 4-4 7 个 B 样条基底函数的形状

由此估计得到的最优参数向量为:

$$z^* = \begin{bmatrix} 13.864\,1 \\ 11.466\,5 \\ 8.496\,29 \\ 7.697\,41 \\ 6.980\,66 \\ 6.233\,83 \\ -4.971\,7 \\ 855.074 \end{bmatrix}$$

相应的,贴现函数曲线和收益率曲线分别如图4—5和图4—6所示。

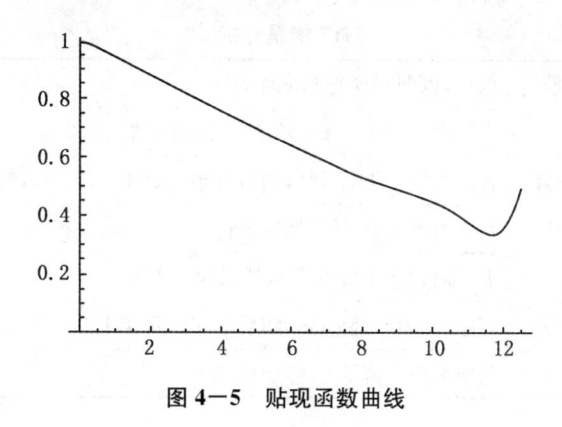

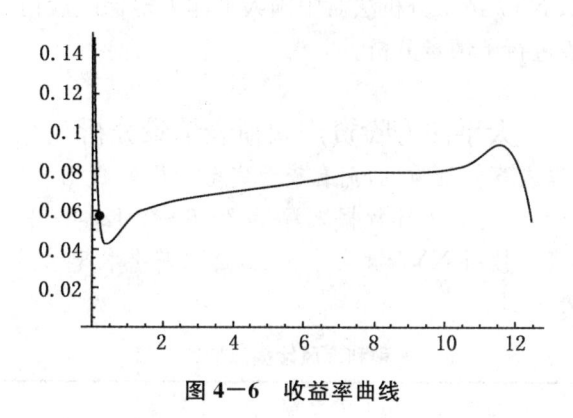

图4—5 贴现函数曲线

图4—6 收益率曲线

(资料来源:Filipovic,*Interest Rate Model*,University of Munich,2005.)

第三节 利率风险

利率风险是指利率的变动导致债券等金融产品价格与收益率发生变动的风险。投资者投资于债券,主要是期望获得比市场利率更高的收益,而当银行利率发生变化时,债券的价格也就必然向其相反方向变化,当市场利率上升时,债券价格下跌,从而使债券持有者的资本遭受损失。因此,投资者购买的债券离到期日越长,则利率变动的可能性越大,其利率风险也相对越大。描述利率风险的常见方法有三种,即确定性利率风险模型、随机利率模型和经济学利率风险模型。

一、确定性利率风险模型

确定性利率风险模型很早就开始在精算实务中应用,这种模型实际上对不同的利率变化情况进行了情景分析。譬如,美国《1990年标准评估法》(US 1990 Standard Valuation Law)对现金流测试规定了7种利率变动情景(见表4—2),这种规定实际上就是著名的《纽约州126监管规定》(New York Regulation 126),通常简称为NY7情景分析法。在美国保险监督官协会(NAIC)1993年修订的一项标准评估法案中,也要求寿险公司按照NY7情景分析法进行现

金流量测试,以确保其持有充足的准备金。

表 4—2　　　　　　　　　　　NY7 情景分析

1	标准情景	水平,也即与现行利率无差异
2	上升	十年内每年上升 0.5%,然后保持不变
3	上升—下降	五年内每年上升 1%,随后五年内每年下降 1%,最后保持不变
4	突然上升	利率突然上升 3%,然后保持不变
5	下降	十年内每年下降 0.5%,然后保持不变
6	下降—上升	五年内每年下降 1%,随后五年内每年上升 1%,最后保持不变
7	突然下降	利率突然下降 3%,然后保持不变

案例 4—2 利用类似 NY7 情景分析法对中国太平洋人寿保险股份有限公司(以下简称太平洋寿险)的资产负债表进行了情景分析。

案例 4—2　　太平洋寿险资产负债表情景分析

太平洋的主营业务以人寿保险为主,拥有较为完整的原始数据和较为完善的内部管理机制,因而具有代表性。样本公司的统计数据来源于 2006~2012 年《中国保险年鉴》中寿险公司的资产负债表和利润表。按照 NY7 情景分析法,选取基准利率为 5%,对利率风险模拟情景取下列五种情形,见表 4—3。

表 4—3　　　　　　　　　　　5 种利率风险模拟情景

情景模拟 1	即初始情景,当前利率为 5%
情景模拟 2	利率突然下降 0.5%,为 4.5%
情景模拟 3	利率突然下降 1%,为 4%
情景模拟 4	利率突然上升 0.5%,为 5.5%
情景模拟 5	利率突然上升 1%,为 6%

再取太平洋寿险 2011 年年末的资产负债表为初始情景,观测在上述情景下资产负债以及权益的变动情况。为简便起见,假设:

(1)资产中的现金和银行存款以及其他资产不随利率的变动而改变。
(2)资产中的 70%投资于某债券组合,相当于票面利率为 5%、期限为 10 年、赎回价格同面值的国债。
(3)资产中的 30%投资于某股票投资基金。
(4)负债中除准备金外的其他负债不受利率波动的影响。
(5)负债中准备金率的改变模式为:利率每下降 1%,准备金率就上升 1.1%;利率每上升 1%,准备金率就降低 1.1%。
(6)股本不随利率的改变而改变。
(7)利润=总资产—总负债—股本。

根据以上假定,得到太平洋寿险的利率风险情景测试结果(见表 4—4)。

表4—4　　　　　　　太平洋寿险的利率风险情景测试结果　　　　　　　单位：元

	情景模拟1	情景模拟2	情景模拟3	情景模拟4	情景模拟5
现金及银行存款	123 806.0	123 806.0	123 806.0	123 806.0	123 806.0
投资	275 464.0	288 668.3	303 249.8	263 367.0	252 190.2
债券投资	243 234.7	252 858.0	262 963.2	234 067.7	225 332.4
股票投资	32 229.3	35 810.3	40 286.6	29 299.4	26 857.7
其他资产	61 359.0	61 359.0	61 359.0	61 359.0	61 359.0
总资产	460 629.0	473 833.3	488 414.8	448 532.0	437 355.2
责任准备金	327 810.0	363 869.1	399 928.2	291 750.9	255 691.8
其他负债	100 733.0	100 733.0	100 733.0	100 733.0	100 733.0
负债小计	428 543.0	464 602.1	500 661.2	392 483.9	356 424.8
股本	7 600.0	7 600.0	7 600.0	7 600.0	7 600.0
利润	24 486.0	1 631.2	−19 846.4	48 448.1	73 330.4
所有者权益	32 086.0	9 231.2	−12 246.4	56 048.1	80 930.4
负债及所有者权益总计	460 629.0	473 833.3	488 414.8	448 532.0	437 355.2

由表4—4可见，当利率下降时，太平洋寿险的负债价值有较大规模的提高，但资产价值并没有相应的增长幅度，从而导致寿险公司收益下降；当利率上升时，寿险公司的负债规模急剧减少，其资产的价值也相应地减少，但并没有负债的减少规模来得大，因此得出相反的结论——收益上升。可以看出，利率波动对寿险公司负债价值的影响大于对资产价值的影响；利率下降对负债价值、资产价值以及收益的影响大于利率上升。值得注意的是，在上述情景模拟中，如果利率突然下降1%，太平洋寿险将亏损，这表明寿险公司在经过多年的发展之后，虽然自身已经具备了一定的风险抵御能力，但当利率降幅较大时，偿付能力仍然会受到严峻的考验。

由此可见，利率发生变化会同时对资产价值和负债价值产生影响，而这种变动在结构、大小上都不是均等的，从而会导致资产与负债不匹配的风险。当利率上升时，资产和负债的价值都会下降，若资产价值的下降超过了负债价值的下降，就会影响保险人的偿付能力；当利率下降时，资产和负债的价值都会上升，若资产价值的上升小于负债价值的上升，也会发生同样的问题。在上述分析中，利率变动所引起的公司收益下降和亏损，其本质上正是负债与资产的不匹配所导致的。如果能够准确地预测利率，那么资产与负债的不匹配不会产生风险。然而实际上，无论预测时考虑得多么周到细致，最终结果总是与实际的市场利率有差别，因此资产负债不匹配的风险总是存在。

寿险公司的负债具有长期性的特点，一般保险期限都长达十几年、几十年，有的甚至是终身，这是由寿险标的的性质所决定的。寿险公司的资产受制于投资渠道，无法按照负债的特点进行有计划的投资，长期性投资产品品种少、期限较短。因此，从总体上看，寿险公司的短期资产无法与长期负债相匹配，负债的利率敏感性高于资产，从而导致寿险公司始终面临资产负债不匹配的风险，一旦利率发生波动，就会对寿险公司的损益和偿付能力产生显著影响，而且这种风险会在寿险公司的实际经营中贯穿始终。

（资料来源：林晶，上海财经大学硕士论文，2014年。）

二、随机利率模型

类似寿险与非寿险精算模型，随机利率模型也希望找到适当的分布函数拟合样本利率数据。由于利率是由收益率曲线描述的，随机利率模型需要对整条收益率曲线未来的变化建模。常用的方法有收益率曲线平移法和随机分布描述法。

（一）收益率曲线平移法

这种方法假定整条收益率曲线的变化是平行移动的，此时相关金融产品有以下几种利率风险的度量方法：

1. 麦考莱持续期

持续期（duration）又称为久期，它最早是麦考莱（F. R. Macaulay）在1938年提出的用来度量债券的价格对利率变化的敏感性，还可以看作确定现金流金融产品现金流发生的平均时间。在麦考莱持续期（Macaulay's duration）的计算中，一般假定利率期限结构也即收益率曲线是平坦的。在此假定下，可确定现金流金融产品的均衡价格为：

$$P(r) = \sum_{t=1}^{n} \frac{C_t}{(1+r)^t}$$

式中，C_t表示时期t的现金流；r表示到期收益率YTM，对所有时间都是一样的。此时定义麦考莱持续期D为金融产品现金流发生时间的加权平均数，其权数为各时间点现金流现值占总现值的比例，因此麦考莱持续期D定义为：

$$D = \sum_{t=1}^{n} \left[\frac{tC_t}{(1+r)^t} \middle/ \sum_{t=1}^{n} \frac{C_t}{(1+r)^t} \right] = \frac{1}{P(r)} \sum_{t=1}^{n} \left[\frac{tC_t}{(1+r)^t} \right]$$

对于零息债券，因为所有的$C_t = 0 (t = 1, \cdots, n-1)$，从而有$D = n$，即零息票债券的持续期就是债券的到期期限。而对于所有持有期内有现金流发生的债券来说，持续期都短于到期期限。

持续期还可以解释为确定现金流的金融产品价格对收益率变动的弹性。实际上有：

$$\frac{dP(r)}{dr} = -\sum_{t=1}^{n} \left[\frac{C_t}{(1+r)^{t+1}} \right] t = -\frac{1}{1+r} \sum_{t=1}^{n} \frac{C_t}{(1+r)^t} t$$

变形后可得：

$$D = -\frac{dP(r)/P(r)}{dr}(1+r)$$

因此，持续期是价格对利率的弹性和$(1+r)$的乘积。价格对利率的弹性被称为修正持续期（modified duration），公式为：

$$D_M = -\frac{dP(r)/P(r)}{dr}$$

资产组合的持续期是组合内各项资产持续期的加权平均，其权重与该资产对整个组合的权重相同。具体而言，假设一个组合的价值为V（其中，V_j为第j项资产的价值），其中第j项资产的持续期为D_j，则整个组合的持续期为：

$$D = \sum_{j=1}^{M} W_j D_j, \text{其中} W_j = \frac{V_j}{V}$$

2. 凸度

持续期实际上描述的是价格对利率变化的切线部分，比较适合利率变动较小的情况；但当利率波动比较剧烈时，持续期概念就不能很好地度量利率风险，解决这一问题的有效方法之一是在利率风险度量中引入凸度（convexity）的概念。

确定现金流金融产品的凸度定义为其价格对利率的二阶导数与其价格的比率，即：

$$C = \frac{P''(r)}{P(r)} = \frac{1}{P} \cdot \frac{d^2 P}{dr^2}$$

从上述定义可以看出，凸度度量了市场利率变化对修正持续期变化的影响程度。

以前述现金流的情况为例，该产品的凸度为：

$$C = \frac{1}{P(r)} \cdot \left[\sum_{t=1}^{n} \frac{C_t}{(1+r)^{t+2}} \cdot t(t+1) \right]$$

凸度是对价格曲线弯曲程度的一种度量。凸度越大，价格曲线弯曲程度越大，因此以修正持续期度量的利率风险所产生的误差越大。

如果将价格函数 $P(r)$ 用泰勒级数展开，则有：

$$P(r) = P(r_0) + P'(r_0)(r - r_0) + \frac{1}{2} P''(r_0)(r - r_0)^2 + O(r - r_0)^2$$

其中，r_0 是初始的市场利率；$O(r - r_0)^2$ 是关于 $(r - r_0)^2$ 的高阶无穷小量，可忽略不计。将上式 $P(r_0)$ 移到等式左边，并在等式两边同时除以 $P(r_0)$，可得：

$$\frac{\Delta P(r)}{P(r_0)} = -\bar{D} \cdot (\Delta r) + 0.5 \cdot C \cdot (\Delta r)^2$$

上式等号右边第一项 $-\bar{D} \cdot (\Delta r)$ 是用修正持续期度量价格随市场利率变化的线性近似，第二项 $0.5 \cdot C \cdot (\Delta r)^2$ 则可以看作二阶项近似。

3. Fisher-Weil 持续期

麦考莱持续期假定利率期限结构也即收益率曲线是平坦的，对更一般的收益率曲线有所谓的 Fisher-Weil 持续期。我们定义 Fisher-Weil 持续期首先采用的是连续时间框架。

给定即期利率 s_t 和发生在不同时间点的现金流 $(x_{t_0}, \cdots, x_{t_n})$，在连续时间框架下现值公式为：

$$PV = \sum_{i=0}^{n} x_{t_i} e^{-s_{t_i} t_i}$$

Fisher-Weil 持续期定义为

$$D_{FW} = \frac{1}{PV} \sum_{i=0}^{n} t_i x_{t_i} e^{-s_{t_i} t_i}$$

如果收益率曲线平移 λ，则此时现值公式为：

$$P(\lambda) = \sum_{i=0}^{n} x_{t_i} e^{-(s_{t_i} + \lambda) t_i}$$

关于 λ 求导，有下面的等式：

$$-\frac{1}{P(0)} \frac{dP(\lambda)}{d\lambda} = D_{FW}$$

因此在连续利率的情况下，用时间加权平均定义的持续期就等于用弹性定义的修正持续期。

在离散利率框架的情况下，同样也可以定义 Fisher-Weil 持续期。譬如，对 0 时刻到 n 时

刻之间的等时间间隔现金流$(x_0, x_1, \cdots, x_n)$,定义如下函数:

$$P(\lambda) = \sum_{k=0}^{n} x_k (1+s_k+\lambda)^{-k}$$

就可以定义如下的Fisher-Weil拟修正持续期(quasi-modified duration):

$$D_Q \equiv -\frac{1}{P(0)} \frac{dP(0)}{d\lambda} = \frac{1}{P(0)} \sum_{k=1}^{n} k x_k (1+s_k)^{-(k+1)}$$

所谓利率风险免疫资产负债管理,就是利用适当的资产和负债组合,使得将来无论利率如何变化,资产价值与负债价值保持匹配。要做到这一点,可以利用持续期的概念,使得资产负债满足如下条件:

一是按当前的市场利率计算,资产组合的现值应该等于负债组合的现值。这样可以保证资产足以支付负债。

二是资产的持续期等于负债的持续期。这样可以保证当市场利率变化时,资产价值与负债价值发生同样幅度的变化。

以下是斯坦福大学卢恩伯格(Luenberger)教授给出的利用持续期进行利率风险免疫资产负债管理的两个例子。

(1)麦考莱持续期利率风险免疫资产负债管理

案例4－3　麦考莱持续期利率风险免疫资产负债管理

某公司在10年后须偿还一笔100万元的债务,按当前的市场名义利率9%(即半年期实际利率为4.5%,适用于所有期限)计算,这笔债务的现值PV为414 642.86元。为了防范利率风险,该公司投资购买债券,并希望使得该资产组合成为免疫资产。假设市场上可供选择的债券有两种:

债券1:面值100元,期限10年,息票率11%,每年付两次息;

债券2:面值100元,期限30年,息票率6%,每年付两次息。

该公司应如何配置利率风险免疫资产组合?

解析: 债券1的当前价值 $P_1 = \dfrac{100}{1.045^{20}} + \sum_{t=1}^{20} \dfrac{5.5}{1.045^t} = 113.01$(元)

债券2的当前价值 $P_2 = \dfrac{100}{1.045^{60}} + \sum_{t=1}^{60} \dfrac{6}{1.045^t} = 69.04$(元)

债券1的麦考莱持续期为:

$$D_1 = \frac{1}{113.01}\left[\frac{5.5 \times 0.5}{1.045} + \cdots + \frac{5.5 \times 29.5}{1.045^{29.5}} + \frac{105.5 \times 30}{1.045^{30}}\right] = 11.44(年)$$

债券2的麦考莱持续期为:

$$D_2 = \frac{1}{69.04}\left[\frac{3 \times 0.5}{1.045^{0.5}} + \frac{3 \times 1}{1.045} + \cdots + \frac{3 \times 9.5}{1.045^{9.5}} + \frac{106 \times 10}{1.045^{10}}\right] = 6.54(年)$$

为使债券1和债券2构造的组合具备免疫性,假定购买债券1的金额为V_1,购买债券2的金额为V_2。则V_1和V_2须满足如下两项条件(分别使资产和负债的现值与持续期相同):

$$V_1 + V_2 = PV$$
$$D_1 V_1 + D_2 V_2 = 10 PV$$

经计算可得,V_1和V_2分别为292 788.73和121 854.27。结果见表4－5。

表 4—5　　　　　　　　　　　　　检验结果

收益率	9%	8%	10%
债券			
价格	69.04	77.38	62.14
份额	4 241.00	4 241.00	4 241.00
总值	272 798.64	328 168.58	263 535.74
债券			
价格	113.01	120.39	106.23
份额	1 078.00	1 078.00	1 078.00
总值	121 824.78	129 780.42	114 515.94
负债价值			
总值	414 642.86	456 386.95	376 889.48
盈余	−19.44	1 562.05	1 162.20

注意：由于购买的债券数必须是整数，表格中的债券 1 和债券 2 的价值稍有不同，因此当名义利率为 9%（半年期实际利率为 4.5%）时，资产总额略小于负债总额。有意思的是，不管利率上升为 10% 还是下降为 8%，资产总是大于负债。实际上可以证明，此时不管利率如何变化和变化多少，资产总是大于或等于负债。这种情况称为完全免疫，一般只有对特定的资产负债组合才能够做到。

（资料来源：Luenberger, *Investment Science*, Oxford University Press, 1998.）

上述完全免疫的情况违背了金融中的无套利原则，说明利用麦考莱持续期描述利率风险并不太合适。

(2) Fisher-Weil 拟修正持续期利率风险免疫资产负债管理

下面的例子对非平坦的一般收益率曲线，利用 Fisher-Weil 拟修正持续期进行利率风险免疫资产负债管理。

案例 4—4

Fisher-Weil 拟修正持续期利率风险免疫资产负债管理

某公司在 5 年后须偿还一笔 100 万元的债务，表 4—6 给出了当时的即期利率。为了防范利率风险，该公司投资购买债券，并希望使得该资产组合成为免疫资产。假设市场上可供选择的债券有两种：

债券 1：面值 100 元，期限 12 年，息票率 6%，每年付一次息；

债券 2：面值 100 元，期限 5 年，息票率 10%，每年付一次息。

表 4—6 给出了这两种债券的现值 P_1 和 P_2，以及拟修正持续期 D_1 和 D_2。

为使债券 1 和债券 2 构造的组合具备免疫性，假定购买债券 1 的数量为 x_1，购买债券 2 的数量为 x_2。则与前类似，也需要满足如下两个方程：

$$P_1 x_1 + P_2 x_2 = PV$$
$$P_1 D_1 x_1 + P_2 D_2 x_2 = PV \cdot D$$

这里的 D 是负债的拟修正持续期,为 $5/(1+s_5)=4.56$。

解方程组,结果如表 4—7 所示。可以发现,与平坦收益率曲线和麦考莱持续期的情形一样,对一般收益率曲线和拟修正持续期进行利率风险免疫资产负债管理也存在套利现象。这说明用持续期描述利率风险存在不足之处。或者可以认为,收益率曲线实际上并不是平移变动的。

表 4—6　　　　　　　　　　　　两种债券的现值和拟修正持续期

年份	即期利率	贴现率	债券1的现金流	债券1的现金流现值	债券1现金流现值的导数值	债券2的现金流	债券2现金流现值	债券2现金流现值的导数值
1	7.67	0.929	6	5.57	5.18	10	9.29	8.63
2	8.27	0.853	6	5.12	9.45	10	8.53	15.76
3	8.81	0.776	6	4.66	12.84	10	7.76	21.40
4	9.32	0.700	6	4.20	15.37	10	7.00	25.62
5	9.75	0.628	6	3.77	17.17	110	69.08	314.73
6	10.16	0.560	6	3.36	18.29			
7	10.52	0.496	6	2.98	18.87			
8	10.85	0.439	6	2.63	18.99			
9	11.15	0.386	6	2.32	18.76			
10	11.42	0.339	6	2.03	18.26			
11	11.67	0.297	6	1.78	17.55			
12	11.89	0.260	106	27.53	295.26			
总值				65.95	465.99		101.67	386.13
拟修正持续期					7.07			3.80

表 4—7　　　　　　　　资产组合及利率变化对资产负债的影响

	利率变化值		
	0%	1%	−1%
债券1			
份额	2 208.00	2 208.00	2 208.00
单价	65.94	51.00	70.84
总值	145 602.14	135 805.94	156 420.00
债券2			
份额	4 744.00	4 744.00	4 744.00
单价	101.65	97.89	105.62
总值	482 248.51	464 392.47	501 042.18
负债价值	627 903.01	600 063.63	657 306.77
资产减负债	−52.37	134.78	155.40

(资料来源:Luenberger, *Investment Science*, Oxford University Press,1998.)

(二) 随机分布描述法

随机分布描述法与精算中描述寿险或非寿险风险一样,也是用适当的概率分布函数拟合利率风险,由于描述整条即期利率曲线比较复杂,而即期利率在某种程度上可以用短期利率得到,随机分布描述法的研究对象通常针对短期利率。下面是应用这种方法的两个例子:

1. 独立对数正态分布模型

独立对数正态分布模型(independent lognormal model)假设短期利率 i_t 满足独立同对数正态分布,即:

$$\ln(1+i_t) \sim N(\mu, \sigma^2)$$

2. 自回归模型

假设各时刻的短期利率是独立的显然不符合现实,自回归模型(autoregressive model)则考虑了短期利率的相关性,假设短期利率 i_t 满足

$$Y_t = \ln(1+i_t) \sim N(\mu, \sigma^2)$$

但不再满足独立假设,而是假设

$$Y_t = c + \varphi Y_{t-1} + e_t$$

此时,$\text{Corr}(Y_t, Y_{t-k}) = \varphi^k$, $for\ k=1,2,\cdots$,$\ln(1+i_t) \sim N(\mu, \sigma^2)$。

三、经济学利率风险模型

前面介绍的确定性利率风险模型和随机利率模型都只是数学模型,还没有能考虑利率的经济学意义。正如在持续期的案例中显示的,单纯利用数学模型描述利率风险可能会产生套利等问题,因此经济学家提出了经济学利率风险模型。与上述随机分布描述法一样,这些模型也经常针对短期利率建模。但与随机分布描述法不同的是,经济学利率风险模型经常是基于均衡经济学模型得到的,因此不会产生模型中存在套利这样的问题。

(一) 短期利率模型

短期利率模型一般是在连续时间框架下给出的,其一般形式如下:

$$dr = \mu(r,t)dt + \sigma(r,t)d\hat{z}$$

这里的 $\hat{z}(t)$ 是在风险中性情景下的标准维纳过程。

下面列出几种特殊的短期利率风险经济学模型。

1. Rendleman and Bartter 模型

$$dr = mr\,dt + \sigma r\,d\hat{z}$$

这个模型类似股票期权理论中描述股票价格风险的动态模型,但不太适合于利率风险的描述。

2. Vasicek 模型

$$dr = a(b-r)dt + \sigma d\hat{z}$$

3. Cox, Ingersoll and Ross(CIR) 模型

$$dr = \alpha(\mu - r)dt + \sigma\sqrt{r}\,d\hat{z}$$

4. Black and Karasinski 模型

$$d\ln r = (\theta - a\ln r)dt + \sigma d\hat{z}$$

连续时间利率风险模型的参数估计有许多方法,例如,陈(Chan)、卡罗伊(Karolyi)、朗斯塔夫(Longstaff)和桑德斯(Sanders)在1992年利用GMM方法对8种常用的短期利率模型给出了参数估计并进行了相互比较。这8种模型都可以写成如下形式:

$$dr = (\alpha + \beta r)dt + r^\gamma dZ$$

可以发现,Vasicek 模型($\gamma = 0$)和 CIR 模型($\gamma = 1/2$)都是上述模型的特殊情形。将上述一般模型离散化后可以写成

$$r_t - r_{t-1} = \alpha + \beta r_{t-1} + \varepsilon_t, E(\varepsilon_t) = 0, E(\varepsilon_t^2) = \sigma r_{t-1}^{2\gamma}$$

定义向量 $f_t(\theta)$ 为:

$$f_t(\theta) = \begin{pmatrix} \varepsilon_t \\ \varepsilon_t r_{t-1} \\ \varepsilon_t^2 - \sigma^2 r_{t-1}^{2\gamma} \\ (\varepsilon_t^2 - \sigma^2 r_{t-1}^{2\gamma}) r_{t-1} \end{pmatrix}$$

GMM 方法估计的参数为:

$$(\hat{\alpha}, \hat{\beta}, \hat{\sigma}, \hat{\gamma}) = \min_{(\alpha, \beta, \sigma, \gamma)} J(\alpha, \beta, \sigma, \gamma)$$

其中,$J = g'_T(\theta) W_T(\theta) g_T(\theta)$,$g_T(\theta) = \frac{1}{T} \sum_{t=1}^{T} f_t(\theta)$,$W_T(\theta)$ 则是正定的加权矩阵。

下面的案例介绍另外一种利用极大似然估计法给出的 CIR 模型的参数估计方法。

案例 4—5　　CIR 模型参数估计

CIR 模型是科克斯(Cox)、英格索尔(Ingersoll)和罗斯(Ross)在 1985 年提出的一种一般均衡利率模型,该模型中利率的概率密度可以解析表示出来。具体而言,在时刻 t 对于给定的 r_t,在时刻 $t + \Delta t$ 的利率 $r_{t+\Delta t}$ 的概率密度函数为:

$$p(r_{t+\Delta t} | r_t) = ce^{-u-v} \left(\frac{v}{u}\right)^{\frac{q}{2}} I_q(2\sqrt{uv})$$

其中:

$$c = \frac{2\alpha}{\sigma^2(1 - e^{-\alpha \Delta t})}$$

$$u = cr_t e^{-\alpha \Delta t}$$

$$v = cr_{t+\Delta t}$$

$$q = \frac{2\alpha \mu}{\sigma^2} - 1$$

$I_q(\cdot)$ 是修正的第一类 q 阶 Bessel 函数。

将观测值分为 Δt 时间步长,假设共有 N 个利率观测值。由于每年的交易日数据约为 250 个工作日,此处假设 $\Delta t = 1/250$,则 N 个观测值的利率时间序列的似然函数为:

$$L(\theta) = \prod_{i=1}^{N-1} p(r_{t_{i+1}} | r_{t_{i+1}})$$

为了计算方便,将等式两边取对数得到:

$$\ln L(\theta) = \sum_{i=1}^{N-1} \ln p(r_{t_{i+1}} | r_{t_{i+1}})$$

可以得到 CIR 过程的对数似然函数:

$$\ln L(\theta) = (N-1)\ln c + \sum_{i=1}^{N-1} \left\{ -u_{t_i} - v_{t_{i+1}} + 0.5 q \ln\left(\frac{v_{t_{i+1}}}{u_{t_i}}\right) + \ln[I_q(2\sqrt{u_{t_i} v_{t_{i+1}}})] \right\}$$

对参数的估计转换为对上述似然函数最大值的求解:

$$(\hat{\alpha},\hat{\mu},\hat{\sigma})=\max\ln L(\theta)$$

为了得到全局最优解,初始参数的估计是很重要的。在离散状态下,采用普通最小二乘估计法(OLS):

$$r_{t+\Delta t}-r_t=\alpha(\mu-r_t)\Delta t+\sqrt{r_t}\sigma\varepsilon_t$$

其中,ε_t 是服从均值为 0、方差为 Δt 的正态分布。

为了更好地进行 OLS,进一步将上式转换为:

$$\frac{r_{t+\Delta t}-r_t}{\sqrt{r_t}}=\frac{\alpha\mu\Delta t}{\sqrt{r_t}}-\alpha\sqrt{r_t}\Delta t+\sigma\varepsilon_t$$

则初始参数估计变为对如下函数取最小值:

$$(\hat{\alpha},\hat{\mu})=\min_{\alpha,\mu}\sum_{i=1}^{N-1}\left(\frac{r_{t_{i+1}}-r_{t_i}}{\sqrt{r_{t_i}}}-\frac{\alpha\mu\Delta t}{\sqrt{r_{t_i}}}+\alpha\sqrt{r_{t_i}}\Delta t\right)^2$$

选取自 2006 年 4 月 7 日至 2013 年 3 月 19 日期间所有交易日的期限为 3 个月的中国固定利率国债收益率,共 1 685 个。估计得到的各参数的初始值 $\alpha=0.288,\mu=0.028,\sigma=0.049\,5$。该初始值是对最大似然函数进行估计的起始点。求解目标函数估计得到的各项参数如表 4—8 所示。

表 4—8   参数值

待估参数	α	μ	σ
估计值	0.3483	0.0277	0.0496

因此,估计得到的 CIR 模型为:

$$dr_t=0.348\,3(0.027\,7-r_t)dt+0.049\,6\sqrt{r_t}dW_t$$

采用蒙特卡罗法(Monte Carlo method),给定初始的值 r_0,dW_t 用正态分布的随机数产生并根据上述模型进行模拟,就可以得到未来各时点的利率分布。

(资料来源:杜浩,上海财经大学硕士论文,2013 年。)

(二)无套利短期利率模型

上文介绍的利率风险模型的一个缺点是,得到的现在时刻的收益率曲线与当前的实际即期利率曲线可能不完全匹配。为了修正这个缺陷,经济学家提出了无套利模型(no arbitrage model)。必须注意:这里的无套利模型并不是通常金融学中不存在套利的意思(实际上,所有主要经济学利率风险模型都是不存在套利的模型),而是指模型得到的现在时刻收益率曲线与实际即期利率曲线完全匹配。一般形式的无套利利率模型有 HJM(Heath-Jarrow-Morton 模型)等直接对利率期限结构建模的利率模型,下面仅介绍几种重要的短期利率无套利模型(实际上这些短期利率模型都可以看作特殊形式的 HJM 模型,反之,HJM 模型也可以写成短期利率模型的形式)。

1. Ho-Lee 模型

$$dr=\theta(t)dt+\sigma d\hat{z}$$

2. Black-Derman-Toy 模型

$$d\ln r=\theta(t)dt+\sigma d\hat{z}$$

3. Hull-White 模型

$$dr = (\theta(t) - ar)dt + \sigma d\hat{z}$$

由于上述模型中都有一个参数是时间的函数,适当选择这个函数就能与实际即期利率曲线完全匹配。下面是 Ho-Lee 模型离散化后的一个例子。

案例 4-6　　　　　　　　　离散 Ho-Lee 模型

离散 Ho-Lee 模型采用二叉树法,假定短期利率结点用 (k,s) 表示,其中 k 表示时间点,$k=0,1,\cdots,n$,s 表示不确定状态,$s=0,1,\cdots,k$。

离散 Ho-Lee 模型将短期利率写成如下形式:

$$r_{ks} = a_k + bs$$

这可以看作连续时间 Ho-Lee 模型的离散化,在时间 $k-1$,从任何结点 $(k-1,s)$,下一个时间点的利率或者为 $a_k + bs$,或者为 $a_k + b(s+1)$。两者之差为 b,因此一期的标准差为 $b/2$。由于在不同时间点 k 有不同的 a_k,离散 Ho-Lee 模型可以得到与现在时刻的即期利率完全匹配的利率模型。表 4-9 描述的是 14 年期的利率期限结构,这里假设 $b=0.02$。

表 4-9　　　　　　　　　　　　14 年期的利率期限结构

年份	0	1	2	3	4	5	6	7	8	9	10	11	12	13
即期利率	7.67	8.27	8.81	9.31	9.75	10.16	10.52	10.85	11.15	11.42	11.67	11.89	12.09	12.27
状态	7.67	8.863	9.878	10.79	11.49	12.18	12.64	13.12	13.5	13.79	14.1	14.23	14.4	14.51
	7.67	8.863	9.876	10.79	11.49	12.18	12.64	13.12	13.5	13.79	14.1	14.23	14.4	14.51
		8.883	9.898	10.81	11.51	12.2	12.66	13.14	13.52	13.81	14.12	14.25	14.42	14.53
			9.918	10.83	11.53	12.22	12.68	13.16	13.54	13.83	14.14	14.27	14.44	14.55
				10.85	11.55	12.24	12.7	13.18	13.56	13.85	14.16	14.29	14.46	14.57
					11.57	12.26	12.72	13.2	13.58	13.87	14.18	14.31	14.48	14.59
						12.28	12.74	13.22	13.6	13.89	14.2	14.33	14.5	14.61
							12.76	13.24	13.62	13.91	14.22	14.35	14.52	14.63
								13.26	13.64	13.93	14.24	14.37	14.54	14.65
									13.66	13.95	14.26	14.39	14.56	14.67
										13.97	14.28	14.41	14.58	14.69
											14.3	14.43	14.6	14.71
												14.45	14.62	14.73
													14.64	14.75
														14.77

(资料来源:Luenberger, *Investment Science*, Oxford University Press, 1998.)

复习思考题

1. 阅读案例 4-1 并简述利率期限结构的估计方法。
2. 描述利率风险主要有哪三种方法,分别简述之。
3. 阅读案例 4-2 并选择一家保险公司,利用确定性风险模型分析其利率风险。
4. 阅读案例 4-3 并重复该案例的分析过程。
5. 描述利率风险为何需要应用经济学理论。
6. 主要有哪些短期利率风险经济学模型?
7. 阅读案例 4-5 和案例 4-6,并说明何为无套利短期利率模型。

第三篇

风险的认知和沟通

　　风险认知是指在风险评估基础上风险相关参与人对风险的感知和偏好,是一种人类行为的主观判断。而风险沟通则是在客观风险评估和主观风险认知的基础上相关参与人之间的风险信息交流和风险交易。其实这三者(风险沟通、风险评估和风险认知)很难截然分开,因为任何风险评估方法实际上都包含了某种意义上对这种方法的价值判断,也受到风险沟通过程中相关参与人之间的相互影响。本篇第五章主要介绍建立在标准期望效用理论基础上的风险认知和沟通的经济学观点,第六章则介绍从心理学和社会学视角考察的风险认知和沟通的相关内容。

第五章
风险认知和沟通的经济学观点

第一节 期望效用模型

描述风险认知和偏好的标准经济学模型是期望效用模型,这个模型在微观经济学教材中有详细的介绍,这里的内容做了适当的简化。

为方便讨论,经济学中的风险描述采用相对简化的表示形式。譬如,可以采用在通常商品空间中引入所谓"彩票"的方法来刻画风险。在引入这种方法前,有必要对客观和主观概率这两个概念作一点说明。

在第一篇中的风险评估主要是指对风险概率分布的客观统计估计,一般来说,是从纯粹技术分析的角度进行的,并不涉及人类行为中的价值判断。这就是通常所说的客观概率。但一般来说很难找到风险的客观概率分布,任何风险评估方法实际上都包含了某种意义上对这种方法的价值判断,这种涉及风险相关参与人的主观价值判断的概率评估即主观概率,客观概率与主观概率的区分也是第六章要讨论的风险的心理学观点中的重要内容。本章先从经典经济学的角度对这两种概率的区分进行论述。

假设某个体面临某一风险事件,该事件发生时他得到 x,否则得到 y。如果该事件发生的概率为 p,我们可以这样理解该个体面临的情形:他拥有的是一张中签率为 p 的"彩票",中彩的奖励为 x,而没有中彩时则获得 y。记这样的彩票为 $l=[p;x,y]$。

通过假定个体拥有彩票,我们就在经济学模型中引入了风险。个体所有可选彩票的集合称为彩票空间 X,也即风险空间。

一、Von Neumann-Morgenstern 理论

冯·纽曼(Von Newmann)和摩根斯坦(Morgenstern)在彩票空间中引入了偏好关系,满足如下三条公理:

(一)完备性和传递性公理

在完备性和传递性分理中,偏好关系是完备的,同时满足传递性,即对于任何的 $f,g,h \in X$,如果 $f \leqslant g, g \leqslant h$,则 $f \leqslant h$。

(二)阿基米德公理

在阿基米德公理中,对于任何的 $f,g,h \in X$,如果 $f \leqslant g \leqslant h$,则存在 $p,q \in (0,1)$ 使得 $pf+(1-p)h \leqslant g \leqslant qf+(1-q)h$。

阿基米德公理的经济含义是,如果彩票 g 的好坏程度介于 f 和 h 之间,那么必然存在 f

与 h 的两种复合 $a=pf+(1-p)h$ 和 $b=qf+(1-q)h$，使得 g 的好坏程度介于 a 和 b 之间。

(三) 独立性公理

在独立性公理中，对于任何的 $f,g,h\in X$ 及任何实数 $p\in[0,1]$，如果 $f\leqslant g$，则 $pf+(1-p)h\leqslant pg+(1-p)h$。

独立性公理的经济含义是，如果彩票 f 不优于 g，那么对于任何第三种彩票 h 来说，f 与 h 的任何复合彩票 $a=pf+(1-p)h$ 必然也不优于 g 与 h 的相应的复合彩票 $b=pg+(1-p)h$。从独立性公理立即可知，当 $f\sim g$，即 f 与 g 无差异时，复合彩票 $a=pf+(1-p)h$ 与 $b=pg+(1-p)h$ 也无差异。

以上三条公理称为期望效用公理。

完备性公理的经济含义是，对任何两种彩票都是可以进行偏好比较的；传递性公理的经济含义是如果彩票 f 不优于 g，彩票 g 不优于 h，则彩票 f 不优于 h。

冯·纽曼和摩根斯坦证明了满足上述三条公理的偏好关系可以用期望效用函数来表示，具体而言，存在这样的函数 u，对前述的彩票 l，其期望效用值为 $u(l)=pu(x)+(1-p)u(y)$。并且对任何两种彩票 l_1,l_2，满足 $l_1\leqslant l_2$ 当且仅当 $u(l_1)\leqslant u(l_2)$ 时。

注意，对更复杂的彩票，期望效用的形式可以有比较复杂的形式，通常可以用概率分布表示成积分的形式。

冯·纽曼和摩根斯坦证明了如下期望效用函数定理：

设 $\leqslant$ 是彩票空间上的偏好关系。$\leqslant$ 具有期望效用表示，当且仅当 $\leqslant$ 服从完备性和传递性公理、阿基米德公理和独立性公理。当 $\leqslant$ 具有期望效用表示时，$\leqslant$ 的期望效用函数在仿射变换下是唯一的，即若 u 和 v 都是 $\leqslant$ 的期望效用函数，则必然存在实数 a 和 b 大于零，使得对一切 $f\in D(S)$，都有 $v(f)=a+bu(f)$。

二、风险规避度量

不同个体对风险的偏好是不同的，喜欢冒险的人会对未来不确定性的结果充满期待，而有些人则希望尽量避免风险。个体对待风险的不同态度就反映在他的期望效用函数的形式上。效用函数越凹，个体就越厌恶风险。下面在个体期望效用函数为二阶可微的假设下，介绍几种常用的风险规避度量方法。

(一) Arrow-Pratt 风险规避度量

阿罗(K. J. Arrow，1965)和普拉特(J. W. Pratt，1964)分别独立提出了测量个体风险规避程度的 Arrow-Pratt 风险规避度量。

由于直观上看，预期效用函数 u 越凹，消费者的风险规避倾向越强。因此，可以考虑用预期效用函数的二阶导数 $u''(w)$ 来对风险规避的程度加以度量。但由于预期效用函数只是在仿射变换下具有唯一性，所以用二阶导数度量风险规避程度，会因表示同一偏好的效用函数的不同而发生变化。为此，需要对这种度量进行标准化，用一阶导数 $u'(w)$ 去除二阶导数 $u''(w)$，这样，便得到了一个合理的度量，即 Arrow-Pratt 绝对风险规避度量：

$$A(w)=-\frac{u''(w)}{u'(w)}$$

式中，$w\in R$ 表示个体的财富。这里绝对的意思是因为这种定义的相应风险升水是一个货币测度的绝对量，有时需要用到下面的相对风险规避度量：

$$R(w)=-\frac{u''(w)w}{u'(w)}$$

对于上述 Arrow-Pratt 绝对风险规避度量,经济学中经常分三种情况进行分析。按照该度量函数是财富 w 的递增函数,或常数函数,或递减函数,分别称为 IARA(increasing absolute risk aversion)、CARA(constant absolute risk aversion)和 DARA(decreasing absolute risk aversion)。

上述绝对风险规避度量或相对风险规避度量反映的仅是在局部的风险规避情况,有时需要考虑全部区域的风险规避,即需要说明一个个体是否比另一个个体对所有风险活动都具有更强的风险规避倾向。对此有下面的普拉特定理。

(二)普拉特定理

设 u_A 和 u_B 为两个递增、二阶可微、凹的效用函数,X 为风险选择空间(即彩票空间),则下面两个条件相互等价:

(1) 对任何 $w \in R$,都有 $r_A(w) = -\dfrac{u''_A(w)}{u'_A(w)} > -\dfrac{u''_B(w)}{u'_B(w)} = r_B(w)$;

(2) 存在递增的严格凹函数 g,使得对任何 $w \in R$,都有 $u_A(w) = g(u_B(w))$。

三、主观效用理论

上面的期望效用理论是在假定了存在客观概率的情况下给出的,当无法得到客观概率时,萨维奇(Savage)于 1954 年构建了主观概率公理体系用于推断主观概率的存在。在主观概率公理体系下,个体在风险环境下的选择行为可以视为他在根据某种主观概率度量的期望效用进行决策。

具体而言,萨维奇对风险的偏好关系≤提出了以下六条公理:确认性公理、独立性公理、定性概率公理、非退化公理、无原子公理和条件单调性公理。

他还提出了如下的萨维奇定理:

对于彩票空间上的任一偏好关系≤来说,下面两个命题等价:

(1)≤服从确认性公理、独立性公理、定性概率公理、非退化公理、无原子公理和条件单调性公理。

(2)存在唯一的概率测度,存在一个在仿射变换下唯一的有界函数 $u: S \to R$,使得对任何 $\zeta \leq \eta$ 当且仅当 $\int_\Omega u(\zeta(\omega))\mathrm{d}P(\omega) \leq \int_\Omega u(\eta(\omega))\mathrm{d}P(\omega)$。

萨维奇定理指出了保证主观概率和期望效用函数唯一存在的不确定性经济行为公理。如果我们仿效客观概率论的做法来研究主观概率问题,那么所得到的主观概率就会同经典概率论中使用的概率具有同样的性质,因而可用经典概率处理主观概率问题。

利用萨维奇定理可以证明,只要观察到的选择行为服从某些合理的公理,那么主观概率和效用函数都可以从观察到的行为构建出来,其概率服从贝叶斯定律:

$$P(A|B) = \dfrac{P(B|A)P(A)}{P(B)}$$

这里 A,B 为任意两个事件,$P(A|B)$ 为条件概率,即事件 B 发生的情况下事件 A 发生的概率。

贝叶斯定律说明了理性决策者如何根据事实(或依据得到的信息 B)来调整和修正他的主观概率判断。如果把贝叶斯公式中的 A 解释为某一特定的假设 H,把 B 解释为推断假设 H 为真的证据,把 $P(A)$ 解释为决策者认为假设 H 为真的主观概率 $P(H)$(即 $P(A) = P(H)$),

那么贝叶斯定律说明了决策者如何根据证据 B 来调整他相信假设 H 为真的概率。

贝叶斯定律把先验概率 $P(A)$（即在观察证据前假设为真的概率）与后验概率 $P(A|B)$（即在观察证据后假设为真的概率）联系在一起，这成为大多数理性学习行为模型的基础。

期望效用理论除了理论意义外，在实际决策中也是一种强有力的工具。下面是英国学者迪伦·埃文斯(Dylan Evans)博士给出的用期望效用理论分析 2003 年美国入侵伊拉克战略决策的一个案例。

案例 5—1　　期望效用的应用和风险商

2002 年年初，美国刚刚在阿富汗推翻了塔利班政权，当时美国一般民众对"9.11"恐怖袭击仍记忆犹新。在综合考虑入侵伊拉克的成本收益分析后，一个理性决策者就要对各项成本收益分配概率和效用。表 5—1 是对美国入侵伊拉克所有潜在收益的期望效用分析表。表 5—2 则是潜在损失的期望效用分析表。

表 5—1　　入侵伊拉克的潜在收益的期望效用

收益	美国效用点	概率	期望效用
政权变更	10	98%	9.8
在伊拉克建立军事基地	8	85%	6.8
有权使用伊拉克石油	6	70%	4.2
传播民主政治	10	25%	2.5
合计			23.3

表 5—2　　入侵伊拉克的潜在损失的期望效用

损失	美国效用点	概率	期望效用
国内战争	−4	25%	−1
人员伤亡	−5	80%	−4
财务损失	−35	80%	−28
全球支持损失	−3	25%	−0.75
合计			−33.75

将所有潜在收益的期望效用加上所有潜在损失的期望效用，可以得到入侵伊拉克的总期望效用。如果按照表 5—1 和表 5—2 这样分配概率和效用，从美国的角度看，入侵伊拉克的总期望效用值是 −10.45(23.3−33.75)。由于这一数字是负值，一个理性决策者是不应该入侵伊拉克的。

那么这是否说明美国政府最后决定入侵伊拉克的决策是不理性的呢？这也不一定。因为这里的收益/损失的概率估算并非是客观的，因此相应的效用函数也是一种主观衡量，也许在某人看起来非理性的决策在其他人眼中是理性的。既然美国政府最后确实对伊拉克采取了军事行动，按照上述萨维奇主观效用函数理论，可以认为从美国政府的角度得到的入侵伊拉克的收益/损失的主观概率不同于上面两个表格里假设的概率。

(资料来源：Dylan Evans 著，石晓燕译，《风险需求》，中信出版社 2013 年版。)

有些学者认为实际上没有客观概率与主观概率的区别,而是只有主观概率。譬如,诺贝尔经济学奖获得者米尔顿·弗里德曼(Milton Friedman)就指出,这是"因为我们自始至终都在解决主观概率的概念(尤其是萨维奇于1954年所提出的):概率仅仅是一种信念程度……(因为我们从不知道真实的客观概率)"。

米尔顿·弗里德曼(Milton Friedman)在他的诺贝尔获奖演说中讲过一个关于科学判断与价值判断如何分离的有趣故事。弗里德曼在参加剑桥大学的一次晚餐时,坐在另外一位经济学家与著名数理统计学家兼遗传学家R.A.费雪(R.A.Fisher)的中间。这位经济学家告诉弗里德曼,他辅导的劳动经济学方面的一位学生所做的关于工会影响的研究,提及不同经济学家对这种影响可能有不同的观点。他认为这是经济学的一种灾难,因为不可能有一种脱离价值判断的实证经济科学。当弗里德曼询问费雪这种现象是否确实只存在于社会科学中,费雪不动声色地回答"不",接着就一个接一个地讲故事,说明他如何能从某人的政治观点精确判断出其遗传学观点。

一个有趣的问题是作为历史上公认的最伟大的统计学家,费雪是否也能从某人的价值观判断出其统计估计和风险评估方法呢?或者说他是否承认存在客观概率呢?费雪的答案虽然不得而知,但我们认为某种意义上应该确实是存在相对更为客观的概率的。譬如,在第一篇的风险评估中,我们分别介绍了寿险风险、非寿险风险和利率风险的概率分布估计,显然精算师在评估这些风险时得到的概率要比一般人得到的概率更客观些,距离这些风险真实的概率分布也更接近一些。

哈佛大学的凯斯·R.桑斯坦(Cass R. Sunstein)教授曾经举过一个极端的例子,他有一条罗马尼亚猎犬,每天也会做出决策。从猎犬的决策行为,桑斯坦教授可以推断出它对概率的判断。比如桑斯坦教授经估算发现,这条狗判断被雷电劈死的主观概率是99%。不难看出,这样的判断与人类对同样主观概率的判断相比,距离真实的客观概率误差更大。

迪伦·埃文斯为此介绍了所谓风险商(risk quotient,RQ)的概念,他将风险商定义为准确估算概率的能力,显然这里指的是准确估算客观概率的能力。与智商、情商等概念相比,风险商还是一个比较新的概念,处在研究的初级阶段。迪伦·埃文斯和同事建立了一个在线风险商测试,网址是 www.projectionpoint.com。

迪伦·埃文斯对测试的参与者的情况进行分析,得到了如下结果:

从2010年1月1日到2月14日,总共有50 070人访问了该网站,其中有38 888人参加了在线风险商测试并允许使用其资料进行研究。在经过适当校正后,剩下了14 294名参与者。表5—3和表5—4是这些参与者的年龄、性别和文化程度构成情况。

表5—3　　　　　　　　　　　　　　抽样年龄构成

年龄(岁)	参与人数
0~10	674
11~20	1 006
21~30	4 899
31~40	3 720
41~50	2 283
51~60	1 236

续表

年龄(岁)	参与人数
61～70	397
71～80	67
81～90	6
90+	6

表5-4　抽样性别和文化程度构成

文化程度	男	女	合计
小学及以下	108	31	139
中学	2 163	521	2 684
学士学位	5 486	1 475	6 961
硕士学位	2 335	755	3 090
博士学位	1 134	286	1 420
合计	11 226	3 068	14 294

研究结果发现,这些抽样参与者的风险商平均分数是63.58(标准差是15.15)。风险商分数的分布情况如图5-1和表5-5所示。

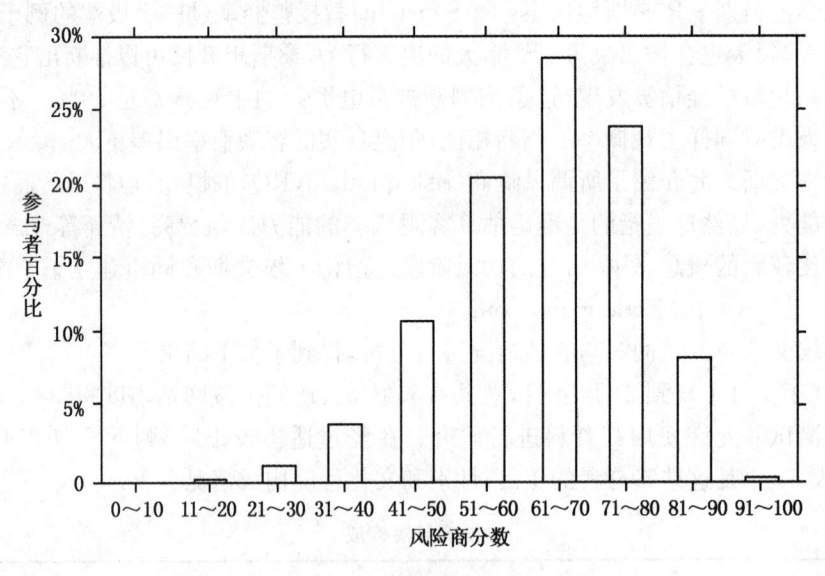

图5-1　抽样风险商分数分布

表5-5　抽样不同性别和文化程度的风险商分数

文化程度	男 平均风险商分数	男 标准差	女 平均风险商分数	女 标准差
小学及以下	58.52	14.95	56.42	14.58
中学	61.80	14.00	60.87	14.20
学士学位	63.94	12.74	61.60	13.55

续表

文化程度	男		女	
	平均风险商分数	标准差	平均风险商分数	标准差
硕士学位	64.93	12.46	62.29	13.60
博士学位	67.41	11.58	65.21	13.38
合计	64.04	12.95	61.93	13.73

迪伦·埃文斯和同事还对200多人的风险商测试参与者的预测能力和风险商分数进行了相关分析，得到了如下结果（见图5-2和表5-6）。

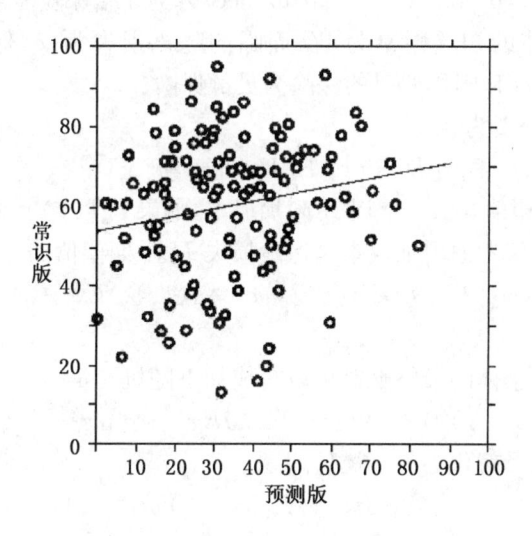

图5-2 风险商得分与预测能力关系

表5-6　　　　　　　　　风险商测试的相关分析结果

相关性			预测比赛	风险商测试
斯皮尔曼等级相关系数	预测比赛	相关系数	1.000	0.185*
		显著性（双侧）		0.034
		个数	132	132
	风险商测试	相关系数	0.185*	1.000
		显著性（双侧）	0.034	
		个数	132	132

*：在95%的概率下，相关性是显著的。

可见，使用斯皮尔曼相关系数分析风险商测试得分与其预测比赛分数之间的关系，结果是显著的。

第二节　保险市场的经济学理论

保险市场是保险风险沟通的重要模式，本节介绍在期望效用风险偏好假设下保险市场的需求和供给理论，以及保险负债的公允价值的确定方法。本节内容假定市场参与者之间信息

完全对称,信息不对称环境下的保险供求相关理论可以参考一般的微观经济学教材。

一、保险需求理论

在风险环境中,由于不同个体面临的风险和风险偏好程度不一样,个体之间可以通过风险交换,重新配置其风险资产增加效用。保险市场是典型的风险交换市场。在期望效用模型的基础上可以建立风险市场的经济学模型。经济学中的风险沟通主要是指风险的交易、买卖和重新配置。下面以保险市场为例介绍保险需求理论。

保险市场中交换的保险合同一般比较复杂,但保险交换的基本原理相对来说是简单的,因此这里仅以比例共同保险(proportional coinsurance)为例介绍保险需求的经济学理论。

具体而言,假定个体的初始财富为 W,面临的随机损失为 x,保险合同的赔付函数为 $I(x)$,$I(x)=\alpha x$,如果 $\alpha=1$,则称此时的保险为足额保险。

假设该保险合同的保费为:

$$P[I(\cdot)]=E[I(x)+c[I(x)]]$$

这里的 E 表示求期望值,$c[I(x)]$ 表示附加成本,如果 $c[I(x)]=0$,称此时的保费为公平保费。为简单起见,这里仅考虑附加成本是保险损失 $I(x)$ 期望值的一定比例的情景,此时有:

$$P(\alpha)=E(\alpha x+\lambda\alpha x)=\alpha(1+\lambda)Ex$$

其中,λ 是附加因子。

在购买保险合同后,个体的最终财富可以写成如下随机变量:

$$Y(\alpha)\equiv W-\alpha(1+\lambda)Ex-x+\alpha x$$

此时,个体的决策选择就化为如下最优问题:

$$\underset{\alpha}{\text{maximize}}E[u(Y(\alpha))]$$

这里的 u 即前面介绍的期望效用函数。

该最优问题的一阶条件为(二阶条件在效用函数假设为凹时自然成立):

$$\frac{dEu}{d\alpha}=E[u'(Y(\alpha))\cdot(x-(1+\lambda)Ex)]=0$$

在 $\alpha=1$ 时,上式取值如下:

$$\left.\frac{dEu}{d\alpha}\right|_{\alpha=1}=Eu'(W-\alpha(1+\lambda)Ex)(x-(1+\lambda)Ex)=-\lambda(Ex)u'(W-\alpha(1+\lambda)Ex)$$

由于 $u'>0$,上式在 $\lambda=0$ 时取值为 0;在 $\lambda>0$ 时,取值为负数。因此就有以下关于保险需求的著名的 Mossin 定理。

Mossin 定理:当保险合同价格是公平保费($\lambda=0$)时,最优保险需求是足额保险($\alpha=1$);当保险合同价格包含了正的风险附加($\lambda>0$)时,最优保险需求是部分保险($\alpha<1$)。

利用前面介绍的 Arrow-Pratt 风险规避度量,有如下三个命题:

命题 5—1 假定风险附加因子 $\lambda>0$,则对不同情形的 Arrow-Pratt 风险规避度量,有:

(1)在 DARA 风险规避度量情形,最优保险比例 α 是财富的递减函数。

(2)在 CARA 风险规避度量情形,最优保险比例 α 是财富的常数函数。

(3)在 IARA 风险规避度量情形,最优保险比例 α 是财富的递增函数。

命题 5—2 假定风险附加因子 $\lambda>0$,则在 CARA 和 IARA 风险规避度量情形下,保险合同不可能是吉芬商品;而在 DARA 风险规避度量情形下,保险合同可能是吉芬商品。

命题 5—3 假定风险附加因子 $\lambda>0$,在其他条件不变的假设下,全部区域的风险规避趋

向越强,最优保险比例越大。

二、保险供给和定价理论

前面讨论了保险需求理论,下面则讨论保险市场的产品供给。如果供给保险产品的保险人(保险公司)是风险厌恶的,那么其提供的保险产品费率除了反映保险期望损失外,还应该包含其规避风险的风险升水。因此,从直观上来看,一个风险厌恶型的保险人应该比一个风险中性的保险人要求更高的费率。但实际上下面阐述的 Arrow-Lind 定理(又称风险均摊定理)表明,即使保险公司的股东是风险厌恶型的,但随着其股东人数的增加,在不考虑保险公司的管理成本等交易费用时,其提供的保险产品的费率将等于公平保险费率,也即该保险产品的纯保费。

(一)Arrow-Lind 定理

实际上,如果假设个体都是风险厌恶型的,阿罗(Arrow)和林德(Lind)在 1970 年证明了,随着所汇集的保险公司股东数量的不断扩大,只要在损失概率即公平精算费率的基础上筹集保险费,保险公司股东群体就可以解决个别投保人的损失补偿问题。也就是说,如果相互独立的风险厌恶的保险公司的股东汇集起来,对于风险厌恶的个体投保人而言,是将自身面临的风险转嫁给了整体保险公司的股东群体;而对于股东整体而言,则是将可能的损失在群体之间进行分散。而且,只要股东群体充分大,保险公司的股东作为一个整体,仅仅依赖其整体内的期望损失,而与个体股东的风险厌恶程度无关,这就是说,由风险厌恶的股东汇集起来的整体,就变成一个风险中性的"保险供给者"。显然,这种将个体组织起来并且管理着保险费的组织,就是保险公司。因此,保险公司实质上就是利用上述保险原理来向个体提供保险产品。而理想的保险供给者则是风险中性的。

这里需要指出,在传统保险学教材中通常认为满足符合大数法则是可保风险的必要条件之一,也即可保风险必须是大量的、同质的。但由 Arrow-Lind 定理可以发现,只要保险公司的股东群体足够大,即使是单个保险标的,也是可保的,并且保险公司要求的保费也应该是公平保费。

在精算学中,公平保费或纯保费有时又称精算现值。其计算方法依据的是所谓精算等价原理,也即使得保险公司纯保费收入现值的数学期望值等于保险金支出的现值的数学期望值。如上所述,虽然精算现值是纯粹的数学概念,但实际上是有一定的经济学意义的,在 Arrow-Lind 定理条件成立的假设下(保险公司没有管理成本、公司的股东人数无穷多),保险公司要求的保费就应该是公平保费,也就是纯保费或精算现值。

当然,实际上保险公司的股东人数是有限的,不可能是无穷多,保险公司的管理成本也很高,Arrow-Lind 定理的条件是不满足的,保险公司对保险风险并不是风险中性的,其实际收取的保费也不可能是纯保费。如果考虑保险公司的管理成本,则有所谓"毛保费"的概念,即在纯保费的基础上附加管理费用。毛保费的计算原理还是精算等价原理,并且保留了保险公司风险中性的假设,因此本质上还是公平保费。如果我们放宽保险公司风险中性假设(保险公司的股东人数是有限的),则保险公司要求的保费需要在公平保费的基础上再加上一定的风险安全附加。下面在不考虑保险公司管理费用的情形下,介绍一些常用的确定安全附加的方法,也就是通常所称的保险费率原则(premium principle)。

(二)保险费率原则

美国密歇根大学的 V.R.杨(V.R. Young)教授将保险费率原则分为三种主要方法:特别法(ad hoc method)、赋性法(characterization method)和经济学方法(economic method)。前两

种方法是由精算学中发展出来的,虽然它们在一定程度上与经济学方法是一致的,但也会产生一些问题。

1. 特别法

这种类型的方法有很多,大多是精算师在实践中发展起来的确定风险附加的一些基本原理。具体而言,假设 X 表示赔付支出的随机变量,相应保险产品的保费 P 可以看作 X 到实数集合的一个映射规则,记作 $P=H[X]$,因此保费的计算原理就可以归结为如何描述这个映射规则。下面是常见的特别法保险费率确定原理:

(1)均值原理:$H[X]=(1+\theta)E[X]$,这种保费计算原理又称比例安全附加,此时风险安全附加费是纯保费的一个确定的百分比。这个确定的百分比 θ 称为安全系数。

(2)方差原理:$H[X]=E[X]+\theta \mathrm{Var}[X]$,此时安全附加费是保险赔付方差的一个确定的百分比。

(3)标准差原理:$H[X]=E[X]+\theta\sigma(X)$,此时安全附加费是保险赔付标准差的一个确定的百分比。这种保费计算原理在财产保险费率厘定中应用较多。

方差原理和标准差原理中附加保费的确定都反映了损失中的波动,但两者还是有区别的。譬如,考虑两种风险 X_1 和 X_2,当两者相互依赖时,按标准差原理计算的安全附加费可以相加,而按方差原理计算的安全附加费不能相加。当两者相互独立时,情况刚好相反。

(4)指数保险定价原理:$H[X]=(1/\alpha)\cdot \ln E[e^{\alpha X}]$,其中 α 是大于 0 的常数。

(5)Esscher 保险定价原理:$H[X]=(E[Xe^{\alpha Z}]/E[e^{\alpha Z}])$,其中 α 是大于 0 的常数。

这个保费计算原理首先是由瑞士精算师埃舍尔(Esscher)提出的,又称指数修正保费定价原理。可以证明,在适当的模型假设下,Esscher 原理确定的保费即保险市场均衡时的保险价格。另外,Esscher 原理不仅被应用在保险定价中,还被广泛应用于金融衍生产品等更一般的金融产品的定价方法中。

(6)效用原理:$H[X]$ 满足方程 $u(\omega)=E[u(\omega-X+H[X])]$,其中,$u$ 即 Von Neumann-Mogenstern 效用函数,ω 是指保险公司的财富。按照这个原理,保费 $H[Z]$ 的确定应使得保险公司对是否承保没有偏好。经济学家有时又称这样确定的保费为保留保费。可以证明,当效用函数为指数效用函数,也即 $u(\omega)=-\dfrac{1}{\alpha}e^{-\alpha\omega}$ 时,效用原理等价于上述的指数保险定价原理。

(7)破产理论原理。按照这个原理,保费的确定应使得实际保险损失赔付超过保费及其投资收入的概率小于某个事先规定的百分比。这个原理不像效用原理那样有明显的经济学意义,但在精算实务中应用特别广泛。并且,该原理已逐渐推广到保险以外的其他金融机构的风险管理的理论和实务中,例如,在银行界类似的原理称为在险价值(value at risk,VAR)方法。

2. 赋性法

这种方法对保险费率原则赋予了一些需要满足的性质,由这些性质可以确定保险费率映射规则的具体形式。这些性质主要包括以下六点:

(1)独立性:$H[X]$ 仅依赖于随机变量 X 的分布函数。

(2)风险附加性:$H[X]\geqslant EX$。

(3)无非合理风险附加:对常数 c,有 $H[c]=c$。

(4)协单调风险可加性:对两个协单调风险 X 和 Y,满足 $H[X+Y]=H[X]+H[Y]$。这里的两个风险是协单调的意思,也就是对任何两个状态,如果 X 在第一个状态大于等于 Y,则

在第二个状态也同样如此。

(5)单调性：对两个风险 X 和 Y，如果在任何状态 w 都有 $X(w) \leqslant Y(w)$，则 $H[X] \leqslant H[Y]$。

(6)连续性：对风险 X，有 $\lim_{a \to 0+} H[\max(X-a,0)] = H[X]$，及 $\lim_{a \to \infty} H[\min(X,a)] = H[X]$。

王(Wang)、杨(Young)和潘耶(Panjer)在1997年证明了下述保险费率原则赋性定理：

保险费率原则赋性定理：如果某个保险费率原则满足以上六个性质，则存在一个 $[0,1] \to [0,1]$ 的非递减函数 g，使得 $g(0)=0$，$g(1)=1$，并且有：

$$H[X] = \int_0^\infty g[S_x(t)] dt$$

如果取如下特殊的函数 $g: g(p) = \phi[\phi^{-1}(p) + \lambda]$，其中 ϕ 是标准正态分布函数，这种保险费率原则即所谓的 Wang 变换。

考察上述定理中六个性质中的第一个性质——独立性，其假定了保险风险的费率仅依赖于该风险的分布函数，或者说不需要考虑该风险与其他风险的相关性，也就是说，这个性质没有考虑到保险市场中风险之间的交换，显然这个假设与基本经济学理论是不太相符的。这是因为经典的精算理论一般仅从保险产品供给方，也即保险公司的角度考虑费率厘定问题，而忽略了保险需求双方的互动及整体保险市场的均衡。为此下面介绍保险费率原则的经济学方法。

3. 经济学方法

有关风险交易的经济学理论最早可以追溯至阿罗(Arrow)在1953年发表的经典论文，但阿罗的论文并非专门针对保险风险进行分析。之后主要是由于博尔奇(Borch)和伯尔曼(Buhlmann)等人的贡献，针对保险风险交易的经济学理论陆续建立。

在经典的完美保险市场经济学模型中，其标准假设是经济中有大量的行为人，每个行为人拥有一定的(有保险风险的)禀赋。行为人的偏好是标准的期望效用最大化，其效用函数是递增的凹函数。另外还有以下假设：

(1)市场中无交易成本。

(2)保险风险的分布函数是公共信息。

(3)该风险的分布函数依赖于行为人的防范风险的努力程度。这种努力程度可以无成本观察得到。

(4)风险导致的损失也可以无成本观察得到。

(5)模型是静态的，或者说，对未来的风险有完备的保险市场。

在上述模型假设下，可以得到如下结果：

(1)对任何影响行为人的保险风险，都存在相应的完全竞争的保险市场。在该市场，行为人交易该风险相应的保险合同。

(2)该竞争市场对风险的配置是帕累托最优的，换句话说，没有其他的风险配置方法能在不减小某位行为人的效用的同时增加另一位行为人的效用。

(3)这种竞争的风险配置满足相互原则(mutuality principle)，也就是说，所有可以分散的风险在市场交易中都消除了。特别是当经济中不存在系统风险时，该经济的总财富是确定的。而由相互原则可得，任何行为人的财富也应该是确定的。

(4)当经济中存在系统风险时，该风险在行为人之间的配置使得该行为人财富和总财富的相关性与其 Arrow-Pratt 绝对风险厌恶系数成反比。也就是说，行为人的风险厌恶程度越大，

其承担的风险越少。

（5）虽然风险的分布函数依赖于行为人的防范风险的努力程度，但由于这种努力程度可以无成本观察得到，该经济中不存在道德风险和逆选择问题。因此，投保人防范风险的努力会导致其保费减少。特别是当经济中不存在系统风险时，行为人每增加一元钱的努力进行风险防范，总财富就因此增加一元钱。

显然，从金融经济学的角度考察上述完美保险市场模型可以发现，该模型和金融经济学中的均衡模型如资本资产定价模型（CAPM）的假设和结论是一致的，并且都可以统一在阿罗的不确定条件下的一般均衡模型中。

在此模型框架中，在一定的具体假设下，可以得到保险的均衡费率。下面是瑞士苏黎世联邦理工学院（ETH）的伯尔曼（Buhlmann）教授用经济学方法确定的一种保险费率原则。伯尔曼假设总共有 n 个行为人，其中第 j 个行为人面临的风险是 X_j，其效用函数为指数效用函数 $u_j(\omega)=-\dfrac{1}{\alpha_j}e^{-\alpha_j\omega}$，则在保险市场达到均衡时，保险风险 X 的费率厘定原则为：

$$H[X]=\frac{E[Xe^{\alpha Z}]}{E[e^{\alpha Z}]}$$

其中，$Z=X_1+X_2+\cdots+X_n$，并且 $(1/\alpha)=(1/\alpha_1)+(1/\alpha_2)+\cdots+(1/\alpha_n)$。

可以发现，这里的定价方法也就是前面特别法中介绍的 Esscher 保险定价原理。采用金融经济学的语言，这种定价公式可以看作保险风险 X 在风险中性等价鞅概率测度下的期望值，其风险中性概率测度是在实际概率测度基础上乘以 $\dfrac{Xe^{\alpha Z}}{E[e^{\alpha Z}]}$，给出了概率扭曲。

实际上，这里的保险定价方法隐含了一个假设，即在这个模型中组建的保险公司是无限公司，或者说这里的风险仅考虑保险风险，还没有考虑保险公司的破产风险。如果保险公司是有限公司，则该公司要求的保费中还应该在上述费率基础上减去公司的破产成本，这种破产成本可以看作一种以保险公司资产交换负债的卖出期权（put option），即

$$\text{保险费率}=PV(\text{没有破产风险的保险损失})-PV(\text{破产期权})$$

注意，这里的 PV 是指在风险中性概率的情形下得到的期望现值。

三、保险负债的公允价值

在上述保险定价理论中，由于保险合同在市场上可交易，公平保费实际上就是保险的市场价值。但对保险公司而言，同样重要的是保险负债的定价原理。一般而言，保险负债并没有市场价，在会计理论中则用公允价值（fair value）的概念来确定保险负债的价值。国际会计准则委员会将资产和负债的公允价值定义为"两个熟知参与方，自愿近距离交换资产，或结清负债所需的金额"（the amount for which an asset would be exchanged, or a liability settled, between knowledgeable, willing parties in an 'arms length' transaction）。按照这个定义，保险公司负债的公允价值也就是假设当存在该负债的交换市场时，该公司将负债责任转移给另一方时需要支付的价值。对有限公司而言，同样涉及破产期权的问题，但在保险会计中，一般假定另一方没有破产风险，此时，保险负债的公允价值也即没有破产风险的未来保险责任（在风险中性概率下）的期望现值，也即：

$$\text{保险负债公允价值}=PV(\text{没有破产风险的保险损失})$$

由于保险负债没有市场价（用金融经济学的术语，也即此时市场是不完备的），如何确定这

种期望现值并没有唯一的方法(用金融经济学的术语,也即此时没有唯一的等价鞅测度)。案例5—2是美国宾夕法尼亚大学沃顿商学院巴贝尔(Babbel)等学者对保险负债公允价值确定方法给出的一些标准。

案例 5—2　　　　保险负债公允价值的定价模型

巴贝尔等人认为,保险负债公允价值定价模型应该满足如下标准:

(1)经济学价值相关性(relevant values):定价模型应该是与一般经济学模型确定的价值相关一致的。巴贝尔等人指出,这条是最重要的标准。

(2)可操作性(practicality of implementation):必须是实务中可操作的。

(3)资产负债一致性(consistent prices):必须对资产和负债给出相互一致的定价方法。

(4)市场价格一致性(calibration to prices):如果存在市场价,定价模型必须与其一致。

(5)无争议性(noncontroversial principles):该模型应该是没有争议的。

(6)可确定性和可审计性(specificity and auditability):模型中参数是可以确定的,因此是可以审计的。

(7)可加性(value additivity):定价模型应该符合价值可加的要求。

巴贝尔等人提出了4种可能的保险负债公允价值定价模型,如表5—7所示。

表 5—7　　　　　　　　　4种保险负债公允价值定价模型

	确定现金流	随机现金流
确定利率	A	B
随机利率	C	D

他们指出,只有D类模型才是保险负债公允价值确定的合理模型。该模型的一般公式如下:

$$V_0 = E_\gamma^0 \left[\exp\left(-\int_0^\tau r_s \mathrm{d}s\right) E_y^0 [x_t(r_v, y_t)] \right]$$

其中,关于利率 r_s 的风险定价反映在与 r_s 相关的风险中性概率期望值上,而关于保险风险 y_t 的风险定价则反映在与 y_t 相关的风险中性概率期望值上。实际上前面介绍的Esscher原理这一保险定价方法也可以应用于保险负债定价。而且,前文已经指出,这种方法与金融经济学中的均衡模型是相一致的,也就是说,这种方法满足上述的第一条标准。而前面介绍的其他保险定价模型则可能不太符合标准。

(资料来源:Babbel and Merrill, Economic Valuation Models for Insurers, *North American Actuarial Journal*, 1998.)

关于利率风险的定价此处没有另外介绍,但在上一章利率风险评估中已经介绍了一些利率风险的经济学模型,相关的定价方法在一般金融经济学论著中都会有介绍,这里不再赘述。

下面的阅读材料5—1是巴贝尔等人对D类模型符合上述7条标准的相关论述,阅读材料5—2和阅读材料5—3则是2009年财政部颁布的《保险合同会计处理相关规定》中涉及准备金计量原则内容的相关介绍以及《保险公司偿付能力监管规则第3号:寿险合同负债评估最优估计准备金》。

阅读材料 5—1

In reviewing the taxonomy of economic valuation models, it appears that we must opt in favor of a model from Class D. Only models of this class are capable of producing viable estimates of economic values for financial instruments that feature stochastic cash flows influenced by stochastic interest rates.

While it is possible to enlist a valuation model from another class for valuing insurance liabilities, the manipulation of model parameters necessary to approximate a proper economic value is itself inconsistent with financial valuation principles.

While it is true that models from Classes A, B, and C could produce viable estimates of value for some asset categories, only Class D models embrace the valuation technology that can be used with virtually all asset categories.

Now let us revisit the remaining six criteria for a viable economic valuation model to see how well Class D models may satisfy them. The criterion of practicality is met because these models are clearly implementable. Wall Street has been using Class D models for nearly a decade in the valuation of massive amounts of mortgage-backed securities.

With respect to the third criterion, Class D models are capable of producing consistent prices across all assets and liabilities. Of course, to achieve full consistency, we must use the same general valuation model for both assets and liabilities and not merely one or another member of the class.

Class D models calibrate well to observable market prices, where available, satisfying this criterion.

Class D models have been in use since 1979 and are now so ubiquitous that their use is noncontroversial from a practitioner's viewpoint. From a theoretical point of view, there are currently no valuation models that are more favorably received, despite their drawbacks. Accordingly, we can say that class D models fulfill the criterion of noncontroversial principles.

Another attractive aspect of Class D models is that they are specifiable and auditable. After a particular model has been found with a suitable set of attributes, its parameters may be estimated or otherwise specified, and the model's output is ready for audit.

Finally, we consider the value additivity principle. The way in which Class D models compute value for a single financial instrument is based strictly on the value additivity of its components. Moreover, if the same general valuation model is used for a portfolio of assets or block of liabilities, value additivity is automatically assured.

（资料来源：Babbel and Merrill, 1998.）

阅读材料 5—2 《保险合同相关会计处理规定》的介绍

2008年8月，财政部发布《企业会计准则解释第2号》（以下简称《2号解释》），要求同时发行A股和H股的上市公司对同一交易事项采用相同的会计政策和会计估计进行确认、计量和报告。

《2号解释》发布后，保监会高度重视，召开主席办公会专门研究保险业如何贯彻施行《2号解释》。2009年1月5日保监会发布《关于保险业实施〈企业会计准则解释第2号〉有关事项的通知》(保监发〔2009〕1号),要求全行业统一思想,明确提出了"统一执行,一步到位"的总体实施方案。"统一执行"是指所有保险公司,无论是在境内还是境外上市,均执行新的统一的会计政策;"一步到位"是指保险公司在编制2009年年度财务报告时,对目前导致境内外会计报表差异的各项会计政策同时进行变更。保监会提出了消除差异的三种方法:

一是保费收入确认引入分拆和重大保险风险测试;

二是保单获取成本不递延;

三是采用新的基于最佳估计原则下的准备金评估标准。

在充分研究和反复论证的基础上,2009年12月22日财政部发布了《保险合同相关会计处理规定》,明确了保险业贯彻实施《2号解释》的具体会计政策。

其中,新的准备金计量原则明确要求保险人以履行保险合同相关义务所需支出的合理估计金额为基础进行计量,同时考虑边际因素和货币时间价值。准备金计量的基本原则是:

(1)保险人在确定保险合同准备金时,应当将单项保险合同作为一个计量单元,也可以将具有同质保险风险的保险合同组合为一个计量单元。计量单元确定标准应当在各会计期间保持一致,不得随意变更。

(2)保险合同准备金应当以保险人履行保险合同相关义务所需支出的合理估计金额为基础进行计量。

(3)保险人在确定保险合同准备金时,应当考虑边际因素,并单独计量,保险人应当在保险期间内,采取系统、合理的方法将边际计入当期损益。保险人不应当确认首日利得,发生首日损失的,应当予以确认并计入当期损益。

(4)保险人在确定保险合同准备金时,应当考虑货币时间价值的影响。货币时间价值影响重大的,应当对相关未来现金流量进行折现。计量货币时间价值所采用的折现率,应当以资产负债表日可获取的当前信息为基础确定,不得锁定。

(5)保险人在确定保险合同准备金时,不得计提以平滑收益为目的的巨灾准备金、平衡准备金、平滑准备金等。

(6)该充分吸收了国际会计准则理事会《保险合同》准则第二阶段的已有成果和已达成的共识,建立了与国际财务报告准则相一致的计量框架。

(7)与我国会计准则体系中其他准则实现了内在逻辑的一致性,使准备金负债计量更加科学、公允,提高了保险公司财务报表信息的相关性和可靠性。

(8)实现了准备金计量方法和假设的透明性,未来现金流贴现加显性边际的计量方法,以市场利率作为折现率,以及严格的信息披露要求,使保险公司的准备金成为公开、易懂、可比的信息,有利于投资者对保险公司价值进行判断和评价。

阅读材料5—3　保险公司偿付能力监管规则第3号:寿险合同负债评估:最优估计准备金

第七条　最优估计准备金的计算公式为:

最优估计准备金＝现金流现值(PV)＋选择权及保证利益的时间价值($TVOG$)

第八条　现金流现值应以保险合同产生的预期未来净现金流为基础进行评估。预期未来净现金流等于预期未来现金流出减预期未来现金流入的差额。

预期未来现金流出,是指保险公司为履行保险合同相关义务所必需的、全部的、合理的现

金流出,主要包括:

(一)根据保险合同对保单持有人承诺的保证利益,包括死亡给付、残疾给付、疾病给付、生存给付、满期给付、退保给付等。

(二)根据保险合同构成推定义务的非保证利益,包括分红保险红利给付、万能保险结算收益中超过保证利益的部分等。

(三)管理保险合同或处理相关赔付的保单维持费用,包括续期佣金、保险保障基金、监管费、流转税(如有)以及其他维持费用等。

(四)履行保险合同义务的其他现金流出。预期未来现金流入,是指保险公司承担保险合同相关义务而获得的现金流入,包括保费和其他收费。

第九条 评估万能保险最优估计准备金时,应对保险部分与投资部分的现金流合并评估,不进行拆分。

第十条 评估投资连结保险最优估计准备金时,应对独立账户部分和非账户部分分别评估。独立账户负债的认可价值等于独立账户资产在评估日的市场价值。非账户部分的最优估计准备金按照本规则的相关规定进行评估。

第十一条 保险公司预测未来净现金流的期间应为整个保险期间。对于包含可续保选择权或年金选择权的保险合同,当保单持有人很可能执行选择权,并且保险公司不具有重新厘定保险费的权利时,保险公司应将预测期间延长至选择权终止时点。

第十二条 保险公司在预测分红保险、万能保险、变额年金保险等与资产投资收益率直接关联的保险合同现金流出时,采用本规则第十九条规定的折现率曲线作为投资收益率假设,保监会另有规定的除外。

第十三条 保险公司应根据不同业务的特征,在预期现金流中合理、客观地反映保险公司的管理策略以及保单持有人行为对保险合同的非保证利益的影响。分红保险和万能保险的预期未来现金流出,应包含归属于保单持有人的全部利益。其中,分红保险账户归属保单持有人的部分不得低于保监会规定的下限比例,且应在预期未来保单红利给付的现金流出中予以足额体现。分红保险保单红利水平假设及万能保险结算利率假设不得低于保监会规定的下限。

第十四条 保险事故发生率假设,包括死亡发生率、疾病发生率、医疗及健康赔付损失率等,应根据公司的实际经验和未来发展变化趋势确定,但不得超过保监会规定的上限或下限。保险事故发生率假设高于上限时,采用上限作为假设;低于下限时,采用下限作为假设。

第十五条 保险合同负债的预期未来净现金流中的保单维持费用分以下两种情况确定:续期佣金手续费、保险保障基金、监管费和流转税(如有)按照实际水平确定;其他维持费用应考虑未来物价总水平变动的影响,并按照以下规定设定:

(一)保险公司应遵循保监会《保险公司费用分摊指引》规定的原则,采用系统、合理的方法将相关费用分摊到各计量单元,从而设定公司自身的其他维持费用假设。其中,其他维持费用假设不应低于经董事会或管理层批准的财务预算中由有效业务分摊的相应费用预算。

(二)其他维持费用假设应不低于保监会规定的下限。保险公司有证据证明最近三年每年保单维持费用的实际金额与自身费用假设的比例不超过105%的,方可采用自身费用假设。

第十六条 再保险公司应根据自身费用分析结果,确定合理的费用假设,并向保监会提供费用假设的合理性证明。保监会认为费用假设不合理的,可以要求再保险公司调整。

第十七条 预期未来净现金流中的退保给付,包含退保、账户部分领取和停缴续期保费。保险公司应在自身经验分析的基础上确定退保率(含部分领取率、续期缴费率)假设。保险公

司不能向保监会提供经验分析等材料证明自身退保率假设合理性的,应按照以下步骤设定退保率(含部分领取率、续期缴费率)假设:

(一)采用适当的方法确定自身退保率假设。

(二)按照本规则规定的退保率指导区间确定备考退保率假设:在任何保单年度,自身退保率假设高于指导区间上限时,采用上限作为备考退保率假设;低于指导区间下限时,采用下限作为备考退保率假设。

(三)分别计算自身退保率假设和备考退保率假设下的现金流现值,在产品或具有同质风险的保险合同组合层面选取现金流现值较大者对应的退保率假设用于确定退保给付。

第十八条 再保险公司应根据自身退保率经验分析结果,确定退保率假设,并向保监会提供退保率假设的合理性证明。保监会认为退保率假设不合理的,可以要求再保险公司调整。

第十九条 计算现金流现值所采用的折现率曲线由基础利率曲线加综合溢价形成。基础利率曲线由以下三段组成:期望无风险收益率曲线、终极利率过渡曲线、终极利率水平。

其中:

t 为利率期限,t_1 为过渡曲线起点,t_2 为过渡曲线终点。期望无风险收益率曲线由保监会综合考虑可观察的活跃市场的无风险收益率、市场的信息有效性程度和保险资产长期无风险收益率等因素确定;终极利率水平由保监会综合考虑我国经济的长期自然增长率和长期物价总水平变动等因素确定;终极利率过渡曲线连接期望无风险收益率曲线和终极利率水平线,由保监会采用系统、合理的方法确定。

综合溢价由保监会综合考虑国债收益率的税收效应、流动性补偿及逆周期调整等因素,根据业务类型等因素分档设定。

保监会根据业务属性和市场环境的变化,及时调整折现率曲线。

第二十条 保险公司应当计算分红保险、万能保险和变额年金保险等业务的选择权及保证利益的时间价值(TVOG)。

计算公式为:

$$TVOG = \{PV_1(保证利益) + PV_2(非保证利益)\} \cdot TVOG 因子$$

其中:PV_1(保证利益)为根据本规则第八条规定的保证利益的现金流出现值;PV_2(非保证利益)为根据本规则第八条规定的非保证利益的现金流出现值。

保险公司应按本规则第五条规定的计量单元计算 TVOG。

复习思考题

1. 阅读案例 5—1 并对主观概率和客观概率概念进行比较分析。
2. 保险费率的确定主要有哪三种方法?
3. 阅读案例 5—2 并分析为何保险负债公允价值确定应该满足案例中的这些标准。
4. 翻译阅读材料 5—1 并针对阅读材料 5—2 和阅读材料 5—3 中的相关规定,指出合理性和不足之处。

第六章
风险认知和沟通的心理学与社会学观点

第一节 理性期望效用决策的悖论

虽然上一章中介绍的关于风险认知的期望效用理论的公理假设看起来是合理的，建立的相关理论也是相当完美的。但实际上在许多情况下，决策者常常会违背这些公理假设，这里首先介绍违背独立性公理的两个著名悖论。

一、阿莱悖论——关于期望效用的悖论

阿莱悖论（Allais paradox）是诺贝尔经济学奖得主 M.阿莱（M. Allais）在 1953 年提出来的对期望效用理论的挑战。这个悖论如下：

假设有两种选项，A 和 B。如果选择 A，一定能得到 100 万元。如果选择 B，则有 10% 的概率得到 250 万元，89% 的概率得到 250 万元，还有 1% 的概率什么也得不到。这两种选项如表 6-1 所示。

表 6-1　　　　　　　　　　　阿莱悖论例一

选项	A	B		
金额(万元)	100	250	100	0
概率	100%	10%	89%	1%

参试者会做出怎样的选择呢？实验结果发现，即使选项 B 的期望值（可以计算出是 114 万元）大于 100 万元，大多数人还是选择 A，也即大多数人都认为 A>B。

现在假设提供了另外两种选项，这一次选项 C 有 11% 的概率获得 100 万元，89% 的概率什么也得不到；而选项 D 则有 10% 的概率获得 250 万元，90% 的概率什么也得不到。这两种选项如表 6-2 所示。

表 6-2　　　　　　　　　　　阿莱悖论例二

选项	C		D	
金额(万元)	100	0	250	0
概率	11%	89%	10%	90%

这次大多数人会选择 D，也即大多数人都认为 D>C。因为人们通常会这样认为，10% 与 11%

的概率相差很小,但 100 万元与 250 万元相差很大,而且选项 D 的期望值是选项 C 的两倍多。

如果将期望效用理论应用于这个例子,假设期望效用函数为 u,那么:

$u(A)=u(100)$

$u(B)=0.1\times u(250)+0.89\times u(100)+0.01\times u(0)$

$u(C)=0.11\times u(100)+0.89\times u(0)$

$u(D)=0.1\times u(250)+0.9\times u(0)$

显然应该有 $u(A)>u(B)$ 及 $u(C)>u(D)$。

从 $u(A)>u(B)$,可以推出

$0.11\times u(100)>0.1\times u(250)+0.01\times u(0)$

在此式两边加上 $0.89\times u(0)$,可得:

$0.11\times u(100)+0.89\times u(0)>0.1\times u(250)+0.9\times u(0)$

即 $u(C)>u(D)$,这与上述实验结果 D>C 相矛盾。

上述的阿莱悖论说明,实际中人们往往并不是按期望效用大小来对风险行为进行评价的。

二、埃尔斯伯格悖论——关于主观概率的悖论

以下将介绍一个违背萨维奇主观期望效用理论中独立性公理的悖论,即著名的埃尔斯伯格悖论(Ellsberg paradox)。这个悖论如下:

假设袋子里有红、蓝、黑三种颜色的球共 90 个,其中红球 30 个,剩下的是蓝球或黑球,但比例不清楚。现有四种形式的选项:

选项 A:从袋中摸出一球,如果为红球,可得 100 元。

选项 B:从袋中摸出一球,如果为蓝球,可得 100 元。

选项 C:从袋中摸出一球,若不是红球,可得 100 元。

选项 D:从袋中摸出一球,若不是蓝球,可得 100 元。

面对这四种选项,每个人都需要对袋中有多少个蓝球和有多少个黑球做出自己的主观判断,因而涉及主观概率。实验发现,大多数人都认为 A 优于 B,C 优于 D。但这样的偏好却不符合主观概率理论。

为了说明这一点,用 P(事件)表示该事件的主观概率,u 表示在这个主观概率下的期望效用函数,F 表示摸出红球这一事件,G 表示摸出蓝球这一事件,F^c 表示摸出的球不是红球,G^c 表示摸出的球不是蓝球。

显然,$P(F^c)=1-P(F),P(G^c)=1-P(G)$。

下面分别计算这四种选项的效用:

$u(A)=P(F)u(100)+(1-P(F))u(0)$

$u(B)=P(G)u(100)+(1-P(G))u(0)$

$u(C)=P(F^c)u(100)+(1-P(F^c))u(0)=(1-P(F))u(100)+P(F)u(0)$

$u(D)=P(G^c)u(100)+(1-P(G^c))u(0)=(1-P(G))u(100)+P(G)u(0)$

由于 A 优于 B,即 $u(A)>u(B)$,因此 $(P(F)-P(G))u(1\,000)>(P(F)-P(G))u(0)$。

由于 C 优于 D,即 $u(C)>u(D)$,因此 $(P(F)-P(G))u(1\,000)<(P(F)-P(G))u(0)$。

然而,由此得到的这两个不等式相互矛盾,这说明按照主观概率理论不可能有 A>B 且 C>D。然而实验发现,A>B 且 C>D 同时发生了。这就与萨维奇主观概率理论相矛盾了。

在心理学中利用模糊性厌恶(ambiguity aversion)的概念可以解释这个悖论。

除了上述两个著名悖论外,心理学家还研究发现了其他许多决策中不理性或判断中产生偏差的现象。下面选了一些著名的例子,主要摘自由斯科特·普劳斯著、施俊琦等人翻译的《决策与判断》。这里与上述两个悖论一样,将其分为决策不理性和判断误差两类,实际上这两类是相互联系的,并不能完全分开。除了心理实验的案例外,还将另外介绍巨灾保险购买实际决策中的一些例子。

案例 6-1　　决策不理性的例子

一、框架效应 1

美国心理学家丹尼尔·卡尼曼(Daniel Kahneman)和阿莫斯·特沃斯基(Amos Tversky)于 1981 年提出了"框架"的概念,认为"决策者拥有的有关动作、结果即某一特定选择可能引发的有关情况的一系列概念",即框架会对决策选择产生重要影响。卡尼曼和特沃斯基着重研究了问题的不同形式所产生的不同效果。譬如,下面是赌博的一个相关例子:

决策 1 要求参试者必须在选项 A 和 B 中选择。

选项 A:肯定获得 240 美元。

选项 B:25% 的概率获得 1 000 美元,75% 的概率什么都得不到。

卡尼曼和特沃斯基发现 84% 的参试者选择了 A。

决策 2 则要求参试者必须在选项 C 和 D 中选择。

选项 C:肯定输掉 750 美元。

选项 D:75% 的概率输掉 1 000 美元,25% 的概率什么都不会输掉。

此时有 87% 的参试者选择了 D。但实际上选择 B 和 C 比选择 A 和 D 更加有利。因为如果 B、C 与 A、D 分别加总,组合的选择方案是:

选项 A 和 D:75% 的概率输掉 760 美元,25% 的概率得到 240 美元。

选项 B 和 C:75% 的概率输掉 750 美元,25% 的概率得到 250 美元。

二、框架效应 2

在医疗问题上,框架效应尤为重要。卡尼曼和特沃斯基进行的疾病问题的研究是医疗方面框架效应的最早也是最有名的实验。

假设美国正为即将爆发的一种疾病做准备,这种疾病可能导致 600 人丧生。有两套方案与该疾病斗争,其结果估计如下:

方案 A:能挽救 200 人的生命。

方案 B:有 1/3 的概率挽救 600 人的生命,有 2/3 的概率无法挽救任何人。

卡尼曼和特沃斯基发现 72% 的参试者选择了 A 方案。但如果改变问题的框架,给出这两种方案结果的另一种描述方法如下:

方案 C:400 人会死亡。

方案 D:有 1/3 的概率没有人死亡,有 2/3 的概率 600 人全部死亡。

虽然这种框架下方案 C 和 D 与前述框架下的 A 和 B 的结果实际上是等同的,但却有 78% 的参试者更愿意冒一下风险,而不是接受 400 人的死亡。

三、心理分账

卡尼曼和特沃斯基的一个实验要参试者回答如下问题:

假设你想看一场电影,电影票是 10 美元。在电影院门口,你发现掉了 10 美元,你还会花 10 美元看电影吗?

在卡尼曼和特沃斯基的实验中,有88%的参试者表示仍然愿意花10美元看电影。大多数人并未将10美元的损失与买票联系起来,而是将这一损失放在另一个心理账户上。下面我们思考另一个问题。

假设你想看一场电影,并花了10美元买电影票。在电影院门口,你发现掉了电影票,你还会再花10美元买一张票吗?

卡尼曼和特沃斯基发现,此时只有46%的参试者表示他们愿意再买一张票。虽然丢失一张票和10美元的损失是一样的,但大多数参试者显然将买第二张票的成本与第一张票的成本放在同一个心理账户里了。

四、认知失调

认知失调理论是利昂·费斯汀格(Leon Festinger)在1957年率先提出的。下面是相关的一个故事。

有一个犹太人在一个反犹社区勇敢地开设了一家商店。为了把这个犹太人赶出社区,每天都有一群年轻人去他店门口吼叫:"犹太人,犹太人!"

这个犹太人为此烦恼了好几天后,想出了一个办法。当这群人再次来他店门口时,他宣布,任何称他为"犹太人"的都能得到一毛钱。

得到激励后,第二天这群人更加高兴地来到店门口大叫:"犹太人,犹太人!"这个犹太人笑容满面地给了每人五分硬币,并解释说他今天只能付这么多。年轻人满意地离开了,毕竟五分钱也是钱。

接下来几天,犹太人只给那群年轻人每人一分钱,并解释他付不出更多的钱了。这时,年轻人开始抗议,并决定不再来他店门口,临走时还冲这个犹太人大叫:"你只出一分钱,还想让我们叫你犹太人,简直疯了!"

五、社会规范的影响

美国心理学家保罗·斯洛维奇(Paul Slovic)等人做了下面的实验,要求参试者在如下选项中做出决策:

选项A:100%的概率损失50美元。

选项B:25%的概率损失200美元,75%的概率什么都不损失。

保罗·斯洛维奇等人的实验结果显示,80%的参试者会选择B。这说明大多数人在这个实验中是属于"风险偏好型"的。

但当斯洛维奇等人把上述选项A变换成如下内容时:

选项A:为25%的概率损失200美元的风险购买保险,保费为50美元。

此时有65%的参试者选择A。这个现象说明保险公司成功塑造了一种社会规范,使得同样的问题是否用保险术语表达会导致不同的选择结果。

案例 6—2　　判断产生偏差的例子

一、代表性直觉

代表性直觉是指人们通常会根据"A在多大程度上能够代表B,或者说在多大程度上与B相似"来判断事件发生的可能性。下面是卡尼曼和特沃斯基在1982年给出的一个例子。

琳达,31岁,单身,坦率直言,性格开朗。她的专业是哲学。当她还是学生时就非常关注歧视和社会公正问题,同时参加了反对核武器的活动。请从以下选项中选出可能性更高的选项:

选项A:琳达是一个银行出纳。

选项 B:琳达是一个银行出纳,同时也是一个活跃的女权主义者。

当卡尼曼和特沃斯基让 86 个人回答以上问题时,超过 90%的人认为琳达是一个女权主义者的银行出纳。但是实际上选项 B 包含在选项 A 中,因此选项 B 的概率不可能高于选项 A 的概率。卡尼曼和特沃斯基称这种现象为"结合谬论"(conjunction fallacy)。

二、易得性直觉

易得性直觉是指决策者经常会依据一些容易想起来的例子判断一种事件发生的频率。卡尼曼和特沃斯基注意到易得性直觉也是判断产生误差的原因之一。下面是卡尼曼和特沃斯基在 1973 年的一个相关研究。他们询问参试者如下问题:

在一般(字母数不少于 3)的英文词汇中,以 K 为开头字母的单词和以 K 为第三个字母的单词相比,哪一个更多?

在回答问题的 152 个参试者中,有 105 个参试者认为 K 为开头字母的单词要多一些。但实际上,以 K 为第三个字母的单词数是以 K 为开头字母的单词数的两倍。这是因为人们更容易想到 K 为开头字母的单词,而不是 K 为第三个字母的单词数,因此人们会错误估计这两类单词的相对比例。

三、锚定效应

卡尼曼和特沃斯基于 1974 年进行了一个实验,要求一组学生估计乘法问题(8×7×6×5×4×3×2×1)的答案,得到的平均答案是 2 250;而当他们要求另一组学生估计乘法问题(1×2×3×4×5×6×7×8)的答案时,得到的平均答案只有 512。显然计算降序数列的学生首先锚定的是 8、7、6、5 的乘积,而计算顺序数列的学生首先锚定的是 1、2、3、4 的乘积。但事实上,这两组学生的答案都远小于正确的答案 40 320。

四、概率和风险

就像上一章在风险商的案例中提到的,风险的概率判断很容易产生偏差。下面是与此相关的一个著名的游戏秀问题:

假设你参加一个游戏,可以选择三扇不同的门。其中一扇门后面是一辆轿车,而另外两扇门后面是山羊。你选择了一扇门,然后主持人打开了剩下两扇门中的一扇,后面是山羊。然后他问你:"你是否改变门的选择?"问题是:你应该改变选择吗?

很多人认为在这个时候是否改变选择没有关系,因为在主持人打开其中一扇门后,剩下的两扇门后面有轿车的概率是相同的。但实际上正确的答案是应该改变选择,这是因为你在三扇门中挑选的第一扇门只有 1/3 的概率获得汽车。主持人后面打开的门提供了增加的信息,因为如果轿车在第二扇门后,他就会打开第三扇门;如果轿车在第三扇门后,他就会打开第二扇门。因此只要轿车在这两扇门后,你改变选择就能获得汽车。因此,改变选择获得汽车的概率是 2/3。

据说这个问题连传奇数学家沃尔夫奖获得者保罗·厄多斯(Paul Erdos)也被难倒了。看来即使在这个客观概率能完全确定的情形,概率评估也不是一件容易的事。

五、随机模式

体育比赛里常有所谓手热现象,也就是说,人们往往希望在随机序列中寻找结构或模式。下面是特沃斯基和合作者进行的一项相关实验。在这个实验中,参试者要观看 6 个由"X"和"O"组成的不同序列(譬如,可以将其理解为篮球比赛中"投中"和"没有投中"),每个序列都包含 11 个"X"和 10 个"O",在不同序列中两个字母交替的可能性分别为 40%、50%、60%、70%、80%或 90%。譬如,在序列"XOXOXOOOXXOXOXOOXXXOX"中,20 个相邻字母之间两字母转换的次数为 14,也就是占了 70%。

特沃斯基等人发现,大多数参试者认为,相应70%或80%的序列是随机序列的代表,而不是选择正确的相应50%的序列。实际上,62%的参试者认为相应50%的序列是手热序列,或者是存在模式的序列。50%序列的例子有:"XOXXXOOOOXOXXOOOXXXOX"。

日常生活中在随机现象中寻找规律和模式的情景时有发生,譬如,证券市场上股价的震荡类似"随机游走",但还是有成千上万的人花费大量的时间和精力希望预测股价的走势。

上面介绍的主要是在心理学实验中发现的风险及其概率判断和决策中的偏差问题,在对巨灾风险潜在投保人的实际调查中,也发现有同样的概率估计判断和决策偏差。下面的内容大部分基于美国宾夕法尼亚大学沃顿商学院 H.昆路塞教授(H. Kunreuther)等巨灾风险专家的相关研究结果。

案例 6—3　　　　巨灾保险购买决策中的偏差

一、巨灾风险的认知误差(misperception of risk)

巨灾保险通常是每年购买的,但在潜在的受灾区,一旦发生巨灾,就会对灾区居民的生命财产带来重大损失。但由于这种巨灾发生的概率很小,一般来说概率可能为 1/500～1/50,居民在未真正遇到这种灾难前,一般会认为这种灾难不会发生。

在昆路塞和卡尼曼等学者的一项研究中,他们对新泽西某城市郊区的居民做了问卷调查,询问他们对附近某家工厂排放一种假想的有毒物质可能造成危害的看法。问卷中给出了这种有毒物质致死的各种概率和提供相应保险的费率作为参照,同时也给出了车祸导致死亡的概率。研究发现,参加调查的人们对概率为 1/10 000 的风险与 1/100 万的风险的感知并没有区别。即使同时标出了不同的相应费率(如 15 美元、1.5 美元或 15 美分),被调查者对这种概率区分也是不敏感的。

另外,调查还发现,人们在这类风险的保险购买决策时表现出所谓的门槛效应,也即只要灾害发生的概率小于某个门槛数字,人们就简单地认为其发生概率为 0。相关实验发现,人们愿意为这种风险而保险的出价为 0。

二、预算直觉(budgeting heuristics)

在巨灾保险购买决策中,另一个违背期望效用理论的现象是预算直觉。对相对收入较低家庭的调查发现,这些家庭视巨灾保险的购买为非必需品,只有当他们的必需品需求满足后才会考虑购买此类保险。譬如调查发现,对问题"为何你们没有购买地震或洪水保险"的回答常常是"我付不起"或者"我每天都有其他东西要付账"(I live from payday to payday)。人们并不按照潜在损失的大小来确定保险购买金额,而是将保险购买预算限制在固定的金额之下。

三、低估未来(under-weighting the future)和拖延(procrastination)

行为经济学家乔治·卢文斯坦(George Loewenstein)等人在 1992 年曾对资金贴现率进行过如下实验:他们让参试者想象他们把抽奖中得到的钱提早取出,一种情况是从次日提早到马上取出,另一种情况是从第三天提早到次日取出。结果显示,资金的贴现率随延迟时间下降。这种随延迟时间下降的资金折现情况,常被称为双曲折现(hyperbolic discounting)。考虑双曲折现情形下的贴现,如果时间点是现在,则可以选择如下的贴现函数形式:

$$f(t)=\begin{cases}1/k, t=0\\ \beta^t, t>0\end{cases}$$

而如果时间点是在未来,贴现函数则对任何时间都是标准的函数形式 β^t。

假定巨灾保险成本为 C，未来第 t 年灾害发生概率为 p_t，保险金额为 B，如果该保险购买决策是在未来某时间点给出的，则期望效用净值为：

$$\left[\sum_{t=1}^{T} p_t \beta^t u(B)\right] - \beta u(C)$$

假定该净值为大于 0 的一个数 ε，则应该购买该保险。而如果该保险购买决策是在现在马上给出的，则期望效用净值为：

$$\left[\sum_{t=1}^{T} p_t \beta^t u(B)\right] - u(C)/k$$

只要满足 $(1/k-\beta)C > \varepsilon$，就可以证明上面的净值为负。这说明保险购买决策如果是在现在马上给出的，人们就会不选择购买保险。这种现象就是所谓的拖延。拖延现象可以解释为何人们不愿意购买巨灾保险。

四、情感预测偏差

情感预测偏差(affective forecasting errors)来自锚定效应，是指人们对未来的情感预测往往以当前的情感现状为标准。譬如，在卡特丽娜飓风发生后，困在受灾区的人们的普遍情感是"如果我早知道会这么糟，我应该早就选择离开"。在这个例子中，由于保险购买的决策是在风和日丽的时间点做出的，此时的情感状况会使人们放松警惕，也就意识不到潜在的风险和保险需求。

五、政府巨灾救援的影响

美国的大规模政府巨灾救援是 20 世纪 50 年代以来逐渐发展起来的，1947 年和 1950 年美国国会通过了《巨灾救援法》，以后又相继通过了《国家洪水保险法》《联邦植物保险法》和《恐怖风险保险法》等具体的巨灾救援法规。在 1955 到 2005 年的 50 年间，联邦政府对巨灾损失的补偿比例从 6.2% 增加到了 62%。

美国政府在巨灾救援作用中的这种职能改变是和美国社会的主流文化理念的变迁相一致的，但这种救援政策也产生了诺贝尔经济学奖得主布坎南提出的撒玛利亚悖论(Samaritan's dilemma)：灾害发生后的救助减小了灾害发生前的预防。对于保险购买决策同样有这种现象的影响。

美国政府巨灾救援的过程是这样的：灾害发生后，所在州州长会要求总统宣布发生了巨灾并请求救援，因此美国总统的巨灾公告是政府救援过程中的关键步骤。从图 6—1 中 1953~2011 年之间美国总统的巨灾公告数量的变化，可以发现美国社会主流意识对巨灾政府救援观点的变化。

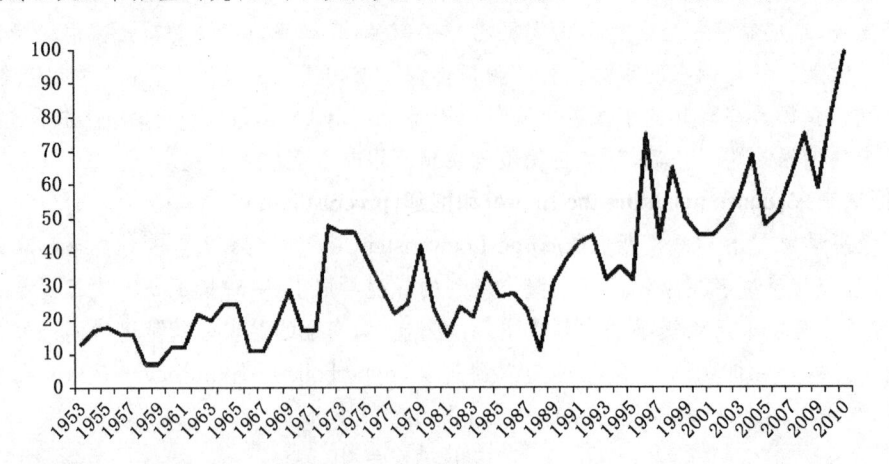

资料来源：Kunreuther and Michel-Kerjan.

图 6—1　1953~2011 年间美国总统的巨灾公告次数

以上两个悖论和三组案例说明，期望效用理论并不能准确描述人们实际的决策行为。虽然曾有许多决策学者希望将期望效用理论推广成一个描述人们实际决策的所谓描述性决策模型，但这些尝试都没有成功。因此人们开始转向寻找其他的替代决策模型，其中 1978 年诺贝尔经济学奖获得者赫伯特·西蒙（Herbert Simon）在 1956 年提出的模型是最早的替代模型之一。西蒙认为，人们决策时寻求的只是相对满意的决策，而不是最优决策。特别是对经济组织内（如企业主）的决策过程，西蒙否定了传统经济学中古典厂商理论关于企业主无所不知及十分理性地追求利润最大化的假设，而是假设决策者的能力一般并满足于差强人意的决策方案。

自西蒙以后又出现了许多替代期望效用理论的模型，其中广为大家认同的是卡尼曼和特沃斯基提出的前景理论（prospect theory），下一节对此将详细介绍。

第二节　风险的心理学视角：前景理论

前景理论是 1979 年卡尼曼和特沃斯基在著名的《计量经济学》（*Econometrica*）杂志上发表的一篇论文中首先提出来的，这篇论文是该杂志历史上引用率最高的论文。不同于期望效用理论，前景理论能够成功解释许多期望效用理论不能解释的、似乎不理性的现象，从而对分析在不确定情况下的判断和决策理论做出了突出贡献，卡尼曼因此获得 2002 年的诺贝尔经济学奖。

这个理论的基本假设是：个人基于初始状况（参考点位置）的不同，对风险会有不同的态度。也就是说，个人在不确定条件下的决策选择，取决于问题的框架。这个框架关注的是结果与前景预期的差距，而不是结果本身。如果相对于某一参照点，某项结果看起来是一种收益，那么就假定其价值函数是凹函数，此时决策者是风险规避的；相反，如果对于某一参照点，某项结果看起来是一种损失，那么就假定其价值函数是凸函数，此时决策者是风险偏好的。以下是前景理论的相关数学模型：

类似上一章的定义，记 $[p;x,y]$ 为某风险事件，事件发生的概率为 p，该事件发生时某人得到 x，否则得到 $-y$（也即损失 y）。假定某人现在的财富为 W。按照标准期望效用理论，该风险事件的期望效用为：

$$V = pu(W+x) + (1-p)u(W+y)$$

而按照前景理论，则定义价值函数如下：

$$PT: V = \prod(p)v(x) + \prod(1-p)v(y)$$

其中，$\prod$ 是概率权重函数，v 是价值函数（value function）。

概率权重函数在小概率时（p 较小时）是凹函数，在大概率时（p 较大时）是凸函数。其形状如图 6—2 所示（在不同文献中的形状稍有不同）。

因此，当 p 较小时，$\prod(p) > p$；当 p 较大时，$\prod(p) < p$。这表明对小概率事件，会反应过敏（over-react）；而对大概率事件，会反应不足（under-react）。

价值函数则表示不同可能结果在决策者心中的相对价值。按照前景理论，价值函数的线应当会穿过中间的"参考点"（reference point），并形成如下曲线（如图 6—3）。

它的不对称性表明，一个损失结果对应价值的绝对值，比获利结果对应价值的绝对值更大，也就是所谓的"损失厌恶性"（loss aversion）。与期望效用假说不同，前景理论衡量获利与

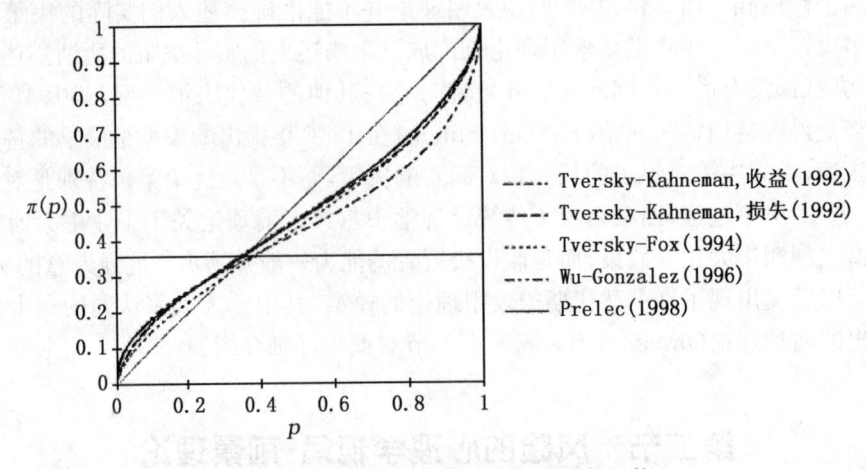

图 6—2　不同文献中的概率权重函数形状

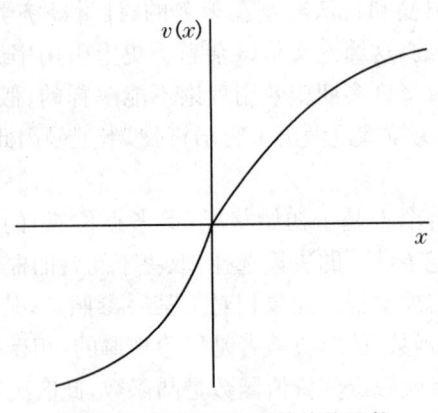

图 6—3　前景理论中的价值函数

损失的方法,并不考虑"绝对所得"(absolute wealth)。并且,对获利,价值函数是凹函数;对损失,价值函数是凸函数。

案例 6—4 是上述理论的相关实验案例。

案例 6—4　　　　前景理论的实验

用(1 000∶0.5)表示 50%的概率获得1 000以及 50%的概率获得 0,与肯定获得 500(记作(500))相比,实验结果是 84%的参试者选择(500)。这个实验的结果记录如下:

(1 000∶0.5)	(500)
[16%]	[84%]风险厌恶

改变金额和概率,做类似的实验,结果如下:

(−1 000∶0.5)	(−500)
[70%]	[30%]风险偏好
(5 000∶0.001)	(5)
[74%]	[26%]风险偏好

续表

(−5 000;0.001)	(−5)
[18%]	[82%](风险厌恶)

因此,前景理论中有关人们决策有如下四个基本结论:

处于收益可能性较大状态时,人们是风险厌恶者。

处于收益可能性很小状态时,人们是风险偏好者。

处于损失可能性较大状态时,人们是风险偏好者。

处于损失可能性较小状态时,人们是风险厌恶者。

前景理论以及其他风险的心理学观点可以用于解释上一节提出的决策中不理性或判断中产生偏差的现象,因此为理解风险和风险对策提供了另一个宝贵的视角。但大多数这种研究都是在实验室进行的,而实验往往是人为设计的,有时还故意误导参与者。为此,不少学者致力于将风险的心理学观点应用于研究一些人们面对实际经济尤其是金融中的风险决策问题,发展出所谓的行为金融学理论。

第三节 风险的社会学观点

第一节介绍的保罗·斯洛维奇等人的实验例子(参见案例 6-1"五、社会规范的影响"中的例子)说明,保险公司塑造了一种社会规范,使得同样的问题是否用保险术语表达会导致不同的选择结果。这说明决策者会受到社会和文化因素的强烈影响。实际上,社会和文化因素经常在人们的决策判断和沟通中起着关键作用。因此,凯恩斯在其《就业、利息和货币通论》结尾部分指出:"既得利益之势力,未免被人过分夸大,实在远不如思想之逐渐侵蚀力之大。这当然不是在即刻,而是在经过一段时间以后;理由是,在经济哲学以及政治哲学方面,一个人到了25 岁或 30 岁以后,很少再会接受新说,故公务员、政客,甚至鼓动家应用于当前时局之种种理论往往不是最近的,然而,不论早晚,不论好坏,危险的东西倒不是既得利益,而是思想。"风险的社会学观点提出了不同于经济学观点的描述风险沟通模式的理论。

风险的社会学观点的一个主要问题是,由于社会学里的理论与社会学家人数几乎一样多,风险的社会学研究学派繁多,很难找到一个如经济学中期望效用理论或心理学中前景理论那样的主导的理论框架。然而,所有社会学的风险概念都有一个共同视角:人类并非用纯粹经济学的方式感知风险,而是通过由家庭、朋友、上司、同事等影响所传播的社会与文化意义过滤后的知觉透视镜来感知风险。因此,风险的社会学研究呈现出一个侧重风险的由特殊的情景和环境的不同概念组成的混合物。在此视角下,风险的社会学研究方法可以从两种维度进行分类:第一种维度是个人主义相对于结构主义的;第二种维度是客观实在相对于建构主义的。

具体而言,这两种维度的社会学意义是:个人主义相对结构主义这两个属性指出了研究的基本对象是个人还是社会机构,如一个组织、社会团体、亚文化群或社会。结构主义强调复杂的社会现象(如风险)并不能被个人的行为所单独解释,而只能建立在个人与较大的组织之间互动的结果上。实在论相对建构论这两个属性对风险的本质和表现形式的不同分析则表现在:实在论的概念表示风险及其表现形式是真实的,可观察并可客观评估的;而建构论的概念则宣称风险及其表现形式是由社会团体或组织制造的人工制品。下面的图 6-4 是对这两种维度的说明。相对于两种维度的不同组合有不同的理论方法，这里强调两种主导方法，即理性行动者范式和背景主义范式。

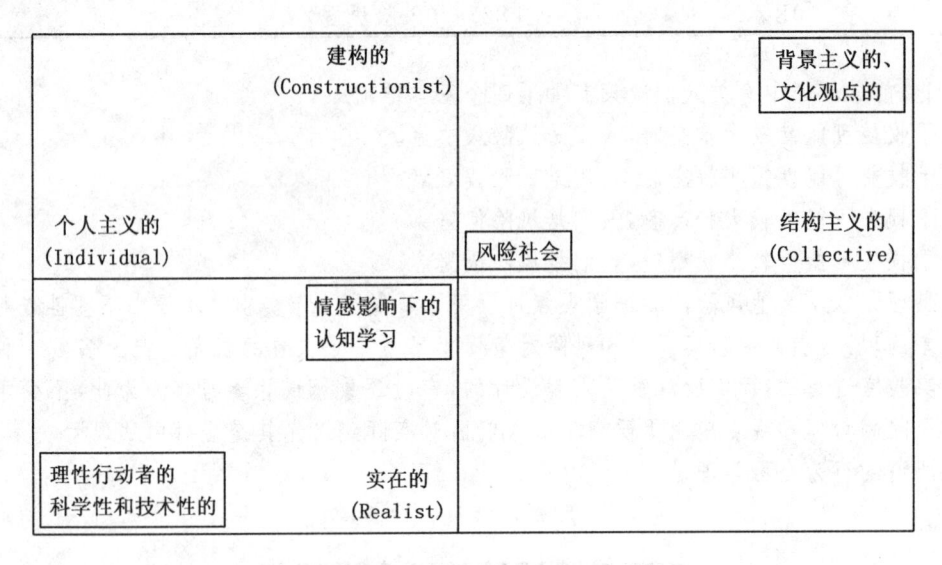

```
                    建构的                          背景主义的、
                  (Constructionist)                 文化观点的


    个人主义的                                       结构主义的
   (Individual)           风险社会                  (Collective)

                    情感影响下的
                    认知学习


   理性行动者的         实在的
  科学性和技术性的      (Realist)
```

图 6-4　风险的社会学观点

一、理性行动者范式

按照理性行动者范式，人们对风险的评估和认知是建立在个人主义概念上的，风险的测量和感知是科学性和技术性的，往往也是非历史的和非背景主义的。前面介绍的风险的经济学研究观点就是这种范式最成熟、最具影响力的风险认知理论。

在理性行动者范式中，风险事件的人只是按照以下方式进行的：外部风险刺激引发个体风险感知，这一感知个体可能成为风险沟通中的尝试主体，随后导致风险管理行为，以防止风险损失或减轻其影响。在这种范式中，个体的风险感知（包括风险评估和认知）是指视觉和听觉感知，而非触觉和嗅觉感知。感知个体基本上是风险刺激的被动接受者，而非主动参与者。就像风险的心理学研究中显示的，这种范式的主要问题是人们对风险评估和认知与实际情况或专家评估结果之间的差距。这种范式中的风险沟通模式则主要是以教育接受者为目的的一种信号传输。这里的关键在于如何将风险的概率和相关定量信息从传输者通过某种渠道传输给接受者（譬如，保险市场就是这样一种风险传输媒介）。

二、背景主义范式

背景主义范式的典型是风险的文化观点。风险的文化观点研究源泉来自人类学研究。譬如，马林诺夫斯基（Malinowski）在其经典著作《魔力、科学和宗教》中就说明了部落文化应对高风险和不确定活动的宗教仪式和宗教惯例的功能。费孝通在其名著《江村经济》中也提到干旱、水灾和蝗灾与开弦弓村的宗教和刘皇会这样的庙会娱乐活动之间的关系。

风险的文化观点认为，风险是基于在社会组织特定形式中形成的原则而被定义、被感知、被管理的。不同于理性行动者范式，风险的文化理论通常预设了一个积极的而非被动的感知者，而且这个感知者不再只是个人，而更可能是一个由某种规律约束的管理风险的制度或组织。根据风险的文化观点，制度结构是风险感知的源泉，风险沟通则强调了相互信息共享意义

上的信任关系。

因此,风险的文化观点本质上是结构主义和建构主义的一种社会理论,它首先强调的是人类自身之间的社会关系,其次才注重人类与自然的关系。从个人行为推出社会行为的个人主义方法论在文化分析观点中没有位置。

风险的文化观点方面最重要的研究之一是英国人类学家道格拉斯(Douglas)和维达斯基(Wildavsky)在1982年发表的著作《风险与文化》(Risk and Culture)。这本著作认为应该研究风险感知背后的社会规范或政策。对那些有助于强化某种制度安排的风险尤其应该关注。譬如,他们描述的一个案例是乌干达的一个游牧民族——希马人,他们认为如果牛与女性接触或有人喝牛奶时吃了耕作作物,牛就会死掉。这种信仰加强了希马人之间传统的性别分工和有别于农耕民族的独特身份。道格拉斯指出,在古代文明中许多惯例和信仰如动物禁忌、食物禁忌等都可以用于在规避风险和在混乱中产生秩序这一功能来解释。对人类学家而言,这里的关键问题是:为什么不同的文化背景会选择不同的风险(譬如,希马人认为牛与女性接触会导致牛死亡的风险),以及作为对这种风险的反应——在其信仰结构里产生某些禁忌惯例?通过风险的文化观点,道格拉斯实际上提供了将经典人类学和社会学推广到应用于全球化、工业化的当代社会跨国界和国际化风险问题的一座桥梁。

美国社会学家谢尔顿·克里姆斯基(Sheldon Krimsky)在其"理论在风险研究中的作用"一文中(引自克里姆斯基和戈尔丁编著,徐元玲等译,《风险的社会理论学说》,北京出版社2005年版)指出,从文化观点对风险的理解视角有三种:(1)风险的本体论地位;(2)风险选择理论;(3)将社会学的变量与个人对风险的态度连接的可测试模型。

风险的本体论是指风险作为一种属性在物质世界中的形而上学地位。风险是一种客观测量,还是一种随背景变化的主观价值?文化理论学者批评理性行动者范式提出的风险的实在论、本体论观点,认为风险尽管在自然界有物质基础,但仍不可避免要受社会进程的控制。风险的文化本体论还对以个人主义或通过个人行为解释风险行为的方式给出批评,认为是团体和社会背景,而不是个人的认知在应对风险中起主要作用。按照这种观点,风险分析的合适范围是社会学的而不是心理学的。解释的顺序是从社会背景到个人而非相反。因此,"风险是一种社会产物"。

风险的文化观点中的风险选择理论则关注风险选择在提供群体/文化稳定性方面的功能和作用。功能主义阻碍了理性的作用,因此对风险的解释和选择没有绝对意义上的对错,而是来自其在社会系统中的功能和有用性。不同文化信仰社会的风险相关者会对风险事件和活动的作用有不同的看法。

文化观点对风险的第三种理解视角是可测试模型,从中我们可以得到社会组织和风险选择的因果或结构联系。组织和文化联系限定了风险的信仰结构,"如果在不同社会背景中的个人依附于对世界的不同信念,那么可以预测他们对那里的风险是什么也会有不同的观点。"

风险的文化观点中最重要的分析模式是如图6—5所示的网格/群体模型(grid-group model),这里的模型与一般的网格/群体模型稍有不同。政治和社会学的变量(也即网格/群体)区分了某人是一个在市场条件下安逸的个人主义者(individualist),还是等级主义者(hierarchist),或者是平等主义者(egalitarian),抑或社会连带主义者(solidarist)。涉及个人的文化类型,一个有意思的哲学元问题是:究竟是个人性格决定了其社会关系或政治关系,还是社会关系或政治关系决定了个人性格?与生物进化理论中所说明的同样,道格拉斯和维达斯基表达了这样的观点:"关于风险的争论所提出的主要问题表明把问题分为客观估算了的物质风险和主观偏见的个人认知是不合适的。"风险的文化感知理论把社会环境、选择原则和感知的主题视为在一个系统内。下面的案例6—5是网格/群体分析模式应用于全球气候变迁风险中的一个相关案例。

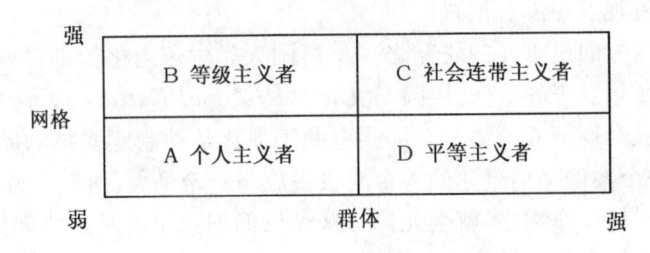

	强	
网格	B 等级主义者	C 社会连带主义者
	A 个人主义者	D 平等主义者
	弱　　　　群体　　　　强	

图6—5　网格/群体模型

案例6—5　　　　气候变迁风险的社会和文化影响因素

在我们这个全球化、国际化的时代，影响严重的两大风险是恐怖袭击和气候变迁，这两种风险都是小概率的、发生后损失巨大的典型的巨灾风险。但有意思的是，美国人对这两种风险的反应却迥然不同。对于恐怖袭击，自从"911"恐怖袭击事件发生后，美国人对恐怖袭击非常关注，并愿意投入大量资金成本以消除或减少与恐怖主义相关的风险。而对气候变迁风险，美国政府官员和一般民众却很少愿意采取行动。有许多研究从风险的心理学观点对此做了相关研究，但耶鲁大学法学教授丹·卡汉（Dan Kahan）、心理学家斯洛维奇及其他合作者却认为，把这种区别仅仅归因于人们的非理性行为并不是完全准确的。社会和文化的影响因素也很重要。用网格/群体的分析模式说明，属于个人主义阵营的那些人倾向不信任政府规制，而是相信自由市场，因此他们不太可能特别关心气候变迁问题。等级主义者同样如此，他们支持既定的社会秩序而拒绝破坏它的努力。与此相比，平等主义者不信任商业以及会造成大范围社会不平等的其他制度，总体而言，平等主义者对环境事业持同情态度，因此他们较为关注气候变迁问题。社会连带主义者也同样如此，他们认为人类相互之间负有强烈的义务，而破坏环境违反了这一义务。

卡汉等人认为，文化认知（cultural cognition）有助于解释公众对于包括与气候变迁有关的各种风险的反应。平等主义者和社会连带主义者远比等级主义者和个人主义者更为关注气候变迁问题。事实上，前者认为，与政党认同以及种族、宗教、性别和财富等人口统计特征相比，文化背景是这种反应判断的更为准确的预测工具。下面的阅读材料6—2是卡汉在《自然》杂志上发表的相关文章。

（资料来源：Cass R. Sunstein著，刘坤轮译，《最差的情形》，中国人民大学出版社2010年版。）

阅读材料6—1
为何我们在气候变迁问题上的观点南辕北辙

Understandably anxious to explain persistent controversy over climate change, the media have discovered a new culprit: the public. By piecing together bits of psychological research, many news reporters, opinion writers and bloggers have concluded that people are simply too irrational to recognize the implications of climate change science.

This conclusion gets it half right. Studying things from a psychological angle does help to make sense of climate change scepticism. But the true source of the problem, research suggests, is not that people are irrational. Instead, it is that their reasoning powers have become disabled by a polluted science-communication environment.

Social science research indicates that people with different cultural values — individualists compared with egalitarians, for example — disagree sharply about how serious a threat climate change is. People with different values draw different inferences from the same evidence. Present them with a PhD scientist who is a member of the US National Academy of Sciences, for example, and they will disagree on whether he really is an "expert", depending on whether his view matches the dominant view of their cultural group.

The positions on climate change of both groups track their impressions of recent weather. Yet their impressions of what the recent weather has been are polarized, too, and bear little relationship to reality. But is this sort of cultural polarization evidence of irrationality? If it is, then how can we explain the fact that members of the lay public who are the most science literate, and the most proficient at technical reasoning, are also the most culturally polarized.

If anything, social science suggests that citizens are culturally polarized because they are, in fact, too rational — at filtering out information that would drive a wedge between themselves and their peers.

For members of the public, being right or wrong about climate change science will have no impact. Nothing they do as individual consumers or as individual voters will meaningfully affect the risks posed by climate change. Yet the impact of taking a position that conflicts with their cultural group could be disastrous.

Take a barber in a rural town in South Carolina. Is it a good idea for him to implore his customers to sign a petition urging Congress to take action on climate change? No. If he does, he will find himself out of a job, just as his former congressman, Bob Inglis, did when he himself proposed such action.

Positions on climate change have come to signify the kind of person one is. People whose beliefs are at odds with those of the people with whom they share their basic cultural commitments risk being labelled as weird and obnoxious in the eyes of those on whom they depend for social and financial support.

So, if the cost of having a view of climate change that does not conform with the scientific consensus is zero, and the cost of having a view that is at odds with members of one's cultural community can be high, what is a rational person to do? In that situation, it is perfectly sensible for individuals to be guided by modes of reasoning that connect their beliefs to ones that predominate in their group. Even people of modest scientific literacy will pick up relevant cues. Those who know more and who can reason more analytically will do a still better job, even if their group is wrong on the science.

So whom should we "blame" for the climate change crisis? To borrow a phrase, it's the "science communication environment, stupid" — not stupid people.

People acquire their scientific knowledge by consulting others who share their values and whom they therefore trust and understand. Usually, this strategy works just fine. We live in a science communication environment richly stocked with accessible, consequential facts. As a result, groups with different values routinely converge on the best evidence for, say, the value of adding fluoride to water, or the harmlessness of mobile-phone radiation. The trouble starts when this communication environment fills up with toxic partisan meanings — ones that effectively announce that "if you are one of us, believe this; otherwise, we'll know you are one of them'. In that situation, ordinary individuals" lives will go better if their perceptions of societal risk conform with those of their group.

Yet when all citizens simultaneously follow this individually rational strategy of belief formation, their collective well-being will certainly suffer. Culturally polarized democracies are less likely to adopt polices that reflect the best available scientific evidence on matters — such as climate change — that profoundly affect their common interests.

Overcoming this dilemma requires collective strategies to protect the quality of the science communication environment from the pollution of divisive cultural meanings. Psychology — along with anthropology, sociology, political science and economics — will play a part. But to apply the insights that social science has already given us, we will have to be smart enough to avoid reducing what we learn to catchy simplifications.

（资料来源：Dan Kahan, Why we are poles apart on climate change, *Nature*, 488, 2012.）

复习思考题

1. 阿莱悖论与埃尔斯伯格悖论有何异同？
2. 阅读案例6—1和案例6—2，并比较分析这两个案例。
3. 阅读案例6—3，并与案例6—1和案例6—2进行对照分析。
4. 何为前景理论？
5. 阅读案例6—5并翻译阅读材料6—1。

第四篇

风险管理

　　本篇在风险评估、认知和沟通的基础上,介绍企业(特别是保险公司)的风险管理。第七章首先介绍企业风险管理的理论分析,主要从经济学角度介绍企业风险管理的原因和企业风险度量;然后,第八章和第九章则分别从内部风险管理和监管角度介绍保险公司的全面风险管理实务的相关内容。本部分的理论分析主要基于经典经济学研究,还未能涉及与第六章所讨论的行为经济学和风险的社会文化理论相关的风险管理理论。目前国际上与此相关的研究也还不太成熟,对此有兴趣的读者可以参考罗闻全(Andrew Lo)教授提出的"适应性市场假设"(The Adaptive Markets Hypothesis)和"行为风险管理"(Behavior Risk Management)等相关理论。

第四篇

风险管理

第七章
企业风险管理的理论分析

企业的风险管理原因不同于家庭风险管理,本章主要介绍企业风险管理的相关理论。第一节分析企业包括保险公司风险管理的原因;第二节介绍企业风险度量,特别是其中常用的 VaR 风险度量方法;针对风险非正态分布和风险之间非线性相关性的情形,第三节利用 Copula 和 EVT 方法给出了利用蒙特卡罗模拟计算 VaR 的例子。

第一节 企业风险管理的经济学原理

通常的保险教科书将"风险管理"理解为"企业或组织系统、全面、科学地分析和评价所面临的各种不确定性和风险因素及其影响,并在此基础上合理使用各种管理风险的方法和措施,以有效防范和控制不确定性和风险可能引起的各种损失后果"。

实际上从更一般的角度出发,"风险管理"可以理解为个人或企业为改变其面临的未来现金流的风险/收益情景所进行的管理决策。这里的理解包括三方面的含义:一是风险管理的主体可以是个人或企业;二是风险管理的行为不仅包括个人或企业减少所面临风险的所谓套期保值(hedging)的过程,也包括个人或企业增加所面临风险(以获取超额收益)的所谓投机(speculating)的过程;三是风险管理的客体并不只是包括保险风险,而且包括个人或企业面临的所有风险。

因此,更为合适的风险管理的定义是行为人(包括个人和企业)改变未来面临的随机现金流以最大化其期望效用的决策过程。本章主要论述企业风险管理的理论研究。

企业风险管理在实践中首先是于 20 世纪 50 年代在美国发展起来的,当时美国一些大公司发生的重大损失促使高层管理人员认识到风险管理的重要性。许多大企业因此开始设置专职部门从事风险管理的工作,其专职从业人员被称为"风险经理"。这些职业风险经理还成立了全国性的职业团体——"风险和保险管理学会"(RIMS),其宗旨是传播风险管理知识,并出版相关刊物和定期举行相关会议。

随着企业风险管理在实务领域的发展,在教育界和学术界企业风险管理已发展成为一门新的管理学科。20 世纪六七十年代以来,许多美国大学的商学院开设了企业风险管理课程,传统的保险系也把教学重点转移到风险管理方面,有的商学院把保险系干脆改名为风险管理和保险系。有些学术机构如美国风险和保险学会(ARIA)、欧洲日内瓦协会(Geneva Association)等也将保险的研究重点放在风险管理方面。从某种意义上说,风险管理和保险学已经融合成为一门学科了。

与通常保险专业的企业风险管理教材的内容不同,本章对企业风险管理理论研究的综述性概括将从现代金融理论的研究视角对其进行更深层次的分析。这样的选择基于以下两点理由：

第一，在实践中企业风险管理的范畴不仅包括保险风险，也包括如利率风险、信用风险、汇率风险、股票市场的波动风险等通常所谓的金融风险。企业的风险管理也因此形成了所谓ERM(Enterprise Risk Management)的概念，提倡对企业面临的所有风险整体考虑以解决风险管理中的问题。1999年发表在英国《经济学家》(The Economist)杂志上的一篇文章也因此宣称"企业的金融业务和保险业务正在融合为一体"。

第二，保险学的学术研究也开始越来越多地采用现代金融理论的研究框架。如果说传统的保险学教学和科研比较偏重于保险实务中的具体问题和方法，并因缺乏理论深度而曾引起1969年度美国风险和保险学会主席格林(Green)感慨："我们（指风险管理和保险方向的教授）需要改变目前我们的专业教学过于依赖保险业的实务问题的现象，建立更加概念化的教学体系。"在最近几十年，西方的保险学术界因此开始提倡采用现代经济学和金融学的研究方法分析和讨论保险和风险管理中的相关问题，与实务中的发展相同，保险学和金融学的理论研究也正在融合为一体。

第五章已经讨论了完美的保险市场模型，并给出了该模型假设下的一些风险交易和配置方面的结果。如果要考察在该完美市场中的企业（包括保险公司），众所周知，此时与企业的金融策略问题相对应的有著名的MM(Modgliani-Miller)命题：完美市场中企业的任何金融策略都不具有实质效应。具体地说，企业的资本结构和红利策略都不会影响企业的价值。MM命题的一个自然推论是：由于此时企业股东自己能够利用市场进行风险和收益组合，企业管理层就无须让其决策迎合不同股东的不同风险偏好，企业的唯一目标就是使其价值最大化，从而最好地满足股东的要求。

此时企业对风险将是风险中性的，或者说，企业会从事任何能带来净现值的项目，而无须考虑该项目是否包含非系统风险（项目的系统风险所要求的风险超额收益则已经反映在该项目的贴现率中）。换言之，企业从事风险管理并不能增加股东的利益，因为股东自身可以通过选择证券组合实现风险分散的目标。特别是，对于企业面临的保险风险，股东（行为人）自己就可以通过上述的完美保险市场把保险风险交易和转移，企业本身并不需要进行风险管理的工作。

如上所述，上述的完美市场中的企业会将风险管理看作仅产生净损失成本(deadweight cost)并因此会减小企业价值的行为。因此，在完美市场中企业风险管理是没有意义的，也是不需要的。这显然与现实情况是不相符合的。那么是什么原因导致企业风险管理在现实世界如此重要呢？

金融文献对企业进行风险管理原因的研究通常可以追溯到斯图尔兹(Stulz)1984年发表的一篇论文，这篇论文首先对企业偏离完美市场风险中性结论的原因给出了经济分析，并引发了相关的大量研究成果。多赫提(Doherty)于1985年首先在保险研究的框架中对这个问题进行了全面的讨论。

风险管理的理论研究将企业从事风险管理的原因归结为以下四个方面：

一、企业管理人员与股东目标的不一致

这方面的研究首先是在斯图尔兹的上述论文中提出的，其主要观点是，由于企业管理人员在对其个人财富，特别是其所持有的该企业的股份及其工资、红利等收入进行资产组合时，由

于各种限制条件导致其无法通过资本市场对面临的风险进行对冲和分散,企业管理人员与股东在企业运作决策上会产生冲突,这种冲突的一种表现就是企业管理人员希望通过风险管理减小企业收益的波动,从而增加其自身的效用。

进一步研究企业管理人员通过资本市场对冲风险限制的深层次原因,主要有以下几点:

首先,企业管理人员可能受法定限制,不允许做空自己企业的股票。或者即使没有法定限制,企业一般投资者和管理人员的信息不对称也不允许管理人员用这种方法控制自身的资产组合。我们不难想象,当公众知道持有股票的公司老总正在大量抛售做空该公司股票时的反应。

其次,企业破产或发生财务危机时,企业管理人员可能会失去职位,在职业市场存在交易成本时可能并不能很快重新找到合适的工作。为了避免这种现象,企业管理人员有动机进行风险管理以减小企业业绩的波动,即使企业股东对此并没有要求。生活中我们也确实会观察到有些企业即使在破产清算有利的时候,其高管人员还是千方百计继续企业运作的现象。

最后,在不完美市场中,企业管理人员实际的职业表现往往不能被外界观察到,而此时企业业绩的好坏就成为评价企业管理人员的唯一标准。如果业绩的波动过大,在发生不利情形时股东对企业管理人员也会有过于负面的评价。而通过企业风险管理来减小企业业绩波动也就成为企业管理人员的理性选择。

综上所述,企业管理人员与股东目标的不一致导致企业的目标不仅包括最大化企业价值,还包括其他目标,譬如最大化企业管理层的价值,而这种改变后的目标使得企业的目标函数不再是线性和风险中性了,而是表现出某种风险厌恶的特点。

企业管理人员与股东目标的不一致导致的企业风险管理对企业股东的作用是负面的,本质上还是一种净损失成本。但以下三方面的分析显示,在非完美市场风险管理实际上确实能够提高企业(股东)的价值。

二、税收的非线性结构

企业的税收结构显示其税收函数通常为凸函数。这点体现在两方面:一方面,企业的所得税和股东红利税可能是非线性的,表现出累进的形式;另一方面,即使税率是固定比例的,由于企业亏损时不再收取税收(对负的利润并不收取负的税收,或者说给予税收补贴),因此税收函数还是会表现出某种凸性。因此,股东实际所得的结构就表现为凹函数的形式,也就是说,与风险厌恶的期望效用函数一样的特点。

三、破产成本的影响

不完美市场中,破产成本对公司金融的影响在 MM 理论中早已有详细的讨论。所谓破产成本,一方面是指企业破产时变现资产往往会低于账面价值,特别是破产企业可能会完全丧失其无形资产的价值;另一方面是指破产企业还会导致相当可观的行政费用和法律费用。即使在公司并未进入破产程序时,破产成本就可能产生,包括破产可能性增加时企业声望的损失,员工、供应商和客户的关系损害等。破产成本对企业而言是净损失成本,企业为了避免这种无益成本,有必要进行风险管理。此时,企业管理层将对风险管理产生的净损失成本和破产成本产生的净损失成本进行权衡,选择适当的风险管理方式以最大化企业的价值。

有意思的是,单个企业的破产对整体经济的影响也许是微小的。或者说,即使对单个企业的股东而言,破产确实会产生额外成本,但对整个社会而言,破产企业并不会从地球上消失。

它们也许还像以前那样继续运转,只是换了主人。甚至即使企业真的关闭了,其存货、设备、员工和客户也会流向经济中的其他地方。因此有人也许会认为企业风险管理在不完美假设下确实能增加单个企业价值,但对整个经济的价值不大。但实际上,单个企业破产有可能会引起成批企业的破产,这在金融和保险行业表现得尤为突出。譬如,2008年金融风暴就是由雷曼兄弟倒闭引起的世界性的经济危机。因此,企业特别是金融和保险企业的风险管理对减少整体经济的无益成本、增加整体经济价值也是有用的。这也是为何金融和保险企业的风险管理尤其重要,并需要特别的监管机构对其风险状况进行控制的一个原因。

四、信息不对称

梅叶斯(Myers)和梅吉拉夫(Majluf)于1984年在其开创性研究中指出,当外部投资者对企业实际情况的了解与企业内部管理层存在信息不对称时,企业的融资成本存在所谓的"强弱顺序"(pecking-order),即企业对投资项目融资的先后顺序是:首先考虑内部留存利润,然后是低风险的债券,最后才是发行新股。

也就是说,由于信息不对称的原因,企业(在考虑风险溢价后)的融资成本按从低到高排列为:留成利润融资→债券融资→股票融资。与完美市场不同,此时企业可能会丧失一些净现值为正的项目机会,或者说企业会有投资不足的现象。而当企业的风险增加时,企业寻求外部融资的可能性也随之增加,并因此减少企业的价值。举个例子,保险公司在发生巨大灾害时由于保险赔付额大幅增加或其他原因,现金流面临短缺。但往往由于此时公司在资本市场融资成本的增加导致公司资金来源断绝,不仅必须放弃那些可以为公司带来净现值的项目,并且可能陷入破产的困境。在2008年全球金融危机中,美国国际集团(AIG)的表现就是一个典型案例。美国投资大师巴菲特也曾在其一年一度写给股东的信中宣称:(其所在的)伯克撒·海瑟威公司最重要的比较优势就在于当整体资本市场面临资金短缺时,由于该公司有雄厚的资本金,就可以投资那些(别人无法投资的)能够给公司带来超额利润的项目。

弗鲁特(Froot)、沙尔夫斯坦(Scharfstein)和斯坦(Stein)于1993年对上述由信息不对称导致的企业融资"强弱顺序"的现象对企业风险管理的影响做了详尽的经济分析。他们的分析结果显示,风险管理水平较好的企业可以避免在整体市场表现较差时从外部资本市场融资,并由此增加企业的价值。

与金融学中的研究方法一样,企业风险管理的研究人员对上述的各种理论分析也进行了实证检验。对上述企业管理人员与股东的目标不一致的原因,相关的一项主要研究来自于图法诺(Tufano,1996)。他考察了金矿行业的经理薪酬计划与企业风险管理的关系,其实证分析的结果显示,那些收入和所在企业的股份持有额挂钩的经理从事风险管理的积极性超过那些收入和所在企业股票买入期权挂钩的经理。这个结果显然与前面所述的第一个原因是一致的。这是因为股票买入期权的收益结构决定了经理与企业整体收益风险的相关性比较小,经理对企业风险管理的需求也就相应减弱。但图法诺的研究也发现上面提到的其他两个原因并未能得到实证支持。

与图法诺的研究结果不同,其他一些研究则发现了支持信息不对称和交易成本对风险管理影响的一些证据。早期的研究发现,信用评级较差的企业比信用评级较好的企业更倾向于致力利率风险管理。这个结果和破产成本导致企业风险管理的假设是一致的。后续研究则对信息不对称引起的融资成本问题对风险管理的影响进行了检验,其结果也支持前述的这种理由。特别是针对金融企业,相关研究调查了几百家美国的商业银行和保险公司,检验结果显

示,那些资产流动性相对较差的银行和保险公司更倾向于使用衍生产品进行风险管理,这些结果同样支持了融资成本问题对风险管理影响的假设。

可以发现,以上对企业从事风险管理原因的理论和实证研究实际上都是在现代公司金融的研究框架中进行的,这也进一步显示了保险学研究与金融学研究相互融合的趋势。下面的阅读材料摘自美国学者卡明斯(Cummins)等人对企业风险管理经济理论的相关介绍。

阅读材料 7—1

Recent Advances in the Theory of Risk Management

The puzzle the introduction outlined involves the question of why managers of widely held corporations, acting in the interest of their stockholders, should manage risk that their shareholders could presumably manage themselves. Given the nature of this statement, the answer must, roughly speaking, lie in one of two areas: either there are some risks that shareholders cannot manage for themselves as inexpensively or managers are acting in their own interests, rather than those of the stockholders of the firm. There are proponents for each of these points of view, as discussed below.

Managerial Motives for Risk Management. Managers themselves may engage in risk-management activities because they have disproportionately large investments (their skills or human capital) in the firm they manage and, unlike shareholders, cannot easily diversify this personal risk. Being averse to risk, they are concerned about negative shocks to profits, particularly those that might bring the firm to the brink of bankruptcy. Bankruptcy or, more generally, times of financial distress are often associated with the replacement of current management. Thus, these undiversified managers are in much the same position as the farmers discussed in the introduction, and they might well be willing to engage in risk-management practices that will generate positive cash flows should the firm fall on bad times, at the cost of reducing cash flows in the good times.

Rationales for Risk Management that Enhances Value. Numerous reasons have been put forth to argue that it really may be in shareholders' interests for certain types of enterprises to manage risk. The following is an incomplete sampling of the specific rationales, but the two general points are that there may be some risks that are not tradable and that there exist situations in which there are informational differences among owners and managers. The existence of nontradable risk limits the degree of homemade diversification that shareholders can achieve; managing these risks is not something the shareholders can do for themselves. Informational differences can result in undervaluation of some firms, which is clearly not in the interests of the corporation's shareholders.

It is also the case that many tax write-offs, such as depreciation, are not independently tradable, although they may be carried forward. However, given the time value of money, it may make sense for the firm to hedge against situations (for example, extremely low copper prices) in which it cannot exploit its tax deductions because income is low or negative. Furthermore, the very fact that, other things held constant, corporate taxes are increasing at a nondecreasing rate in before tax corporate profits provides another potential motivation for hedging.

In both of the above cases, shareholders might rationally support managers in their attempt to moderate income fluctuations by using risk-management tools, such as locking in at least some component of future income by being short forwards or futures contracts in copper or reducing fixed costs so that there is less fluctuation in pretax income.

(资料来源：The Rise of Risk Management, by Cummins, Phillips and Smith, Federal Reserve Bank of Atlanta Economic Review, 1998.)

第二节　企业风险度量理论概述

从上一节的经济学分析可知，企业对风险管理的要求和个人或家庭对风险管理的要求是不同的：后者是因为其期望效用函数一般都是凹函数，因此即使在完美市场中也会有风险规避的需求；而前者在完美市场中是不需要进行风险管理的，其风险规避和风险管理要求来自市场的不完美，譬如信息不对称、破产成本、代理成本和税收成本等。因此，对企业风险的度量应该将这些因素都考虑进去。由此相应地，在商业银行、投资银行和保险公司的风险管理中，发展出了许多风险度量方法，譬如著名的 VaR、CVaR 等风险度量概念。下面介绍一些企业（特别是保险企业）风险管理中常用的风险度量方法。

假设 X 代表保险损失变量（也可以用于表示其他的财务变量，如收入、净利润等），$F(x)$ 是 X 的累积分布函数。$E[X]$ 用于描述分布的数学期望。$E[X|]$ 代表 X 的条件期望。

(1) 均值 μ，即 $E[X]$。通常 $E[X]$ 并不用于度量风险，但可以测量风险收益的平均值。

(2) 方差 σ^2，即与其均值距离的平方的期望值，用于测量偏离其均值的程度。

(3) 标准差 σ，即方差的平方根。

(4) 半方差。由于方差并没有给出究竟 X 与其均值是向上偏离还是向下偏离，所以当没有分清偏离的方向时，对于风险的测量会有偏差。半方差就解决了这一问题。例如，$E[(X-\mu)^2|X>\mu]$ 表示的是向上偏离的方差，$E[(X-\mu)^2|X<\mu]$ 则表示向下偏离的方差。

(5) 破产概率。在测量保险风险时，由于巨灾的发生必须经常考虑破产概率的问题，即公司意外发生巨额损失将导致资不抵债的风险的概率。

(6) 在险价值 VaR。VaR 是一个常用概念，后文将对此详细讨论。

(7) 保单持有人期望损失 EPD，即保险公司破产的期望损失值。它也能够一般化定义为超过一定水平而不是保险公司的破产水平的期望损失。如果 c 是一个目标值，那么超过 c 的 EPD 即 $E[(X-c)^+]$。

(8) 在险尾值 TVaR，是指在损失超过风险目标值的情况下的期望损失，如果目标损失水平是 c，那么风险尾值是 $E(X|X>c)$。TVaR 与 EPD 很相似。

(9) 条件在险价值 CVaR，是指在一定置信水平下计算得到的给定持有期内组合损失超过 VaR 的条件期望值。条件在险价值与在险尾值是类似的概念，但依赖一定的置信水平。

(10) 期望短缺 ES，即条件在险价值的修正。后面将详细讨论这个概念。

(11) 超在险尾值 XTVaR，在险尾值相似，但不是损失超过一定水平下的期望值而是损失超过整体均值的期望值，即 $E[X-\mu|X>c]$。虽然超在险尾值在形式上与在险尾值很相似，但两者并不完全等价。

一、一致性风险度量

为了对不同的风险度量方法给出一种统一标准,阿兹那(Artzner)等人在1999年提出了一致性风险度量(coherent risk measure)的概念。即要求一种良好定义的风险度量应该满足单调性、正齐次性、平移不变性和次可加性四条假设。下面分别对这四条假设加以介绍,以下以大写字母表示随机变量,代表企业的某种资产或负债组合,ρ代表一致性风险度量算子。

1. 单调性:$X_1 \geqslant X_2 \Rightarrow \rho(X_1) \leqslant \rho(X_2)$

随机变量$X_1 \geqslant X_2$,意味着对几乎任何状态ω都有$X_1(\omega) \geqslant X_2(\omega)$。单调性假设的含义是:如果$X_1$在任意情况下价值都比$X_2$的价值大,则$X_1$的风险度量至少不应该比$X_2$的风险度量大。

2. 正齐次性:$\forall \lambda > 0, \rho(\lambda X) = \lambda \rho(X)$

正齐次性假设要求风险度量值与风险呈正齐次变化。

3. 平移不变性:$\forall c = const., \rho(X+c) = \rho(X) - c$

这意味着:
$$\rho(X + \rho(X)) = \rho(X) - \rho(X) = 0$$

上式的含义是,如果把金额为$\rho(X)$的资金加入到组合X之中,则恰好可以抵消组合X的风险。

4. 次可加性:$\rho(X_1 + X_2) \leqslant \rho(X_1) + \rho(X_2)$

次可加性公理意味着,用一致性风险度量出来的组合之和的风险$\rho(\sum_i X_i)$,要小于各单个组合的风险之和$\sum_i \rho(X_i)$。这与金融经济学中的资产组合理论是一致的。

一致性风险度量中的四条假设比较合理,因此被广泛接受。下面考察几种特殊的风险度量概念。首先考察VaR,即在险价值;其次考察CVaR,即条件在险价值,以及ES,即期望短缺。

二、在险价值VaR、条件在险价值CVaR和期望短缺ES

(一)在险价值Var

在险价值VaR作为风险度量最初是由J.P.摩根(J.P. Morgan)针对其银行业务风险的需要提出的,它很快被推广为一种行业标准并通过巴塞尔协议获得了法律认可。在一本关于VaR的开山之作中,P.乔瑞昂(P. Jorion)是这样定义VaR的:"VaR是给定置信水平和目标时段下预期的最大损失(或最坏情况下的损失)。"

具体写成数学公式,在给定的置信水平$1-\alpha$(其中α为损失概率)下,资产或负债组合在给定的持有期间内的价值损失用X表示,则在险价值VaR定义为:
$$1 - \alpha = \text{Prob}(X \leqslant VaR_\alpha)$$

这里的VaR_α为组合在特定持有期内在置信水平$1-\alpha$下的VaR。

例如,当持有期为10天,置信水平为99%时,如果某个资产组合的$VaR_{1\%} = 100$万。这意味着,投资者可以有99%的把握估计该资产组合在10天内发生的损失额不会超过5 000万。

VaR作为风险测度的指标,一般来说不满足一致性风险度量四条假设中的次可加性公理,因此,一般而言VaR不是一种一致性风险度量。

下面举一个例子说明 VaR 不满足次可加性公理。

有两只面值 100 元的债券 A 和债券 B,年初价值都为 98 元,年末在不同情形下两只债券的价值如表 7-1 所示。

表 7-1　　　　　　　　债券 A、债券 B 和投资组合 A+B 的价值

年末情形	A	B	A+B	概率
1	70	100	170	3%
2	90	100	190	2%
3	100	70	170	3%
4	100	90	190	2%
5	100	100	200	90%

在置信水平 95% 下可以分别得到债券 A、债券 B 和投资组合 A+B 的 VaR 值,如表 7-2 所示。

表 7-2　　　　　　　　债券 A、债券 B 和投资组合 A+B 的 VaR 值

	A	B	A+B
初始值	98	98	196
$VaR_{5\%}$	8	8	26

在上面的例子中可以看出,债券 A 和债券 B 的 VaR 值的和小于组合 A+B 的 VaR 值,即 VaR 不满足次可加性公理。

一般来说,对厚尾的随机变量,或当随机变量之间的相关性满足一定条件时,VaR 不满足次可加性公理。但对常见的正态分布族,VaR 确实是一种一致性风险度量。在给出证明前,这里先介绍另外两种常用的风险度量方法——条件在险价值 CVaR 和期望短缺 ES。

(二)条件在险价值 CVaR

条件在险价值是指在一定置信水平 $1-\alpha$ 下,计算得到的给定持有期内内组合损失超过 VaR_α 的条件期望值。

假设 X 是描述组合损失的随机变量,$F(x)$ 是其概率分布函数,则 CVaR 可以表示为:

$$CVaR_\alpha = -E\{X|F(x) \leqslant \alpha\}$$

(三)期望短缺 ES

ES 修正了 CVaR 的一些不足,其定义如下:

假设 X 是描述组合损失的随机变量,$F(x)$ 是其分布函数,令 $F^{-1}(p) = \inf\{x|F(x) \geqslant p\}$,则 $ES_\alpha(X)$ 可以表示为:

$$ES_\alpha(X) = -\alpha^{-1}\int_0^\alpha F^{-1}(p)dp$$

由定义可知,ES 就是组合在给定置信水平决定的左尾概率区间内可能发生的平均损失,因此被称为期望短缺,也称尾部在险价值(TailVaR 或 TVaR)。

在分布函数 $F(x)$ 是连续的假设下,期望短缺即条件在险价值(CVaR)。实际上存在如下关系:

$$ES_\alpha = VaR_\alpha + \alpha^{-1} \int_{-\infty}^{-VaR_\alpha} F(x) dx$$

$$= -\alpha^{-1} \int_{-\infty}^{-VaR_\alpha} xf(x) dx = -E\{X \mid X \leqslant -VaR_\alpha\}$$

可以证明,ES 是一致性风险度量。对于正态分布族,可以计算得到 VaR 和 ES 的具体形式,具体如下:

假定损失 $X \sim N(\mu, \sigma^2)$ 并且 $0 < \alpha < 1/2$,则:

(1) $VaR_\alpha(X) = \mu + \sigma \Phi^{-1}(1-\alpha)$,这里的 Φ 是标准正态分布函数。

(2) $ES_\alpha(X) = \mu + \sigma \dfrac{\varphi(\Phi^{-1}(1-\alpha))}{\alpha}$,这里的 $\varphi = \Phi'$ 是标准正态分布的密度函数。

显然,在正态分布的情形下,VaR 和 ES 的形式是类似的,因此,此时的 VaR 也是一致性风险度量。

三、资产组合的 VaR 计算方法

下面考虑资产组合的 VaR 计算方法。由定义可知,VaR 或 ES 的计算依赖于两个因素:一是置信水平,其选取一般依赖于对验证需求、内部风险资本要求、金融监管当局的要求以及同行业之间进行比较的需要等;二是持有期间,其选取一般要考虑金融市场流动性、正态分布的要求、头寸调整的需要和数据约束。譬如,巴塞尔委员会对金融机构支持 VaR 损失的计算要求针对市场风险是 10 天的持有期和 99% 的置信水平,而针对信用和操作风险则采用 1 年的持有期和 99.9% 的置信水平。为了计算资产组合的 VaR,需要考虑组合中各种资产之间的风险相关性,下面详细说明其计算方法。

设 W_0 是期初资产组合的价值,R 为收益率,W_0 在给定置信度 c 的最低回报率为 R^*,在此收益率下的期末价值假设为 $W^* = W(1+R^*)$。则 VaR 值就是期末价值均值减去期末置信度 c 下的价值最低值,即:

$$VaR = E(W) - W^*$$

其中,$W = W_0(1+R)$ 为资产组合的期末值。由上式可知,估计 VaR 值,只需要求出在置信度 c 下的 W^* 或 R^*。

为了计算资产组合在置信度 c 下的 W^* 或 R^* 的风险度量,需要研究组合中各种资产风险的相关性,考虑这种相关性的 VaR 计算方法通常包括:方差—协方差法、历史模拟法、蒙特卡罗模拟法。对于正态分布函数族,由于组合仍然是正态分布,因此组合的 VaR 或 ES 都可以写成其标准差的函数,而组合的标准差可以由组合中的各种资产的方差和协方差组成,因此组合的 VaR 或 ES 计算比较简单。这种方法称为方差—协方差法(variance-covariance method,VC 法)。

(一)方差—协方差法

这种方法的核心是基于对资产收益的方差和协方差矩阵进行估计。其基本假设如下:

假设 1:线性假定,即给定持有期内资产价值的变化与其风险因素呈线性关系;

假设 2:正态分布假设,即风险因素服从正态分布。

在此假设下,方差—协方差法的基本步骤为:

第一,利用历史数据计算资产组合的收益的方差、标准差、协方差;

第二,假定资产组合收益是正态分布,可求出在一定置信水平下,反映了分布偏离均值程度的临界值;

第三,建立与风险损失的联系,推导 VaR 值。

例如,假设投资组合的持有期为 Δt,又假设持有期内的收益率 R 服从均值和方差分别为 $\mu \Delta t$ 和 $\sigma^2 \Delta t$ 的正态分布,即 $R \sim N(\mu \Delta t, \sigma^2 \Delta t)$,也就是说,$\dfrac{R-\mu\Delta t}{\sigma\sqrt{\Delta t}}$ 服从均值为 0、方差为 1 的标准正态分布,即 $\dfrac{R-\mu\Delta t}{\sigma\sqrt{\Delta t}} \sim N(0,1)$,其概率密度函数为 $\Phi(x)=\dfrac{1}{\sqrt{2\pi}}e^{-\frac{x^2}{2}}$。

由于 R 服从正态分布,要想求出给定置信水平 c 下的 R^*,只要利用正态分布表找到标准正态分布的一个上分位点 z,使得 $1-c=\int_{-\infty}^{-z}\phi(x)\mathrm{d}\omega$,即可求出与置信度 c 相对应的 R^*,即 $R^*=-z\sigma\sqrt{\Delta t}+\mu\Delta t$。

将上述等式代入前面 VaR 的计算公式,可得:
$$\begin{aligned}\mathrm{VaR}&=W_0(E(R)-R^*)\\&=W_0(\mu\Delta t-R^*)\\&=W_0(\mu\Delta t+z\sigma\sqrt{\Delta t}-\mu\Delta t)\\&=W_0 z\sigma\sqrt{\Delta t}\end{aligned}$$

这里的 z 是置信水平 c 对应的 z 值,例如,置信水平为 95%,则 $z=1.645$;置信水平为 97.5%,则 $z=1.96$;置信水平为 99%,则 $z=2.33$。σ 为资产收益率的标准差。

由上式可知,只要知道了 σ 值,就能知道置信水平 c 下的 VaR 值。

实际上,如果假设上述投资组合由 n 种资产组成,已经知道各种资产的在险价值分别为 $\mathrm{VaR}_i,i=1,\cdots,n$,则在正态分布的假设下,按照方差—协方差法,下述组合在险价值的计算公式为:
$$\mathrm{VaR}_a=\sqrt{\sum_{i=1}^n\mathrm{VaR}_i^2+2\sum_{i\neq j}\rho_{ij}\mathrm{VaR}_i\mathrm{VaR}_j}$$

其中,ρ_{ij} 表示第 i 种资产和第 j 种资产的相关系数。

方差—协方差法的计算简单易行,但有以下几项不足:

(1)它对研究极端风险不太合适。所谓极端风险,是指发生非正常或极端情况的可能性,如金融市场的崩溃。当极端风险概率较大,也即存在"厚尾"现象时,以正态分布假设为基础的模型会低估 VaR 值。实际上,方差有时甚至并不存在,此时用这种方法计算 VaR 值就失效了。

(2)收益率风险分布一般来说并不关于零点对称,而是经常向一侧偏斜,即偏斜度不等于零。此时,采用基于正态分布假设的方差—协方差法也不够合适。

(3)它不能充分测量非线性金融工具如期权和按揭等的风险。实际上,对期权产品,方差—协方差法采取的是一阶近似,但期权价值却是现货价格的非线性函数,线性相关系数无法捕捉变量之间的非线性相关关系。

尽管存在上述缺陷,方差—协方差法有简单、容易计算的优点,它只需要了解投资组合的具体组成以及有关基础市场风险因素的历史数据便可计算,而且大多数情况下都能充分地测量风险价值。

(二)历史模拟法

为了克服方差—协方差法的上述缺点,可以采用历史模拟法和蒙特卡罗模拟法。其中,历史模拟法是非理论的方法,这种方法对风险的分布函数不做假定,比较直观简单,因此受到监

管机构和产业界的广泛欢迎。

历史模拟法一般应用三个步骤计算 VaR：

(1)选择合适的历史数据时间序列,譬如对市场风险而言,一般用 3~5 年的日数据；

(2)在得到的时间序列基础上,计算考虑的资产组合价值变动的时间序列；

(3)在从历史数据归纳出的资产组合的实际分布中,选择某一概率水平,计算该分布在此水平内可能出现的价值,并据此计算相应的在险价值。

历史模拟法有两个明显优势：一是非常简单,无须假定数学模型,因此易于和管理层或其他相关方沟通；二是体现了风险因素的实际分布,分布的各阶矩以及风险因素之间的相关性均可据此计算得出。但历史模拟法也有许多不足之处：首先,如果风险因素的未来分布与历史分布差别很大,计算结果就会有很大的误差；其次,历史模拟法需要大量的样本数据并承担大量的运算。对一些缺乏历史数据的风险,特别是取样时间比较短、风险又比较极端的情况,历史模拟法是不太合适的。

(三)蒙特卡罗模拟法

蒙特卡罗模拟法综合了历史模拟法和方差—协方差法的优点,与方差—协方差法一样,蒙特卡罗模拟法也利用了适当的分布模型假设,但一般并不能给出 VaR 等的解析表达式,而是通过模拟计算。与历史模拟法不同,这种模拟并非取自历史数据,而是基于适当的模型假设得到的。为了考察风险之间的非线性关系和刻画极端风险也即"尖峰厚尾"现象,风险管理中采用了诸如连接函数法(即 Copula 方法)来分析风险之间的相关性,以及采用极值理论(EVT)来刻画风险的厚尾现象。下一节将通过 Copula 方法和 EVT 方法介绍蒙特卡罗模拟法计算 VaR。

第三节 风险度量的蒙特卡罗模拟法

一、Copula 方法

Copula 方法成为相关性分析和多元统计分析的重要工具是在 1959 年由斯克拉(Sklar)证明了以他名字命名的定理后开始的。该方法从 20 世纪 90 年代开始逐步引入金融风险管理领域。以下是一些相关概念。

(一)Copula 函数的定义

n 元 Copula 函数定义为具有如下性质的函数：

(1)C 为定义在 $[0,1]^n$ 上的函数；

(2)C 对它的每个分量都是单调递增的；

(3)C 的边缘分布满足 $C_i(u_i)=C(1,\cdots,1,u_i,1,\cdots,1)=u_i$,其中 $u_i\in[0,1]$。

显然,如果 $F_1(x)$, $F_2(x)$,$\cdots$,$F_n(x)$ 是一元分布函数,则 $C(F_1(x),F_2(x),\cdots,F_n(x))$ 是一个具有边缘分布函数 $F_1(x)$, $F_2(x)$,$\cdots$,$F_n(x)$ 的多元分布函数。

(二)Sklar 定理

设 F 是边缘分布为 $F_1(x)$, $F_2(x)$,$\cdots$,$F_n(x)$ 的联合分布函数,则存在一个 Copula 函数 C,使得 $F(x_1,x_2,\cdots,x_n)=C(F_1(x), F_2(x),\cdots,F_n(x))$,并且如果 $F_1(x)$, $F_2(x)$,$\cdots$, $F_n(x)$ 连续,则 C 是唯一确定的；反过来,如果 $F_1(x)$, $F_2(x)$,$\cdots$,$F_n(x)$ 为随机变量的边缘

分布,给定一个 Copula 函数 C,那么由上式定义的函数 F 是 $F_1(x),F_2(x),\cdots,F_n(x)$ 的联合分布函数。

应用 Copula 方法,可以将多元分布分解为单个变量的边缘分布和一个描述变量之间相关结构的 Copula 函数,即将边缘分布和相关结构分开来研究。

(三)常用 Copula 函数类型

下面以二元分布为例,介绍几种常用的 Copula 函数。

1. 椭球分布 Copula 函数族

常用的椭球分布 Copula 函数族包括高斯 Copula 函数和学生 t-Copula 函数,其定义如下:

(1)高斯 Copula 函数

$$C_{Ga}^\rho(u,v) = \int_{-\infty}^{\phi^{-1}(u)} \int_{-\infty}^{\phi^{-1}(v)} \frac{1}{2\pi(1-\rho^2)^{1/2}} \exp\left\{\frac{-(s^2-2\rho st+t^2)}{2(1-\rho^2)}\right\} ds\,dt$$

其中,$\rho \in [-1,1]$ 为相关系数,积分上限 $\phi^{-1}(\cdot)$ 表示标准正态分布函数的逆函数。

(2)学生 t-Copula 函数

$$C_t^{\rho,\gamma}(u,v) = \int_{-\infty}^{t_\gamma^{-1}(u)} \int_{-\infty}^{t_\gamma^{-1}(v)} \frac{1}{2\pi(1-\rho^2)^{1/2}} \exp\left\{1-\frac{s^2-2\rho st+t^2}{\gamma(1-\rho^2)}\right\}^{\frac{-(2+\gamma)}{2}} ds\,dt$$

其中,$\rho \in [-1,1]$ 为相关系数,积分上限 $t_\gamma^{-1}(\cdot)$ 表示自由度为 γ 的标准学生 t 分布函数的逆函数。

2. 阿基米德 Copula 函数族

阿基米德 Copula 函数族定义为:

$$C(u_1,\cdots,u_i,\cdots,u_n) = \varphi^{-1}(\varphi(u_1)+\cdots+\varphi(u_i)+\cdots+\varphi(u_n))$$

其中,函数 $\varphi(\cdot)$ 称为阿基米德 Copula 函数的母函数,它满足以下条件:$\sum_{i=1}^{n} \varphi(u_i) \leqslant \varphi(0)$,且 $\forall u \in [0,1]$,有 $\varphi(1)=0, \varphi'(u)<0, \varphi''(u)>0$,即 $\varphi(\cdot)$ 是一个凸的减函数。阿基米德 Copula 函数由它的母函数唯一确定,也称为 φ 生成的阿基米德 Copula 函数。对应不同的母函数有不同的 Copula 函数,比较著名的有 Clayton 函数、Grumbel 函数和 Frank Copula 函数等。

二、极值理论

估计 VaR 和 ES 等风险度量时,分布函数尾部形状的研究特别重要。极值理论(Extreme Value Theory,EVT),即 EVT 方法,是一种估计厚尾分布的有力工具。下面是一些相关概念。

(一)广义极值分布

广义极值分布函数(Generalized Extreme Value Distribution,GEV 分布)的形式为:

$$H_\xi(x) = \begin{cases} \exp(-(1+\xi x)^{-\frac{1}{\xi}}), & \xi \neq 0 \\ \exp(-e^{-x}), & \xi = 0 \end{cases}$$

其中,x 满足 $1+\xi x > 0$。

$\xi > 0$,对应于 Frechet 分布;

$\xi = 0$,对应于 Gumbel 分布;

$\xi < 0$,对应于 Weibull 分布。

如果引进位置参数 μ 和尺度参数 β,则分布函数可以写成:

$$H_{\xi,\mu,\beta}(x)=H_\xi\left(\frac{x-\mu}{\beta}\right)$$

可以证明,随机变量族的极大(小)值在某种形式下一定收敛于上述的广义极值分布。

(二)广义帕累托分布

广义帕累托分布函数(Generalized Pareto Distribution,GPD)的形式为:

$$G_{\xi,\beta}(y)=\begin{cases}1-\left(1+\xi\dfrac{y}{\beta}\right)^{-\frac{1}{\xi}} & \xi\neq 0 \\ 1-\exp\left(-\dfrac{y}{\beta}\right) & \xi=0\end{cases}$$

其中,ξ 为分布的形状参数,β 为分布的尺度参数,且满足 $\beta>0$。

可以看出,广义帕累托分布是厚尾的。

(三)POT 模型(Peaks Over Threshold)

假设 $F(x)$ 为资产收益率损益分布函数,u 为阀值,超额分布函数为:

$$F_u(y)=P\{x-u\leq y|x>u\},0\leq y\leq x_0-u$$

其中,x_0 为分布函数 $F(x)$ 的右端点,超额分布函数表示损失超过阀值的概率,显然:

$$F_u(y)=\frac{F(u+y)-F(u)}{1-F(u)}$$

则对于常用分布函数 $F(x)$ 的条件超额分布函数 $F_u(y)$,存在一个 $G_{\xi,\beta}(y)$,使得:

$$F_u(y)\approx G_{\xi,\beta}(y)=\begin{cases}1-\left(1+\xi\dfrac{y}{\beta}\right)^{-\frac{1}{\xi}} & \xi\neq 0 \\ 1-exp\left(-\dfrac{y}{\beta}\right) & \xi=0\end{cases}$$

即对充分大的阀值 u,超额分布函数可以用广义帕累托分布近似描述。

下面的案例是利用 Copula 方法和 EVT 方法给出某种资产组合的蒙特卡罗模拟并计算其 VaR 值。

案例 7-1　GARCH-EVT-Copula 方法的蒙特卡罗模拟

本案例利用 GARCH-EVT-Copula 方法得到股票指数组合的蒙特卡罗模拟,其具体步骤如下:

步骤一,假设资产组合由 n 种股票组成,首先将各种股票价格转化为对数收益率时间序列 $r_{i,s}$,$i=1,\cdots,n$,s 表示时间。并找到适当的时间序列(如 GARCH)模型拟合样本数据。

步骤二,为了保证残差是独立同分布,利用步骤一中估计的均值和方差对样本收益率过滤并标准化。具体而言,$z_{i,s}=\dfrac{r_{i,s}-\hat{\mu}_{i,s}}{\hat{\sigma}_{i,s}}$,$i=1,\cdots,n$,这里的均值和方差由步骤一中的时间序列模型估计得到。

步骤三,采用 EVT 方法中的广义帕累托分布函数对各个边际分布 F_i 建模。譬如,可以采用如下边际分布函数:

$$F_i(x) = \begin{cases} \dfrac{N_{u_i}^l}{N}\left(1+\xi_i^l\,\dfrac{|x-u_i^l|}{\beta_i^l}\right) & x < u_i^l \\ \phi(x) & u_i^r \geqslant x \geqslant u_i^l \\ \dfrac{N_{u_i}^r}{N}\left(1+\xi_i^r\,\dfrac{|x-u_i^r|}{\beta_i^r}\right) & x \geqslant u_i^r \end{cases}$$

$$i = 1, \cdots, n$$

该函数的中部 $\phi(x)$ 为标准正态分布函数,尾部为广义帕累托分布函数。

步骤四,将步骤二中标准化后的样本数据代入步骤三中的函数,得到 $F_i(z_{i,s}) = u_{i,s}$。由此标准化的对数收益率数据集 $(z_{1,s}, \cdots, z_{n,s})$ 转化为 $[0,1]$ 上的均匀分布变量 $(u_{1,s}, \cdots, u_{n,s})$。

步骤五,选择某种 Copula 函数,利用步骤四得到的均匀分布变量样本数据估计 Copula 函数中的参数。

步骤六,利用步骤五中估计得到的 Copula 函数进行蒙特卡罗模拟,得到 N 次模拟结果。

步骤七,将步骤六中的模拟结果转化为标准化的股票对数收益率,也即 $z_{i,j} = F_i^{-1}(u_{i,j})$, $i = 1, \cdots, n; j = 1, \cdots, N$。

步骤八,代入步骤一中时间序列模型估计所得的时间 $t+1$ 的条件均值和条件方差,可得投资组合的收益率向量 $r_{i,j} = \hat{\mu}_{i,t+1} + z_{i,j}\hat{\sigma}_{i,t+1}$, $i = 1, \cdots, n; j = 1, \cdots, N$。

步骤九,蒙特卡罗模拟资产组合下一期在各种情景下的价值为:

$$P_{j,t+1} = \sum_{i=1}^{n} P_{i,t}\exp\{r_{i,j}\}, j = 1, \cdots, N$$

其中,$P_{i,t}$ 表示时间 t 时第 i 种股票的价值。因此,该资产组合在各种模拟情景下的损失为:

$$L_j = P_t - P_{j,t+1} = \sum_{i=1}^{n} P_{i,t}(1-\exp\{r_{i,j}\}), j = 1, \cdots, N$$

步骤十,由步骤九中模拟得到的结果估计资产组合相应的 VaR 值和 ES 值。

(资料来源:N.K.Bob, Value at Risk Estimation: A GARCH-EVT-Copula Approach, Stockholm University, Master Thesis, 2013.)

下面具体以由德国、西班牙、意大利和法国的四种股票指数基金组成的资产组合为例说明上述的十个步骤。图7—1为四种指数的对数收益率的时间序列。

统计检验显示,AR(1)-GARCH(1,1)模型能很好地解释时间序列的相关性和异方差效应,因此用该模型过滤并标准化后的样本序列是独立同分布的。下面检验标准化后的样本是否有厚尾现象。Q-Q图(见图7—2)和 Jaque-Bera 检验都显示确实有厚尾性,因此需要利用极值理论。

图7—3是相应的边际分布函数,在尾部符合广义帕累托分布,但在中部并没有直接利用正态分布,而是利用某种核函数进行了修正。表7—3是利用各种不同的 Copula 函数进行蒙特卡罗模拟后得到的不同 VaR 值,HS 和 VC 则分别代表历史模拟法和方差—协方差法。

采用各种不同方法进行返回测试得到的结果显示,GARCH-EVT-Copula 方法要优于历史模拟法和方差—协方差法。

图 7—1 四种指数的对数收益率的时间序列

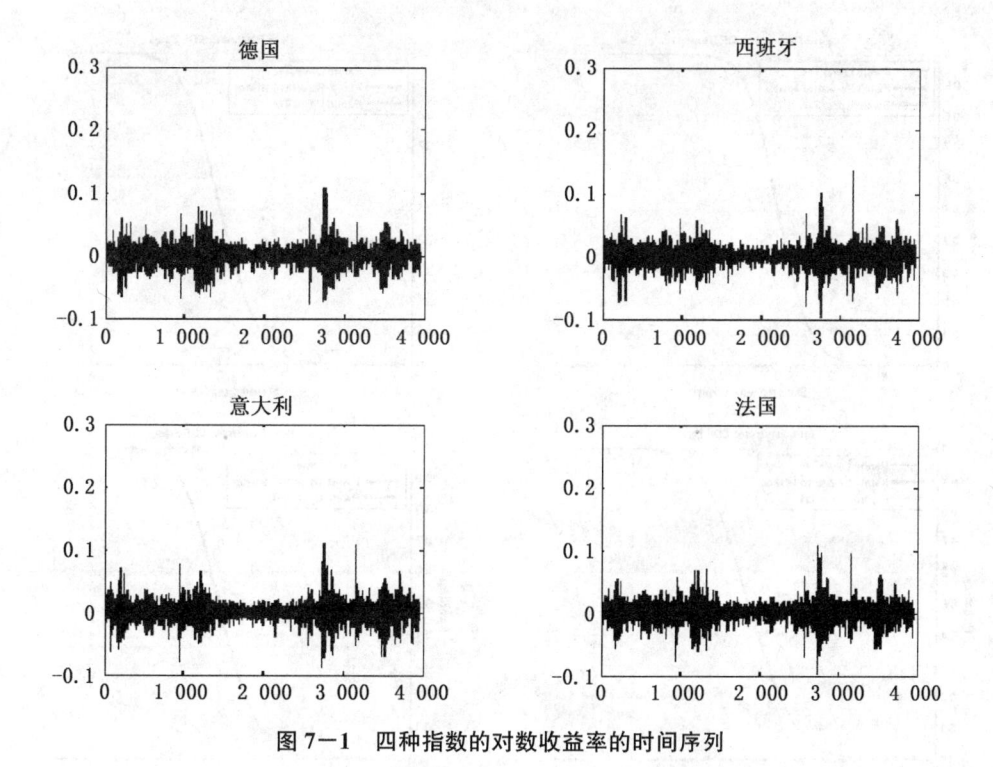

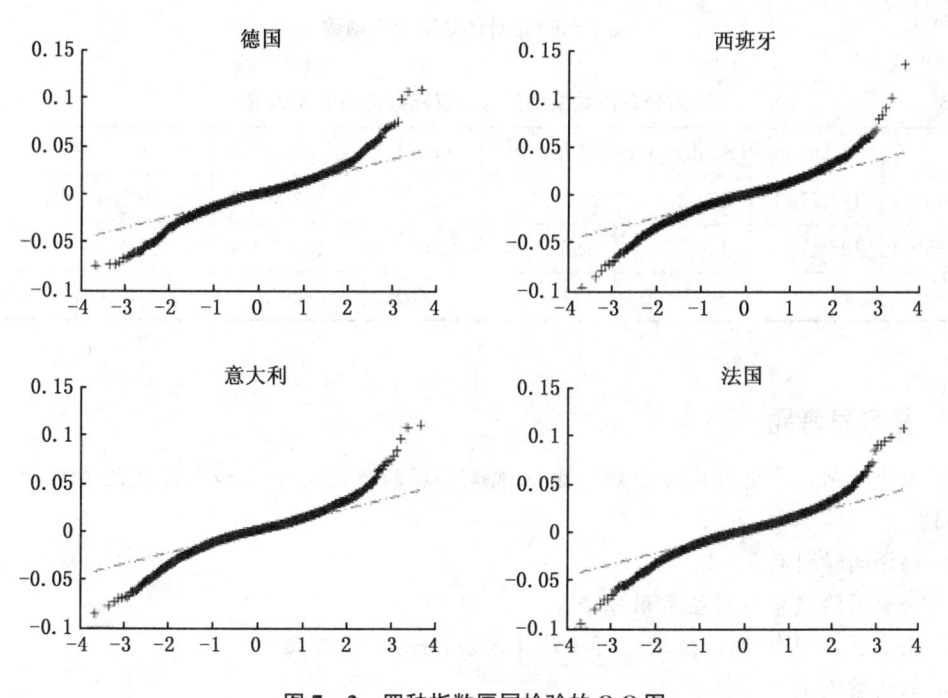

图 7—2 四种指数厚尾检验的 Q-Q 图

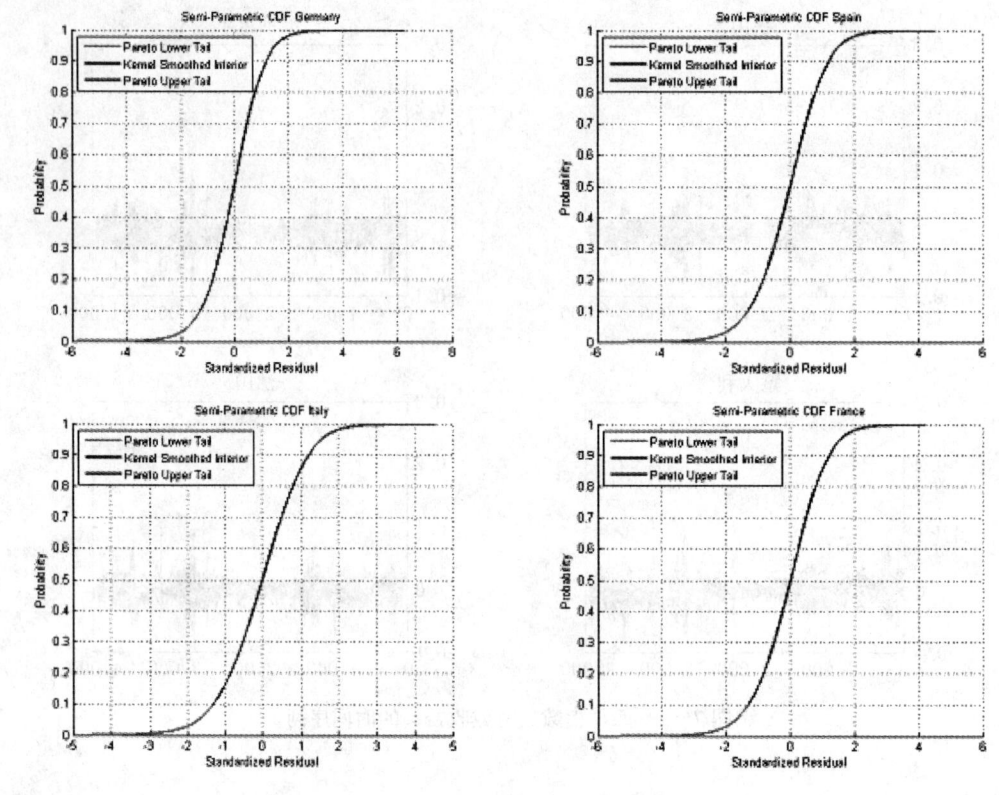

图 7—3　估计的边际分布函数

表 7—3　　　　　　　不同分布函数采用蒙特卡罗模拟得到的 VaR 值

	Gaussian	Student's t	Clayton	Gumbel	Frank	HS	VC
VaR(99%)	181.770 8	184.348 7	313.921 4	183.448 9	183.364 7	228.970 4	167.964 4
VaR(95%)	125.474 3	124.499 3	193.781 5	120.733 2	120.651 4	128.949 1	118.891 5
VaR(90%)	95.017 7	95.530 5	141.669 6	93.528 4	93.434 5	89.189 9	92.704 9

复习思考题

1. 企业为何需要进行风险管理？企业风险管理的原因与个人和家庭风险管理的原因有何不同？
2. 翻译阅读材料 7—1。
3. 企业风险度量有哪些常用方法？
4. 指出资产组合的 VaR 值有哪些计算方法，并分别简述之。
5. 阅读案例 7—1。

第八章
企业风险管理的实务研究

上一章分析了企业风险管理的原因,本章介绍企业的内部风险管理,第一节介绍传统资产负债管理方法和全面风险管理方法,第二节以保险公司为例讨论其资本配置问题。

第一节 传统资产负债管理和全面风险管理

资产负债管理是金融企业(包括保险公司)内部风险管理的传统方法,是在20世纪70年代中期在西方开始流行的。这是因为当时西方金融市场利率、汇率等变动加剧,促使包括银行、保险公司等金融机构对其战略管理和业务操作采用创新的实用技术。

传统的资产负债管理通常主要指利率风险管理,其目标包括:测量金融机构资产负债组合相对于利率变化的风险暴露;测量利率变化对利润的影响;设计资产负债利率风险对冲战略,以防范利率变动的风险。按照潘泽(Penza)和班塞尔(Bansal)在其著作《用VaR度量市场风险》中的介绍,最常用的利率风险管理方法有当前收益法、市场价值法和敏感性分析法等。简述如下:

(1)当前收益法。当前收益法的目标变量是当前的收益,利率的变化直接影响利差。

(2)市场价值法。市场价值法的目的在于定义一个新的目标变量,即金融资产和负债之差,然后计算其市场价值。

(3)敏感性分析法。敏感性分析法类似市场价值法,它在"风险盈利"的基础上度量利率风险,"风险盈利"是指利率变动引起的未来潜在损失。

上述传统资产负债管理方法主要有以下不足:

(1)传统资产负债管理主要依据资产负债表分析,因此不能反映企业风险管理提高企业价值的目标。

(2)传统资产负债管理主要关注利率风险,没有全面考虑企业面临的所有风险,也不适合于企业整体的成本/收益分析框架。

(3)传统资产负债管理通过计算缺口和持续期等度量利率风险,但对某类资产负债适用的缺口和持续期可能并不适用其他类资产负债。

(4)传统资产负债管理不能用于表外交易,譬如衍生金融产品等。

基于传统资产负债管理方法的上述不足,这种方法正逐渐被一个整体的风险管理框架所取代,这种框架就是所谓的全面风险管理(Enterprise Risk Management,ERM)。

一、全面风险管理的定义

所谓的全面风险管理,通常是指企业围绕总体经营目标,通过在企业管理的各个环节和经营过程中执行风险管理的基本流程,培育良好的风险管理文化,建立健全全面风险管理体系,包括风险管理策略、风险管理的组织职能体系、风险管理信息系统和内部控制系统,从而为实现风险管理的总体目标提供合理保证的过程和方法。

国外文献中与全面风险管理相关的词汇除了 enterprise risk management 以外,类似的还有 integrated risk management（IRM）、holistic risk management、comprehensive enterprise risk management 等。其中 integrated、holistic 和 comprehensive 都有"整体、全面"的意思,而 enterprise 直译为"企业",因此就一般企业而言,全面风险管理是从企业所有资源出发,对企业面临的所有风险进行评估和管理的经营活动。就保险公司而言,全面风险管理是指从公司董事会、管理层到全体员工全员参与,在战略制定和日常运营中,识别潜在风险,预测风险的影响程度,并在公司风险偏好范围内有效管理公司各环节风险的持续过程。在进行全面风险管理的同时,公司应根据公司经营情况重点监测、防范和化解对公司经营有重要影响的风险(参见《人身保险公司全面风险管理实施指引》,保监会,2010)。

2003 年北美非寿险精算师协会（Casualty Acturial Society，CAS）在一份报告中将 ERM 定义为包括所有行业的机构对各种来源的风险进行评估、控制、研发、融资、监测的过程,以求通过这一过程提升该机构各相关方的短期或长期价值。在内部控制领域具有权威影响的 COSO 委员会于 2004 年颁布了《全面风险管理—整合框架》（Enterprise Risk Management-Integrated Framework）的报告。该报告从内部控制的角度出发,研究了全面风险管理的过程以及实施的要点。COSO 对 ERM 的定义是：全面风险管理是一个过程,它由一个企业的董事会、管理当局和其他人员实施,应用于企业战略规划并贯穿于企业各种经营活动,目的是识别可能会影响企业价值的潜在事项,管理风险于企业的风险容量之内,并为企业目标的实现提供保证。我国《中央企业全面风险管理指引》(国务院国有资产监督管理委员会,2006)则将全面风险管理定义为企业围绕总体经营目标,通过在企业管理的各个环节和经营过程中执行风险管理的基本流程,培育良好的风险管理文化,建立健全全面风险管理体系,包括风险管理策略、风险理财措施、风险管理的组织职能体系、风险管理信息系统和内部控制系统,从而为实现风险管理的总体目标提供合理保证的过程和方法。

二、全面风险管理的框架

(一)全面风险管理框架构建的基本原则

企业全面风险管理是一个涉及多方面的系统工程,因此构建 ERM 框架也应该是一个多维、立体和连续的管理过程。要构建这样一个管理框架,必须遵循以下几项基本原则：

1. 一致性原则

公司在建立全面风险管理体系时,应确保风险管理目标与战略发展目标的一致性。

2. 匹配性原则

公司在全面风险管理过程中,应确保公司资本水平与所承担的风险相匹配,所承担的风险与收益相匹配。

3. 全面性原则

公司全面风险管理应渗透至公司各项业务环节,对每一类风险都应全面认识、分析与管理。

4. 全员参与原则

公司应建立全员参与的风险管理文化和相应机制,各级别员工都应按照其工作职责参与公司的风险管理工作,承担日常风险管理职责。

5. 定量与定性相结合原则

公司应根据自身业务性质、规模和复杂程度开发相适应的风险量化技术，推广应用先进成熟的风险管理经验，实现定量与定性方法的有机结合。

6. 不断优化原则

公司应不断地检查和评估内外部经营管理环境和竞争格局的变化及其对公司全面风险管理所产生的实质影响，及时调整和优化风险管理政策、制度和流程。

(二)全面风险管理框架的具体内容

全面风险管理框架要求管理层采取适当的程序去设定目标，确保所选定的目标适合该主体的目的，并且与其风险容量相一致。全面风险管理目标包括长远的战略目标和中短期的经营性目标。COSO发布的《全面风险管理—整合框架》将ERM的目标分为：

(1)战略(strategic)目标，是较高层次的目标，与企业的使命相关联并支撑其使命。

(2)经营(operations)目标，保证企业有效和高效率地利用资源。

(3)报告(reporting)目标，保证各种报告的可靠性。

(4)合规(compliance)目标，保证企业各项经营活动符合适用的法律和法规的规定。

战略目标的确立把ERM提高到了指导企业经营活动的高度，在市场日趋成熟的情况下，企业要想长期稳定地保持其竞争优势，必须把战略目标作为首要考虑的目标，其他三个目标要围绕战略目标来确立。同样，在进行风险决策时也要首先满足战略目标。

COSO提出的企业全面风险管理框架包括八方面的内容：控制环境、目标制定、事项识别、风险评估、风险应对、控制活动、信息与沟通、监督检查。这八个方面互相关联，贯穿于企业风险管理的全过程，具体包括以下内容：

1. 控制环境

企业的控制环境是其他所有风险管理要素的基础，为其他要素提供规则和结构。控制环境影响企业战略和目标的制定、业务活动的组织和风险的识别、评估和执行等。它还影响企业控制活动的设计和执行、信息和沟通系统以及监控活动。控制环境包含很多内容，包括企业员工的道德观和胜任能力、人员的培训、管理者的经营模式、分配权限和职责的方式等。

董事会是控制环境的一个重要组成部分，对其他控制环境的组成内容有重要的影响。而企业的管理者也是控制环境的一部分，其职责是建立企业的风险管理理念、确定企业的风险偏好，营造企业的风险文化，并将企业的风险管理和相关的行动计划结合起来。

2. 目标制定

根据企业确定的任务或预期，管理者确定企业的战略目标，选择战略方案，确定相关的子目标并在企业内层层分解和落实，各子目标都应遵循企业的战略方案并与战略方案相联系。

3. 事项识别

管理者意识到了不确定性的存在，即管理者不能确切地知道某一事项是否会发生、何时发生或者如果发生其结果如何。作为事项识别的一部分，管理者应考虑会影响事项发生的各种企业内外部的因素。外部因素包括经济、商业、自然环境、政治、社会和技术因素等，内部因素反映出管理者所做的选择，包括企业的基础设施、人员、生产过程和技术等事项。

4. 风险评估

风险评估可以使企业了解潜在事项如何影响企业目标的实现。管理者应从两个方面对风险进行评估，即风险发生的可能性和造成的影响程度。

5. 风险应对

管理者可以制定不同风险反应方案,并在风险容忍度和成本效益原则的前提下,考虑每个方案如何影响事项发生的可能性和事项对企业的影响,并设计和执行风险反应方案。考虑各风险反应方案并选择和执行某个风险反应方案是企业风险管理不可分割的一部分。有效的风险管理要求管理者选择一个可以使企业风险发生的可能性和影响都落在风险容忍度范围之内的风险反应方案。

6. 控制活动

控制活动是帮助保证风险反应方案得到正确执行的相关政策和程序。控制活动存在于企业的各部分、各个层面和各个部门。控制活动是企业努力实现其商业目标的过程的一部分,通常包括两个要素:确定应该做什么的政策和影响该政策的一系列过程。

7. 信息与沟通

来自于企业内部和外部的相关信息必须以一定的格式和时间间隔进行确认、捕捉和传递,以保证企业的员工能够执行各自的职责。有效的沟通也是广义上的沟通,包括企业内自上而下、自下而上以及横向的沟通。有效的沟通还包括将相关的信息与企业外部相关方的有效沟通和交换,如客户、供应商、行政管理部门和股东等。

8. 监督检查

对企业风险管理的监控是指评估风险管理要素的内容和运行以及一段时期的执行质量的一个过程。企业可以通过两种方式对风险管理进行监控,即持续监控和个别评估。持续监控和个别评估都是用来保证企业的风险管理在企业内各管理层面和各部门持续得到执行。

与传统资产负债管理注重资产负债匹配导向不同,全面风险管理框架是风险导向和价值导向的,在此框架内也发展出了新的资产负债管理概念。下面的阅读材料8—1介绍了在全面风险管理框架下的资产负债管理结构。

阅读材料 8—1

Asset and Liability Management in Enterprise Risk Management

The management of the firm's balance sheet is at the core of ERM for financial institutions. For non-financial institutions balance sheet management is traditionally viewed as solely an accounting issue, although this is also changing (Bodnar, Hayt and Marston, 1998). For financial institutions, however, the balance sheet reflects the risks of the environment from the asset side and most of the business risks from the liability side. Aligning these risks is the goal of an asset and liability management system. ALM addresses parts of the problems of ERM. As such it provides tools for risk measurement and risk management that are applicable to ERM. ALM has a history that dates back to Markowitz seminal contributions in the 1950s for asset allocation, and the more recent extensions to include liabilities (Sharpe and Tint, 1990). Tools for ALM are better developed than those for ERM although they may not be as advanced as needed to support ERM. In order for ALM to be effective in supporting the broader goals of ERM is must receive additional information. The interaction between ERM and ALM are discussed here.

ALM takes a more focused view of risks than ERM. It focuses on market, credit, and liquidity risk on the asset side. On the liability side it focuses on volatilities of margins and costs. Volatility of sales volumes is not directly part of the ALM function although it is a significant component of business risk. Integrating volatility of sales volumes requires aligning with the marketing environment. Similarly, the management of operational risk requires an alignment of the business with the operational environment, and falls outside the scope of ALM in the domain of ERM.

Managing the financial risks of the balance sheet can be achieved by pulling the levers of ERM. In particular asset allocation (funding the products) and equity allocation (capitalization of the products) are the major managerial activities in ALM. The design and pricing of products are usually considered as exogenously given in the context of ALM, although pricing is used as input to the asset allocation phase and in determining hedging positions.

（资料来源：D. Rosen and S. Zenios, Handbook of Asset and Liability Management, North Holland, 2006, 有删节。）

第二节 保险公司的资本配置

一、资本配置概述

在内部风险管理中，如何确定相应各种风险的资本配置是核心的问题。保险公司的资本可以定义为公司资产减去负债。保险公司赔款发生时间和金额都是不确定的，但可以通过精算方法估计平均需要多少资金来支付赔款，这就是所谓的准备金或保险负债。然而实际发生的赔款可能比预期多，因此保险公司需要比准备金更多的资金。这种超额资金就是资本。那么保险公司究竟需要持有多少资本呢？持有多少资本才是合适的呢？在完美市场假设下，MM命题的结论是资本持有情况不影响企业价值，由上一章可知，在完美市场，保险公司实际上是不需要进行额外的风险管理的。

上一章讨论了在真实世界企业风险管理的主要原因，此时MM命题成立的条件是不满足的，保险公司持有资本因此是需要成本的。这种成本主要表现为四个方面：税收成本、代理成本、信息成本和破产成本。因此，保险公司需要在资本带来的收益和成本之间平衡，以确定合理的资本持有水平。

因此，资本配置(capital allocation)是指企业将资本金在其从事的各个项目也就是各业务线(business lines)之间配置的过程。资本配置对于保险公司来说具有特殊的意义。因为，保险公司的债权人一般来说同时也是公司的客户，即保单持有人。与其他非保险公司的债权人不同的是，保单持有人一般并不能通过多样化组合来规避保险公司的偿付能力风险。对于各种保险，保单持有人一般只依赖于一家或几家保险公司。大多数投保人购买保险并非为了投资，而是因为需要应对各种意外风险，以减少损失。因此，偿付能力对于保险公司有特殊的作用，即使赔付额外成本很高，保险公司也必须持有足够资本以保证对被保险人的支付。

为了讨论资本配置，下面给出相关的数学表达式。定义 x_i 是公司权益资本中分配给业务 i 的比例。x_i 在0到1之间取值，这样 x_i 代表分配给 i 业务的资本比例，C_i 代表业务 i 的资本，即 x_i 与 C 的乘积，C 代表所有的资本总和。若公司共有 N 个业务线，则有：

$$\sum_{i=1}^{N} x_i \leqslant 1$$

$$\sum_{i=1}^{N} C_i \leqslant C$$

即所有的业务分配到的资本总和必须小于等于公司的总资本。

在完成资本配置过程后,对各个业务线就可以通过计算资本风险调整收益(Risk-Adjusted Return on Capital,RAROC)来进行评价。某个业务线的 RAROC 是指该业务净收入与其配置资本的比值,即:

$$RAROC = \frac{业务\ i\ 的净收入}{C_i}$$

其中,C_i 是业务 i 的配置资本。

确定某一业务线是否会增加公司价值的另一个方法是计算经济增加值(Economic Value-Added,EVA)。经济增加值是净收入减去资本的成本,也就是要求的回报率乘以该业务分配到的资本,即:

$$EVA_i = 业务\ i\ 的净收入 - r_i C_i$$

其中,r_i 表示业务 i 的要求回报率。

如果 $EVA_i \geqslant 0$,那么业务 i 的运作就与最大化公司价值的目标一致。如果 $EVA_i < 0$,那么这条业务线就会降低公司价值。对 EVA 稍做变化可以使其成为比例的形式,即所谓的单位资本的经济增加值(Economic Value Added On Capital,EVAOC)。EVAOC 定义如下:

$$EVAOC_i = \frac{业务\ i\ 的净收入}{C_i} - r_i$$

这个定义与 RAROC 相似,但要减去资本的要求回报率。如果 EVAOC 为正,该业务将为公司创造价值。在寿险精算实务中有内含价值(embedded value)的概念,可以在经济增加值的概念框架里考虑。然而,目前实务中内含价值的常用计算方法一般是基于资本资产定价模型(CAPM)和监管要求的偿付能力,其理论背景可能尚有问题,因此这里就不结合介绍了。下面将从上一章保险公司风险管理的经济学理论角度介绍资本确定和配置方法。

二、资本配置的方法

(一)CAPM 模型在资本配置中的应用

CAPM 是资本成本确定的经典模型,通过确定不同业务的 β 系数,保险公司可以利用 CAPM 模型进行资本配置和相关决策。CAPM 模型在资本配置方面的含义在于:每种业务的费用应至少等于资本的 CAPM 成本。

具体而言,就是将公司的 β 系数按不同的业务线分解为各个业务线的 β 系数。例如,假设某家保险公司有两条业务线,那么公司的净收入可以表述为:

$$I = r_A A + r_1 P_1 + r_2 P_2$$

其中,I 是净收入,r_A 是资产的收益率,r_1, r_2 分别是业务线 1 和业务线 2 的收益率,A 是资产,P_1, P_2 分别是业务线 1 和业务线 2 的保费收入。

上述净收入等式两边除以资本 E,可得:

$$r_E = r_A (E + L_1 + L_2)/E + r_1 P_1/E + r_2 P_2/E$$

因此,β 系数可以分解为:

$$\beta_E = \beta_A (1 + k_1 + k_2) + \beta_1 s_1 + \beta_2 s_2$$

其中,$\beta_E, \beta_A, \beta_1, \beta_2$ 分别表示公司、资产、业务线 1 和业务线 2 的 β 系数,k_1, k_2 分别表示业务线 1 和业务线 2 的负债比率,等于 $L_i/E, i = 1, 2$;s_1, s_2 表示业务线 1 和业务线 2 的保费杠杆率

(保费权益比率),等于 $P_i/E, i=1,2$。

β_E 的上述表达式说明资本的 β 系数等于资产的 β 系数乘以 1 与业务线 1 和业务线 2 的负债杠杆率之和,再加上业务线 1 和业务线 2 的 β 系数乘以各自的保费杠杆率。

业务线 i 的要求收益率可以通过下列方程求出:

$$r_i = -k_i r_f + \beta_i(r_m - r_f)$$

其中,$i=1$ 或 $i=2$。也就是说,每条业务线应该付给股东资金成本 $k_i r_f$,得到的是业务线系统性风险的回报率 $\beta_i(r_m - r_f)$。

利用 CAPM 模型配置资本,实际是假定了公司各业务线的风险成本是由其系统性风险,也就是以该业务为单一业务成立的公司的风险成本决定的。由于 CAPM 模型是完美市场中的定价模型,因此,这种计算资本成本的方法也还是在完美市场的假设下得到的,并不能反映上一章强调的保险企业风险管理的真正原因,因此将它用于确定资本配置是不合适的。

考虑到保险公司偿付能力和破产成本对其风险管理的关键作用,可以利用 VaR 和 EPD 这两种风险度量方法确定单个业务的资本。相应的资本配置方法主要有 Merton-Perold 法和 Myers-Read 法两种。下面分别介绍这两种方法,内容主要摘自美国天普大学(Temple University)卡明斯(Cummins)教授的论文。(Cummins:"Allocation of Capital in the Insurance Industry",*Risk Management and Insurance Review*,2000)。这里首先介绍单个业务资本确定的 VaR 和 EPD 方法。

(二)VaR 和 EPD 方法在单个业务资本确定中的应用

1. VaR 方法

保险公司利用 VaR 方法确定单个业务的资本的方法是利用超越概率(exceedence probabilities)。超越概率(ε)是指某一业务线发生的损失超过期望损失与该业务线相应资本之和的概率,即:

$$\Pr(L_i > E(L_i) + C_i) = \varepsilon$$

其中,L_i 表示业务线 i 的损失,$E(L_i)$ 表示业务线 i 损失的期望值,C_i 表示分配给业务线 i 的资本。

利用超越概率确定资本配置的原则是:不同业务种类的超越概率应当相等。

超越概率原则表明了业务所需资本与业务风险之间的某种关联:高风险业务比低风险业务需要更多的资本。

下面假定某保险公司从事三种业务线,不同的业务线具备不同的风险,三种业务线的损失与期望损失之比满足对数正态分布,相应的标准差分别为 $\sigma_1=0.375$,$\sigma_2=0.5$,$\sigma_3=0.625$。对应于超越概率 $\varepsilon=5\%$ 的 $(E(L)+C)/E(L)$ 值,经分别计算,得 1.9,2.8,3.5。

2. EPD 方法

保单持有人期望损失(Expected Policyholder Deficit, EPD)的概念与 CVaR 类似,实际上它可以看作一种卖出期权。譬如,假设某家存在违约风险的保险公司的资产(A)、负债(L)都是随机变量。假定负债(保单赔款)需要在未来某一时期偿付。如果在负债到期时,资产大于负债($A>L$),那么保单持有人将得到赔款支付金,而公司所有人或其他债权人将得到公司剩余的资产。如果资产小于负债($A<L$),那么公司就会违约,无法全额支付赔款,保单所有人将获取公司的全部资产。

相应于资本配置问题,需要考虑保险公司的赔款在负债到期前的价值,也就是应该确定保单持有人对保险公司的要求索赔额在赔款支付前的经济价值。赔款的经济价值也就是含风险的负债的现值,它等于违约风险为零时的负债的现值减去卖权的价值。这个卖权是一个关于资产(A)、负债(L)、无风险利率(r)、到期时间(τ)、变化率(σ)的函数。用数学公式表达即：

$$\text{赔款的价值} = Le^{-r\tau} - P(A, L, r, \tau, \sigma)$$

其中,$P(A, L, r, \tau, \sigma)$是关于资产A的卖权,交割价为L,利率为r,到期时间为τ,风险参数为σ。风险参数σ反映了资产和负债的变化率,也反映了资产和负债的相关度。$P(A, L, r, \tau, \sigma)$即为保单持有人期望损失EPD,又称破产卖权(insolvency put option)。假设资产、负债服从对数正态分布,根据Margarbe交换期权定价公式(1978),这里以D表示EPD的数值,则：

$$D = \left(\frac{\partial D}{\partial L}\right)L + \left(\frac{\partial D}{\partial V}\right)V$$

我们有

$$\partial D/\partial L = N\{z\}, \partial D/\partial V = -N\{z-\sigma\}$$

其中,$N\{\cdot\}$表示标准正态分布的累积概率函数,L表示负债,V表示资产,$z = \ln\left(\frac{L}{V}\right)\big/\sigma + \frac{1}{2}\sigma$,$\sigma = \sqrt{\sigma_L^2 + \sigma_V^2 - 2\sigma_{LV}}$。

与VaR方法相比,EPD方法考虑了预期损失的绝对数额,而VaR方法则仅仅给出了损失超过给定水平的可能性。相对于资本配置问题,EPD方法要求各种业务线保单持有人期望损失(EPD)表示为负债(L)的相同百分比目标水平(如5%)。继续利用前面的三条业务线的例子,考虑使得保单持有人期望损失(EPD)为负债(L)的百分比5%。此时与VaR方法的情况相同,风险业务1、风险业务2和风险业务3要求的资产/负债比也依次增加。实际上,利用上述EPD比例公式可得(为简单起见,这里假设资产没有风险)：此时风险业务1要求的资产负债比要求为1.35,业务2的资产负债比要求为1.7,风险业务3的资产负债比要求为2.1。

下面介绍多个业务的边际资本配置法。

(三)边际资本配置法

上述的VaR方法和EPD方法考虑的都是单个业务的资本金要求,而没有考虑业务之间的相关性,边际资本配置方法则考虑了保险公司的业务多元化效应。常用的边际资本配置方法有两种：Merton-Perold(M-P)方法和Myers-Read(M-R)方法。

1. M-P方法

M-P方法由默顿(Merton)和佩罗德(Perold)于1993年提出,它考虑整个业务加入的资本要求,实际上并不是严格意义上的边际概念,因此并不能完全配置资本金。这里还是以上面介绍的三条业务线的例子为例介绍这种方法。

假设保险公司这三条业务线的负债期望价值都为1 000万元,各自的标准差为$\sigma_1 = 0.375$,$\sigma_2 = 0.5$,$\sigma_3 = 0.625$。考虑三条业务线之间的相关性,假设三条业务线的负债对数值的相关系数分别为：$\rho_{12} = 0.5$,$\rho_{13} = 0.75$,$\rho_{23} = 0.5$,其中,ρ_{ij}表示业务线i,j之间的相关系数。

为了计算边际资本配置额,先考虑三笔单独业务各自的要求资本额。假设EPD占负债的目标比例为5%。前面已经说明三条业务线要求的资产分别为1 361、1 672、2 107。具体如表8-1所示。

表 8—1　　　　　　　　　　　　　　单独业务的资本要求额

EPD 为负债的 5% 的情形			
业务线	资产	负债	单独业务的资本
1	1 361	1 000	361
2	1 672	1 000	672
3	2 107	1 000	1 107

$\sigma_1=0.375;\sigma_2=0.5;\sigma_3=0.625;\rho_{12}=0.5,\rho_{13}=0.75,\rho_{23}=0.5;r=0;\tau=1$

因此,三种独立业务的要求资本之和为 2 140(361+672+1 107)。

如果将三条业务线组合成一家公司,由于多元化带来的效应,包含这三条业务线的公司所需的资本要小于三笔独立业务的资本之和。实际上,为达到 5% 的 EPD 比例,该公司的资本只需要 1 427(下面具体计算),明显小于三项资本之和 2 140。考虑到此问题,M-P 方法包含两个步骤:

(1)计算从事其中每两种业务的风险资本要求,共有 3 种组合,即业务 1&2、业务 1&3、业务 2&3。

(2)计算加入第三种业务时的边际资本要求,M-P 方法认为这就是第三种业务加入后需要配置给该业务的边际资本。

为了计算边际资本,先计算两两业务组合的资本。为达到 EPD 为 5% 的目标,要求的资本如表 8—2 所示。表 8—2 中考虑了所有的组合情况,如业务组合 1&2 计算业务 3 的边际资本;业务组合 1&3 计算业务 2 的边际资本。对于每种两两业务组合的情况,两种业务的组合的要求资本小于单独的这两种业务的要求资本之和。

本例中先依次计算业务组合 1&2、业务组合 1&3、业务组合 2&3 的标准差分别为 0.38、0.47、0.49。再由 EPD 比例公式依次求出三种组合的要求资本分别为 745、1 175、1 276。可以发现,三种组合的要求资本确实比各自组合中独立业务的要求资本之和小。

表 8—2　　　　　　　　　　　两两业务组合的资本要求额

风险分散的影响例子		
混合业务线	混合资本	单独业务资本之和
1&2	745	1 033
1&3	1 175	1 468
2&3	1 276	1 779

下面按照 M-P 方法的第二步,计算第三种业务加入已包含两种业务的公司时,该业务要求的资本。M-P 方法计算的某业务的资本等于包含三种业务的公司的资本总和减去包含两种业务的公司的资本额。例如,包含业务线 1、2 的公司的资本额是 745,而包含所有三种业务线的资本额是 1 427,那么业务线 3 要求的边际资本额等于 682(1 427-745)。业务线 1、2 的要求边际资本的计算类似可得。

三种业务组合的标准差为 0.43,由 EPD 比例公式,可以计算出三种业务组合的总资本要求为 1 427。依次可计算出三种业务的 M-P 边际资本,如表 8—3 所示。

表 8-3　　　　　　　　　　　　组合中各业务的资本要求额

现有业务	增加业务	M-P 边际资本	独立资本
1&2	3	682＝1 427－745	1 107
1&3	2	252＝1 427－1 175	672
2&3	1	151＝1 427－1 276	361
总和		1 085	2 140

$\sigma_1=0.375$，$\sigma_2=0.5$，$\sigma_3=0.625$，$\rho_{12}=0.5$，$\rho_{13}=0.75$，$\rho_{23}=0.5$，$\sigma=0.43$

表 8-3 的结果显示，按照 M-P 方法，保险公司不能将所有的资本完全配置，即各个业务的资本配置额之和小于公司总的要求资本。实际上，公司的三条业务线的边际资本配置总额为 1 085，而公司的总要求资本为 1 427，也就是包含三条业务线组合的公司为满足 EPD 要求的资本配置额为 1 427。为解决这个问题，迈尔斯(Myers)和瑞德(Read)在 2001 年提出了新的边际资本配置方法，即 M-R 方法。

2. M-R 方法

M-R 方法也采用 EPD 方法进行资本配置。与默顿和佩罗德提出的整体增加一种业务的边际方法(即 M-P 方法)不同，迈尔斯(Myers)和瑞德(Read)的方法(即 M-P 方法)在分析每一种业务的微小变化产生的效应，并据此来配置资本。M-R 方法与 M-P 方法的计算结果因此存在很大的差异。M-R 资本配置法的具体运用过程如下：

假设某公司拥有 M 条业务线，那么公司的负债 $L=\sum_{i=1}^{M}L_i$，其中 $L_i=PV(L_i)$，总的盈余(即资本金)等于所有业务线的盈余之和，并且与总负债有如下关系：

$$S=\sum_{i=1}^{M}L_i s_i = Ls$$

其中 s_i 是业务 i 的每单位负债要求的盈余，即 $s_i=\partial S/\partial L_i$，$s=S/L$ 为总盈余与总负债的比例；资产等于负债加盈余，即

$$V=\sum_{i=1}^{M}L_i(1+s_i)=L(1+s)$$

设 x_i 是业务 i 的负债占总负债的比例，即 $x_i=L_i/L$，则 $s=\sum_{i=1}^{M}s_i x_i$。设 $d_i=\partial D/\partial L_i$，表示第 i 种业务对破产卖权 D 的边际贡献，则有 $\sum_{i=1}^{M}L_i d_i=D$。

迈尔斯和瑞德证明了当要求各种业务的 EPD 比例相同(也即各种业务的 EPD 比例等于业务组合的 EPD 比例，即 $d_i=d$)时有如下公式：

$$s_i=s-\left(\frac{\partial d}{\partial s}\right)^{-1}\left(\frac{\partial d}{\partial \sigma}\right)\left(\frac{1}{\sigma}[(\sigma_{iL}-\sigma_L^2)-(\sigma_{iV}-\sigma_{LV})]\right)$$

以上面三种业务线的案例为例，有下述资本配置结果(见表 8-4)。

表8—4　　　　　　　　　　　　　　　　资本配置结果

混合业务线	增加业务线	Merton-Perold边际资本	单独业务资本	Myers-Read边际资本
1&2	3	682	1 107	811
1&3	2	252	672	392
2&3	1	150	361	224
总值		1 084	2 140	1 427
业务线1、2、3混合的资本		1 427		
配置资本总额		1 084		
剩余未配置资本		343		

案例8—1　M-R边际资本配置法的进一步介绍

本案例以迈尔斯和瑞德论文中的案例进一步说明M-R边际资本配置方法：假设某公司有三条业务线，每条业务线的负债为100，总资产V为450，业务线1、2、3的标准差分别为10%、15%、20%，各业务线间的相关系数为0.5，各条业务线与资产间的相关系数为—0.2，资产的标准差为15%，经计算可得业务线1、2、3与总负债L的相关系数分别为0.74、0.81、0.88。

表8—5　　　　　　　　　　　　　各业务方差和相关系数

	负债	占负债的比例	标准差	相关系数 业务线1	业务线2	业务线3
业务线1	100	33%	10%	1	0.5	0.5
业务线2	100	33%	15%	0.5	1	0.5
业务线3	100	33%	20%	0.5	0.5	1
负债	300	100%	12.36%	0.74	0.81	0.88
资产	450	150%	15%	—0.2	—0.2	—0.2
盈余	150	50%				

根据$\sigma_{iL}=\rho_{iL}\sigma_i\sigma_L$，$\sigma_{iV}=\rho_{iV}\sigma_i\sigma_V$可计算出业务线1、2、3与总负债的协方差分别为0.009 2、0.015、0.021 7，与资产间的协方差分别为—0.003 0、—0.004 5、—0.006 0。

根据公式$\sigma_L^2=\sum_{i=1}^{M}\sum_{j=1}^{M}x_ix_j\rho_{ij}\sigma_i\sigma_j$，$\sigma_{LV}=\sum_{i=1}^{M}x_i\rho_{iV}\sigma_i\sigma_V$，可计算出负债的方差$\sigma_L^2$为0.015 3，资产与负债的协方差$\sigma_{LV}$为—0.004 5。资产负债比的标准差为：$\sigma=\sqrt{\sigma_L^2+\sigma_V^2-2\sigma_{LV}}=21.63\%$。

表8—6　　　　　　　　　　各业务线与资产负债协方差

	与负债的协方差	与资产的协方差
业务线1	0.009 2	—0.003 0
业务线2	0.015	—0.004 5
业务线3	0.021 7	—0.006 0
负债	0.015 3	—0.004 5

假定资产负债都满足对数正态分布,根据公式 $D=\left(\frac{\partial D}{\partial L}\right)L+\left(\frac{\partial D}{\partial V}\right)V$,经计算可得 $D=0.934$。因此,总的 EPD 比例为 0.31%。如果要求各条业务线的 EPD 比例都是 0.31%,则由前述资本配置的公式:

$$s_i = s - \left(\frac{\partial d}{\partial s}\right)^{-1}\left(\frac{\partial d}{\partial \sigma}\right)\left(\frac{1}{\sigma}[(\sigma_{iL}-\sigma_L^2)-(\sigma_{iV}-\sigma_{LV})]\right)$$

和

$$\frac{\partial d}{\partial s}=-N\{z-\sigma\}, \frac{\partial d}{\partial \sigma}=N'\{z\}$$

经计算可得,$\frac{\partial d}{\partial s}=-0.0237, \frac{\partial d}{\partial \sigma}=0.0838$,代入上述资本配置公式可得 $s_1=38\%$,$s_2=50\%$,$s_3=63\%$。

作为对照,假设要求所有业务线的盈余负债比例相等,则有如下的各种业务的不同 EPD 比例的公式如下:

$$d_i = d + \left(\frac{\partial d}{\partial s}\right)(s_i-s) + \left(\frac{\partial d}{\partial \sigma}\right)\left(\frac{1}{\sigma}[(\sigma_{iL}-\sigma_L^2)-(\sigma_{iV}-\sigma_{LV})]\right)$$

经计算可得,$d_1=0.02\%$,$d_2=0.3\%$,$d_3=0.62\%$,而相应的 $s_i=s=150/300=0.5$。

迈尔斯和瑞德的论文中列出了以下表格(见表 8—7),其中给出了相关数据。

表 8—7

A:资产和负债组合				相关系数			和负债的协方差	和资产的协方差
		负债中的份额	标准差	业务线 1	业务线 2	业务线 3		
业务线 1	$100	33%	10.00%	1.00	0.50	0.50	0.0092	−0.0030
业务线 2	$100	33%	15.00%	0.50	1.00	0.50	0.0150	−0.0045
业务线 3	$100	33%	20.00%	0.50	0.50	1.00	0.0217	−0.0060
负债	$300	100%	12.36%	0.74	0.81	0.88	0.0153	−0.0045
资产	$450	150%	15.00%	−0.20	−0.20	−0.20		0.0225
盈余	$150	50%						
Log 正态分布情形的结果								
资产负债比的标准差	21.63%							
EPD 比例	0.31%							
Delta	−0.0237							
Vega	0.0838							

B:各条业务线的资本配置				
	EPD 和负债比例		盈余和负债比例	
	Log 正态分布	正态分布	Log 正态分布	正态分布
业务线 1	0.02%	0.18%	38%	41%
业务线 2	0.30%	0.42%	50%	50%
业务线 3	0.62%	0.68%	63%	59%
总负债	0.31%	0.43%	50%	50%

(资料来源:Myers and Read, Capital allocation for insurance companies, *Journal of Risk and Insurance*, 2001.)

案例 8—2　　　　　　　　资本配置实际应用

考虑到 M-R 资本配置方法的优越性，本案例介绍 M-R 方法在我国保险公司资本配置的应用情况。数据来自《上海保险年鉴(2003～2008 年)》中国太平洋财产保险公司上海分公司 2002～2007 年的相关赔款数据(单位：百万元人民币)。

表 8—8 是各年各险种实际赔款及相应的损失期望值、标准差 σ_i、变异系数 CV 及对数值的标准差 σ_i。这里赔款数的单位是百万元人民币。

表 8—8　　　　　　　　2002～2007 年各险种的相关数据

年份	企财险	机车险	货运险	责任险	信用保证险	健康险	意外险	其他险	总损失	资产
2007	141.307	875.246	161.887 1	31.306 34	11.506 5	0.076 506	54.778 45	136.212	1 412.32	1 025.82
2006	165.343	624.528	104.036 6	31.474 47	6.961 8	0	63.615 85	151.37	1 147.33	262.29
2005	101.09	346.467	86.739 84	17.698 33	6.419 4	0	17.518 35	295.436	871.37	182.51
2004	49.376 8	374.43	55.228 18	18.604 85	0.012 22	0	5.362 789	110.835	613.85	169.1
2003	14.544 2	390.774	53.682 4	6.890 613	−0.155	0	0	35.263 2	501	169.16
2002	207.052	595.435	46.003 66	15.222 68	2.996 59	0	0	0	866.71	133
期望值	113.119	534.48	84.596 3	20.199 55	4.623 59	0.012 751	23.545 91	121.519	902.096 7	323.647
标准差	66.169 1	186.888	40.132 99	8.767 183	4.139 52	0.028 512	26.002 72	94.582 5	307.307 7	316.446
CV	0.584 95	0.349 66	0.474 406	0.434 029	0.895 3	2.236 068	1.104 341	0.778 33	0.340 659	0.977 75
σ_i	0.542 48	0.339 63	0.450 545	0.415 442	0.767 24	1.338 566	0.892 924	0.688 2	0.331 353	0.819 09

根据各业务线的实际赔款，可以估计各变量的相关系数，如表 8—9 所示。

表 8—9　　　　　　　　各变量的相关系数

	企财险	机车险	货运险	责任险	信用保证险	健康险	意外险	其他险
企财险	1	0.628 91	0.280 06	0.539 56	0.551 69	0.190 51	0.417 86	−0.062 6
机车险	0.628 9	1	0.766 1	0.725 76	0.763 5	0.815 44	0.694 27	−0.172 6
货运险	0.280 1	0.766 1	1	0.815 97	0.930 22	0.861 27	0.854 54	0.428 48
责任险	0.539 6	0.725 76	0.815 972	1	0.814 54	0.566 56	0.930 9	0.368 73
信用保证险	0.551 7	0.763 5	0.930 223	0.814 54	1	0.743 6	0.824 54	0.486 3
健康险	0.190 5	0.815 44	0.861 274	0.566 56	0.743 6	1	0.537 16	0.069 47
意外险	0.417 9	0.694 27	0.854 543	0.930 9	0.824 54	0.537 16	1	0.385 81
其他险	−0.063	−0.172 6	0.428 478	0.368 73	0.486 3	0.069 47	0.385 81	1

由于数据不够，为了计算负债的标准差，可以假设负债的标准差与实际赔款的标准差相同，另外还必须知道各业务线负债比例 x_i，同样假设与各业务线的赔款占总赔款的比例相同，由其各年实际数据的平均值求出相应的数值(见表 8—10)。

表 8-10

	企财险	机车险	货运险	责任险	信用保证险	健康险	意外险	其他险
2007	0.100 05	0.619 72	0.114 625	0.022 167	0.008 15	5.42E−05	0.038 786	0.096 45
2006	0.144 11	0.544 33	0.090 677	0.027 433	0.006 07	0	0.055 447	0.131 93
2005	0.116 01	0.397 61	0.099 544	0.020 311	0.007 37	0	0.020 104	0.339 05
2004	0.080 44	0.609 97	0.089 97	0.030 308	2E−05	0	0.008 736	0.180 56
2003	0.029 03	0.779 99	0.107 151	0.013 754	−0.000 3	0	0	0.070 39
2002	0.238 89	0.687 01	0.053 078	0.017 564	0.003 46	0	0	0
x_i	0.118 09	0.606 44	0.092 508	0.021 923	0.004 13	9.03E−06	0.020 512	0.136 39
σ_i	0.064 06	0.205 96	0.041 679	0.009 108	0.003 16	1.21E−05	0.018 316	0.093 87

根据公式:

$$\sigma_L^2 = \sum_{i=1}^{M}\sum_{j=1}^{M} x_i x_j \rho_{ij} \sigma_i \sigma_j, \sigma_{LV} = \sum_{i=1}^{M} x_i \rho_{iV} \sigma_i \sigma_V$$

可求出

$$\sigma_L^2 = 0.100\ 34, \sigma_L = 0.316\ 76, \sigma_{LV} = 0.208\ 093, \sigma = \sqrt{\sigma_L^2 + \sigma_V^2 - 2\sigma_{LV}} = 0.595\ 86$$

根据公式:

$$\sigma_{iL} = \rho_{iL}\sigma_i\sigma_L, \sigma_{iV} = \rho_{iV}\sigma_i\sigma_V$$

经计算,得到的数据如表 8-11 所示。

表 8-11

	企财险	机车险	货运险	责任险	信用保证险	农业险	健康险	意外险	其他险
σ_{iL}	0.115 7	0.094 7	0.127 997	0.117 898	0.233 51	0.314 828	0.244 621	0.064 31	0.100 275
σ_{iV}	0.090 04	0.231 75	0.336 338	0.218 966	0.495 51	1.087 999	0.463 079	0.069 32	0.208 093

假设 2008 年资产负债的增长率与 2007 年相同,估算 2008 年的资产负债作为需要进行资本配置的公司的资产和负债,由已知数据可得出:

资产的均值 $V = 1\ 025.82 \times 1\ 025.82 / 262.29 = 4\ 012$

负债的均值 $L = 872.15 \times 872.15 / 262.19 = 2\ 900.018$

盈余比例 $s = L/V = 0.383\ 439$

假设各业务的负债比例与赔款的比例相同,则可以根据这个比例估算出各个业务的负债值(见表 8-12。)

表 8-12　　　　　　　　各业务的负债值

企财险	机车险	货运险	责任险	信用保证险	农业险	健康险	意外险	其他险	负债	资产
342.463	1 758.68	268.273 6	63.576 25	11.962 6	0.026 183	59.485 99	395.548	2 900.018	4 012	342.463

$$z = \frac{-\ln(1+s)}{\sigma} + \frac{1}{2}\sigma = -0.246\ 78$$

根据公式:

$$\frac{\partial d}{\partial s} = -N\{z-\sigma\}, \frac{\partial d}{\partial \sigma} = N'\{z\}$$

经计算可得：

$$\frac{\partial d}{\partial s}=-0.199\,71, \frac{\partial d}{\partial \sigma}=0.386\,978$$

$$d=f(s,\sigma)=N\{z\}-(1+s)N(z-\sigma)=0.126\,25$$

假设所有业务的违约价值相等，即：

$$d_i \equiv \frac{\partial D}{\partial L_i}=d$$

根据公式：

$$s_i=s-\left(\frac{\partial d}{\partial s}\right)^{-1}\left(\frac{\partial d}{\partial \sigma}\right)\left(\frac{1}{\sigma}[(\sigma_{iL}-\sigma_L^2)-(\sigma_{iV}-\sigma_{LV})]\right)$$

可以计算 s_i，以及每一条业务线的资本额，如表 8—13 所示。

表 8—13　　　　　　　　　　　　　s_i 和每条业务线的资本额

	企财险	机车险	货运险	责任险	信用保证险	健康险	意外险	其他险
s_i	0.817 28	0.288 21	0.056 348	0.405 188	−0.118 2	−1.780 39	0.023 451	0.717 57
d_i	0.126 25	0.126 25	0.126 247	0.126 247	0.126 25	0.126 247	0.126 247	0.126 25
s_i+d_i	0.943 53	0.414 45	0.182 595	0.531 434	0.008 09	−1.654 15	0.149 698	0.843 82
$(s_i+d_i)L_i$	323.124	728.89	48.985 36	33.786 6	0.096 81	−0.043 31	8.904 929	333.77

（资料来源：丁小红，上海财经大学硕士论文，2009年。）

以上介绍的保险公司的资本配置方法，其意义主要还是在理论方面，至于如何应用于保险公司的实际全面风险管理（ERM），则还需要制定具体方案，并针对公司特点制定相应的内部风险管理方法。下面以一家巨灾再保险公司为例考虑如何具体进行保险公司的内部风险管理。实际上，这个案例是由一家专业精算咨询公司为这家巨灾再保险公司提出的全面风险管理方案。

案例 8—3　　巨灾保险公司内部风险管理方案

某公司是1993年在百慕大注册的一家专业从事巨灾再保险业务的公司，主要业务包括地震和飓风保险。为了建立相应的全面风险管理制度，该公司和韬睿咨询公司（Tillinghast—Towers Perrin）合作，围绕公司的盈利目标，建立了在企业管理的各个环节和经营过程中执行风险管理的流程，并注重培育良好的风险管理文化，建立健全了包括风险管理策略、风险理财措施、风险管理的组织职能体系、风险管理信息系统和内部控制系统的全面风险管理体系，从而为实现风险管理的总体目标提供了合理保证。

保险公司在全面风险管理框架下的治理结构一般包括以下四部分内容：

(1)建立企业风险文化，在公司治理中强化风险管理的内容。

①董事会注意考察并加强企业的风险意识；

②通过适当的薪酬计划，对建立风险文化提供激励机制；

③建立理想的风险管理组织结构。

(2)确定企业风险容忍原则。

①应用适当的企业风险度量；

②确定企业可以接受的风险标准。

(3)在风险容忍原则下批准企业未来发展战略。
①评估未来发展战略对企业整体风险的影响;
②确定风险的融资策略。
(4)控制资本配置的合适度。
①建立适当的内部控制系统,并对内控系统持续进行监控和测试;
②积极进行风险组合管理,在风险融资和风险转移之间建立适当的平衡。
在此整体治理结构指导下,上述公司的全面风险管理流程如图8—1所示。

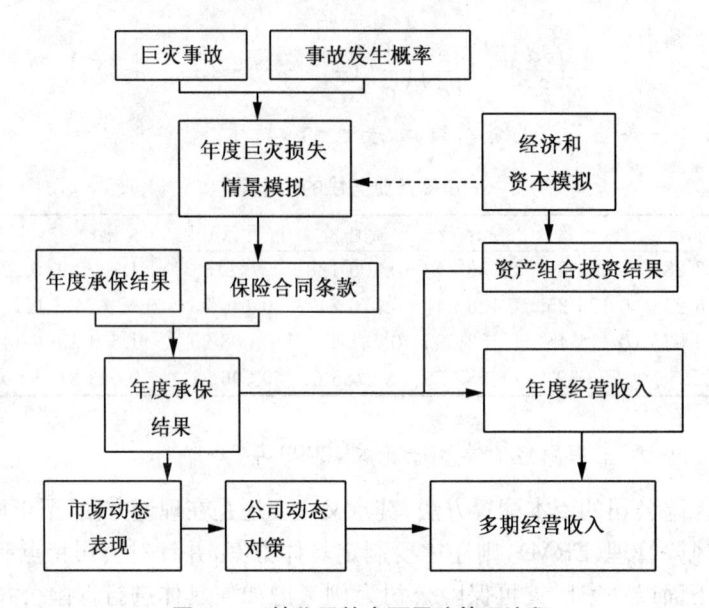

图8—1 某公司的全面风险管理流程

可以发现,建立在全面风险管理框架上的该公司的内部风险管理方案是风险导向型的,同时也是利润导向型的。这个方案综合考虑了保险公司具有比较优势的、能给公司带来超额利润的各种风险(也即核心风险,其中既包括承保风险,也包括投资风险)。同时公司也注意到了巨灾保险承包周期的特点,因此在动态框架下考虑了其内部风险管理方案。在确定风险度量时,方案采用了包括标准差、VaR、EPD和评级下降等多项指标,并将公司风险管理的特点整合进了方案的具体实施过程中。下面的图8—2给出了模拟得到的风险—收益图。

图8—2和经典的马科维茨资产组合理论中的$\bar{r}-\sigma$图很相像,但这里必须注意前文一直强调的公司风险管理原因与个人风险管理原因的区别。图8—2中横轴的风险也因而特别强调选择VaR和EPD这样的公司风险度量。另外需要注意的是,在前面的资本配置理论中实际上假定了风险是满足正态分布的,因此可以较为容易地计算出相应的VaR和EPD。但在实际应用中,如果考虑风险的厚尾现象以及风险之间的非线性关系,可以采用上一章介绍的历史模拟法或蒙特卡罗模拟法等确定VaR和EPD等风险度量。实际上本案例采用的就是历史模拟法,需要进一步了解的读者可以参考原始文献。

保险企业的价值评估在实务中通常有一些不同于一般企业价值评估的特别方法。以寿险公司为例,寿险公司的评估价值一般可以分解为内含价值(embedded value)和未来新业务价值(new business value)。但必须注意,这种价值评估方法还是基于完美市场的框架,因此风险管理对公司价值的贡献还没能很好地表现出来。风险管理在公司价值提升中的作用应该基于前面提到的经济增加值(Economic Value-Added，EVA)或单位资本的经济增加值(Economic Value Added On Capital，EVAOC)等概念进行考虑。表现在实务中，可以参照本案例公司采用的全面风险管理的一些具体方法。

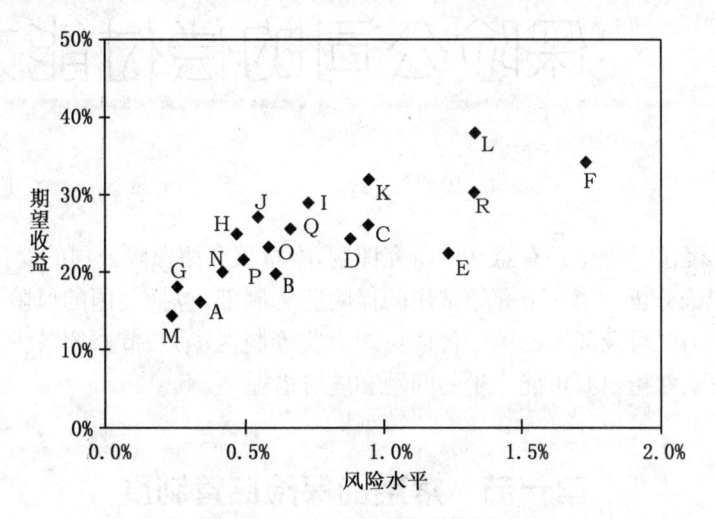

图 8—2　某公司的风险—收益模拟图

(资料来源：Lowe et al,"An Integrated Dynamic Financial Analysis and Decision Support System for a Property Cat Reinsurer",ASTIN,1997.)

复习思考题

1. 简述传统资产负债管理方法与全面风险管理(ERM)有何不同。
2. 翻译阅读材料 8—1。
3. 保险公司主要有哪些资产配置方法？
4. 何为 M-P 方法和 M-R 方法？
5. 阅读案例 8—1 并复述案例 8—2 的分析过程。
6. 阅读案例 8—3 并对应分析寿险公司的全面风险管理框架。

第九章
保险公司的偿付能力监管

保险监管的经济学理论是有意义的研究课题,本章仅介绍保险公司的偿付能力监管实务,不涉及经济学理论分析。第一节介绍常用的保险监管制度,包括美国的风险资本制度和欧盟委员会的偿付能力二号及我国的第二代偿付能力监管制度;第二节介绍各种监管制度下的最低资本的确定方法并指出其可能产生的问题和应对措施。

第一节 常用的保险监管制度

一、风险资本制度

美国的保险监管机构于 1994 年引进了风险基础资本(Risk Based Capital,RBC 通常简称风险资本)制度。该制度是基于法律的,也即对保险公司的监管要求从法律上给出了明确规定。保险公司持有的资本金必须至少达到其风险资本要求。如果资本低于风险资本,那么监管机构就会干预。美国的保险监管机构设计了一套公式来计算保险公司的风险资本,并于1993 年和 1994 年在寿险公司和财产责任险公司分别实施。风险资本的比例是指公司的实际资本与最低风险资本的比值,一般风险越大的公司要求的最低资本也越多。

风险资本制度主要是根据保险公司资产、负债的规模和类型的变化,确定保险公司的资本,使其与承担的风险相匹配,以保证保险公司的偿付能力。具体的操作方法如下:

(1)为保险公司各个项目设计不同的风险系数作为权数,然后再将各个项目按权重相加,即得出最低风险资本。

(2)以保险公司的实际资本与最低风险资本的比率为指标,通过指标值的大小变化衡量有关资本相对于风险的充分程度以及监管机构应采取的监管行动。风险基础资本法通过考虑各公司的具体风险构成,针对风险状况决定最低风险资本的大小,是一种相对更为合理的偿付能力评估和监管方法。

美国保险监督官协会(NAIC)规定,风险资本制度包括两部分内容:一是分别适用于财产保险、人寿保险和健康保险的三套计算风险资本需求的公式,二是授权各州保险监督官在保险公司风险资本配置低于特定水平时采取干预行动的法律。

风险资本制度应用于寿险健康险公司和财险责任险公司,不同的公式反映了在经济环境中上述不同类型公司面临的不同情况。风险资本制度考虑的主要风险类别包括子公司的投资风险及表外资产风险、投资资产风险、承保风险、经营风险、利率风险、信用风险、损失准备金风险、保费增长风险等。

风险资本制度的基本思路是:第一,根据不同类别保险公司所处的经济和市场环境及其业务性质,识别出三类保险公司面临的主要风险;第二,对各类风险进行量化,具体做法是分别赋予一定的权重;第三,在考虑不同风险之间相关性的基础上,对保险公司的整体风险水平提出资本要求;第四,监管机构可以根据自动获得的授权,对资本配置不达标的保险公司进行干预。根据保险公司经调整的实际资本与风险资本的比值(即RBC比率)高低,风险资本制度规定了监管机构可以采取的四类行动,详见表9—1。

表 9—1　　　　　　　　　　　　　美国的保险监管干预种类

层次	监管干预	RBC 比率(%)
层次 1	公司行动	150≤RBC 比率≤200
层次 2	监管行动	100≤RBC 比率<150
层次 3	授权控制	70≤RBC 比率<100
层次 4	强制控制	RBC 比率<70

寿险风险资本公式的组成部分包括 C-0 关联企业资产风险(asset risk affiliate)、C-1 其他资产风险(asset risk other)、C-2 保险风险(insurance risk)、C-3a 利率风险(interest rate risk)、C-3b 信用风险(health provider credit risk)、C-4a 商业风险及保证基金评估风险(business risk, guaranty fund assessment risk)、C-4b 商业风险及健康管理费用风险(business risk, health administration expense risk)。

财险责任险和健康险公式对这些组成部分采用略微不同的形式以反映不同的保险类型关联着不同的风险,这些在本节后面将做详细分析。

为了反映不同种类风险的相关性,风险资本制度利用协方差计算确定合适的风险资本。监管强度的大小是依据协方差之后的风险资本大小决定的。这样的调整是为了反映几种独立的不相关项目的累计风险(cumulative risk)小于个别风险总和。所有的公式都保留了保险公司关联权益投资风险和表外项目风险,这些风险没有经过协方差调整。协方差调整首先把认为有相关性的项目加总,这样剩下的就是没有相关性的风险项目的集合。然后把这些划分好的集合平方再相加,最后对所得的结果取平方根。协方差调整在很大程度上降低了较小项目的重要性和较大项目的支配作用,还减少了风险资本的总和,因为在资产价值减少、负债价值增加的同时盈余减少的风险很小。在协方差调整中,组成风险资本的风险类别越多,它能带来的折扣就越多。如同经验所知,组成部分越多,协方差调整带来的好处也越多。因此,即使公式中对相同的资产和负债类别使用相同的风险因子,协方差调整的结果也会因为不同的保险类别产生不同的风险资本要求。

美国保险监督官协会希望通过风险资本制度的实施,把保险公司的资本要求与其实际风险水平更紧密地联系起来,并由此应对日益增加的保险公司经营失败的风险。此外,该协会也希望通过风险资本制度统一全美各州对保险公司资本的监管要求,从而促进各保险公司的公平竞争。美国的风险资本制度实施至今,取得了一定的成效,它促使保险公司致力于提高自身风险管理水平和资本配置水平,从而有效地降低了保险公司的经营风险。

二、全面风险管理框架下的监管制度

如上所述,风险资本制度是基于法律的,因此并不符合全面风险管理(ERM)的基本思想。为此,欧盟委员会在偿付能力一号(Solvency Ⅰ)监管框架颁布之初,就启动了偿付能力二号(Solvency Ⅱ)项目,希望在保险公司全面风险管理理念上建立一个新型的偿付能力监管框架。我国第二代偿付能力监管制度体系(以下简称偿二代)借鉴了 Solvency Ⅱ 的偿付能力监管理念。两者都是建立在全面风险管理的框架上,并以风险为导向的监管制度,并都具备以下基本特点:

(1)都是基于监管理念而非基于法律的;
(2)偿付能力的计算以公允价值为基准;
(3)鼓励保险公司利用内部模型度量和管理风险;
(4)注重与其他金融系统之间的一致性;
(5)与国际审慎监管标准的主流相一致;
(6)基于三支柱方法,包括量化要求、监管审查过程和市场规范等。

欧盟的 Solvency Ⅱ 和我国的偿二代都是以三支柱结构为基础,该结构的组织框架如下:

1. 第一支柱定量资本要求

第一支柱定量资本要求主要防范能够量化的风险,通过科学地识别和量化各类风险,要求保险公司具备与其风险相适应的资本。

在第一支柱中,能够量化的风险应具备三个特征:第一,这些风险应当是保险公司经营中长期稳定存在的;第二,通过现有的技术手段,可以定量识别这些风险的大小;第三,这些风险的计量方法和结果是可靠的。

2. 第二支柱定性监管要求

第二支柱定性监管要求是在第一支柱的基础上,进一步防范难以量化的风险。对于不易量化的操作风险、战略风险、声誉风险等,将通过第二支柱进行定性监管。

第二支柱共包括四部分内容:(1)风险综合评级;(2)保险公司风险管理要求与评估,即监管部门对保险公司的风险管理提出具体监管要求,如治理结构、内部控制、管理架构和流程等,并对保险公司风险管理能力和风险状况进行评估;(3)监管检查和分析;(4)监管措施。

3. 第三支柱市场约束机制

第三支柱市场约束机制,是引导、促进和发挥市场相关利益者的力量,通过对外信息披露等手段,借助市场的约束力,加强对保险公司偿付能力的监管,进一步防范风险。

第三支柱主要包括两项内容:一是通过对外信息披露手段,二是监管部门通过多种手段,完善市场约束机制,优化市场环境。

与企业内部风险管理不同,保险公司监管的相关利益者除了公司股东外,主要包括保险公司投保人和监管机构,相应的风险管理框架也因此有不同的考虑。

阅读材料 9—1 介绍了中国第二代偿付能力监管制度体系整体框架的概况。

阅读材料 9—1
中国第二代偿付能力监管制度体系整体框架

为进一步完善偿付能力监管,加强制度建设的顶层设计,建立科学有效的第二代偿付能力监管制度体系,制定本整体框架。

一、体系名称

中国第二代偿付能力监管制度体系的中文名称为"中国风险导向的偿付能力体系"(简称"偿二代"),英文名称为 China Risk Oriented Solvency System(简称 C-ROSS)。

二、总体目标(略)

三、整体框架构成

偿二代的整体框架由制度特征、监管基础和监管要素三大部分构成。

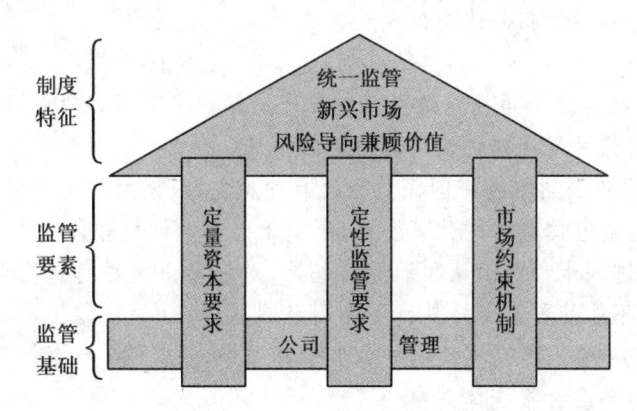

```
制度特征:  统一监管
          新兴市场
          风险导向兼顾价值

监管要素:  定量资本要求 | 定性监管要求 | 市场约束机制

监管基础:           公司管理
```

(一)制度特征

偿二代的制度特征是基于我国保险市场环境和发展阶段特征的一种现实选择,是开展偿付能力监管各项工作的出发点,体现在偿二代体系的具体原则、方法和标准之中。

1. 统一监管
2. 新兴市场
3. 风险导向兼顾价值

(二)监管基础

保险公司内部偿付能力管理是企业内部的管理行为,在偿付能力监管中具有十分重要的作用,主要体现在两个方面:

第一,内部偿付能力管理是外部偿付能力监管的前提、基础和落脚点。特定阶段外部偿付能力监管必须与当时的行业内部偿付能力管理水平相适应。两者既相互依存,又相互制约、相互促进。好的偿付能力监管体系,能够激励保险公司不断提升其内部偿付能力管理水平。

第二,内部偿付能力管理是保险公司的"免疫系统"和"反应系统"。科学有效的内部偿付能力管理制度和机制,可以主动识别和防范各类风险,对各类风险变化做出及时反应。

(三)监管要素

监管要素是偿付能力监管的三支柱,是偿付能力监管的重要组成部分。三支柱分别从定量资本要求、定性监管要求和市场约束机制三个方面对保险公司的偿付能力进行监督和管理,主要规范偿付能力监管的内容、原则、方法和标准。

四、技术原则

(一)偿付能力充足指标

评价保险公司偿付能力状况的指标有三个:核心偿付能力充足率、综合偿付能力充足率和风险综合评级。

1. 核心偿付能力充足率,是指核心资本与最低资本的比率,反映保险公司核心资本的充足状况。

2.综合偿付能力充足率,是指核心资本和附属资本之和与最低资本的比率,反映保险公司总体资本的充足状况。

3.风险综合评级,综合第一支柱对能够量化的风险的定量评价,以及第二支柱对难以量化风险的定性评价,对保险公司总体的偿付能力风险水平进行全面评价所得到的评级,评级结果反映了保险公司综合的偿付能力风险。

核心偿付能力充足率、综合偿付能力充足率反映公司量化风险的资本充足状况,而风险综合评级反映公司与偿付能力相关的全部风险的状况。

(二)实际资本

1.实际资本,是指保险公司在持续经营或破产清算状况下可以吸收损失的经济资源。实际资本等于保险公司认可资产减去认可负债后的余额。

2.认可资产是保险公司依据中国保监会的有关规定,以偿付能力监管为目的所确认和计量的资产。偿付能力监管体系中的认可资产,不同于财务会计报告体系中的资产,需要根据偿付能力监管的目的,进一步考虑确认和计量的差异,对资产金额进行适当调整。例如,有迹象表明,保险公司到期不能处置或者对其处置受到限制的资产(如被依法冻结的资产、由于战乱等原因无法处置的境外资产等),在偿付能力监管体系中,不能确认为认可资产,或者其确认和计量的原则不同于财务会计报告体系中的资产。

3.认可负债是保险公司依据中国保监会的有关规定,以偿付能力监管为目的所确认和计量的负债。偿付能力监管体系中的认可负债,不同于财务会计报告体系中的负债,需要根据偿付能力监管的目的,进一步考虑确认和计量的差异,对负债金额进行适当调整。例如,保险公司的资本性负债,在偿付能力监管体系中,其确认和计量的原则可能会不同于财务会计报告体系中的负债。

4.实际资本应符合以下特性:(1)存在性,即保险公司的资本应当是实缴或承诺的资本;(2)永续性,即保险公司的资本应当没有到期日或具有一定期限;(3)次级性,即保险公司资本的清偿顺序应当在保单负债和一般债务之后;(4)本息约束,即保险公司资本的本金和股息的偿付应当具备一定的约束条件。

5.根据损失吸收能力的大小,实际资本分为核心资本和附属资本。核心资本和附属资本应该保持合理的数量关系,确保资本质量。

(三)最低资本

最低资本是指保险公司为了应对市场风险、信用风险、保险风险等各类风险对偿付能力的不利影响,依据监管机构的规定而应当具有的资本数额。

确定最低资本时,必须处理好风险防范与价值增长的关系,建立恰当的最低资本标准,既能有效防范风险,又能避免资本冗余。偿二代的最低资本应当是集中反映不同利益诉求、兼顾各方利益的均衡、公允的资本。

(四)风险分类

1.保险公司的风险分为两大类:能够量化的风险和难以量化的风险。能够量化的风险包括市场风险、信用风险和保险风险,在第一支柱反映;难以量化的风险包括操作风险、战略风险、声誉风险和流动性风险等,在第二支柱反映。

2.各类风险的定义如下:

(1)市场风险,是指由于利率、汇率、权益价格和商品价格等的不利变动而遭受非预期损失的风险。

(2)信用风险,是指由于交易对手不能履行或不能按时履行其合同义务,或者信用状况的不利变动而导致的风险。

(3)保险风险,是指由于死亡率、疾病率、赔付率、退保率等假设的实际经验与预期发生不利偏离而造成损失的风险。

(4)操作风险,是指由于不完善的内部操作流程、人员、系统或外部事件而导致直接或间接损失的风险,包括法律及监管合规风险(但不包括战略风险和声誉风险)。

(5)战略风险,是指由于战略制定和实施的流程无效或经营环境的变化,而导致战略与市场环境和公司能力不匹配的风险。

(6)声誉风险,是指保险公司的经营管理或外部事件等原因导致利益相关方对保险公司负面评价从而造成损失的风险。

(7)流动性风险,是指保险公司无法及时获得充足资金或无法以合理成本及时获得充足资金以支付到期债务的风险。

3. 保险公司表外业务的风险需要特别关注。表外业务主要包括不在资产负债表内反映的承诺、担保、衍生工具等,这类业务面临的风险主要是市场风险(如汇率风险、利率风险等)、信用风险、流动性风险等。表外业务不在保险公司的资产负债表内反映,因此其风险容易被忽视。目前,保险公司的表外业务规模逐步扩大,对保险公司的偿付能力将产生重要影响,在偿付能力监管体系中需要特别关注。

(五)第一支柱资产和负债的评估原则

(六)第一支柱量化资本要求的基本原则

(七)第一支柱量化资本要求的计量方法

(八)第二支柱流动性监管

(九)第二支柱风险综合评级

(十)第二支柱保险公司风险管理要求与评估

(十一)第三支柱公开信息披露

(资料来源:保监会,《中国第二代偿付能力监管制度体系整体框架》,有删节。)

第二节 最低资本的确定方法

综合比较上述国际上两种主要的偿付能力监管制度,即美国的风险资本制度与欧盟基于全面风险管理的偿付能力二号(Solvency Ⅱ)或我国的偿二代的主要区别是:(1)后两者是以原则为基础的,前者是以法律为基础的。(2)后两者依赖市场一致性原则来度量资产和负债,而前者则以美国的法定会计准则为基础,不反映资产和负债的公允价值。(3)风险资本制度没有注意资产负债的匹配问题,也没有明确规定最大的违约概率水平,资本要求的计算纯粹基于风险因素法,而没有采用内部模型和压力测试等情景假设分析,也没有相应的三支柱的监管框架。而偿付能力二号(Solvency Ⅱ)与偿二代则对这些问题都有所考虑。

为进一步比较这两种监管制度,下面分别介绍风险资本制度的最低风险资本确定方法和基于第一支柱的偿二代最低资本的确定方法。

一、风险资本制度的最低风险资本确定方法

(一)寿险公司的风险资本计算

人寿与健康保险公司的风险资本公式包括四类主要风险,即资产风险、保险风险、利率风险和其他风险,分别记作 C1、C2、C3、C4。

上述各项风险所需资本的计算公式为:

$$资产风险资本\ C1 = \sum (资产项目的资产市值 \times 该项目的风险因子)$$

$$保险风险资本\ C2 = \sum \left(\begin{array}{c}健康险\\项目的保费\end{array} \times \begin{array}{c}该项目的\\风险因子\end{array}\right) + \sum \left(\begin{array}{c}寿险项目的\\风险净额\end{array} \times \begin{array}{c}该项目的\\风险因子\end{array}\right)$$

$$利率风险资本\ C3 = \sum (负债项目的准备金 \times 该项目的风险因子)$$

由于其他风险 C4 比较难以进行定量分析,精算师一般根据经验在定性分析的基础上确定风险资本。

风险资本总额并不是将上述四项风险资本简单相加。这是因为上述风险并不是相互独立的,其中资产风险与利率风险即资产负债匹配风险具有较强的相关性。在考虑协方差因素后,总的风险资本计算公式如下:

$$风险资本总额 = \sqrt{(C1+C3)^2+(C2)^2}+C4$$

(二)财产与责任保险公司的风险资本

计算财产与责任保险公司的风险资本时需考虑资产风险、信用风险、承保风险和资产负债表表外风险这四类风险。风险资本公式按以下各项列示:

R0(资产风险):关联公司的担保与或有债务(根据关联公司的风险资本确定);

R1(资产风险):固定收益债券和短期投资(通过乘以规定的风险因子计算);

R2(资产风险):证券、不动产与参股(通过乘以规定的风险因子计算);

R3(信用风险):分保部分的风险资本的 50% 和其他应收款项(通过应收款项乘以规定的风险因子计算);

R4:赔款准备金风险(通过准备金乘以规定的风险因子计算);

R5:承保风险(根据公司的平均赔付率和市场赔付率确定)。

资产负债表外的风险被分为不同的类型。非受控资产、关联公司的担保和或有债务都包括在 R0 中。因公司增长过快而带来的风险分别包括在 R4(赔款准备金风险)及 R5(承保风险)中。风险资本总额根据下式确定:

$$风险资本总额 = R_0 + \sqrt{R1^2+R2^2+R3^3+R4^2+R5^2}$$

在财产与责任保险公司的风险资本公式中,不同的因子被应用于准备金和每个险种的净保费中,以确定承保风险的风险资本定额。

由于监管资本涵盖了保险公司的各种风险并考虑了相互之间的相关性,风险资本制度比原来各国保险监管制度仿照银行监管的旧巴塞尔资本协定(Basel I)采用的固定比例方法更为科学合理,因此受到许多国家和地区保险监管机构的广泛重视。譬如,我国台湾地区就采用了类似美国的风险资本制度。在实践中,有些保险公司的内部风险管理也利用了监管性风险资本公式来配置公司资本。但是风险资本制度也存在一些问题,简述如下:

(1)风险资本的计算公式实际上采用的是 VaR 中的方差—协方差方法,这并不能真正描述风险之间的相关性的情况。

(2)风险资本的计算是基于法定会计价值而不是市场价值和公允价值。

(3)风险资本制度对非定量的风险没有明确的说明,也没有强调市场约束机制的作用。

(4)风险资本制度也没有强调保险公司内部风险管理的重要性,因此还是基于法律而不是风险导向的,因此与全面风险管理的框架并非是一致的。

二、偿二代的最低资本确定方法

下面以我国的偿二代中最低资本要求为例,具体介绍基于全面风险管理的保险监管规则,并分析其优点和不足。为此首先介绍欧盟的偿付能力一号(Solvency Ⅰ)和我国的偿一代(第一代偿付能力监管制度)中的最低资本要求确定方法。

偿付能力一号和偿一代都要求保险公司至少持有法定偿付能力额度的资本,这种法定偿付能力额度的计算基本上属于一种固定比例法。譬如偿一代中的法定偿付能力额度的计算方法如下:

1. 财产保险公司应具备的最低资本为非寿险保障型业务最低资本和非寿险投资型业务最低资本之和。

(1)非寿险保障型业务最低资本为下述两项中数额较大的一项:

①最近会计年度公司自留保费减营业税及附加后 1 亿元人民币以下部分的 18% 和 1 亿元人民币以上部分的 16%;

②公司最近 3 年平均综合赔款金额 7 000 万元以下部分的 26% 和 7 000 万元以上部分的 23%。

综合赔款金额为赔款支出、未决赔款准备金提转差、分保赔款支出之和减去摊回分保赔款和追偿款收入。

经营不满三个完整会计年度的保险公司,采用第①项规定的标准。

(2)非寿险投资型业务最低资本为其风险保费部分最低资本和投资金部分最低资本之和。其中,非寿险投资型业务风险保费部分最低资本的计算适用非寿险保障型业务最低资本评估标准,非寿险投资型业务投资金部分最低资本为下述两项之和:

①预定收益型非寿险投资型产品投资金部分期末责任准备金的 4%;

②非预定收益型非寿险投资型产品投资金部分期末责任准备金的 1%。

2. 人寿保险公司最低资本为长期人身险业务最低资本和短期人身险业务最低资本之和。长期人身险业务是指保险期间超过 1 年的人身保险业务;短期人身险业务是指保险期间为 1 年或 1 年以内的人身保险业务。

(1)长期人身险业务最低资本为下述两项之和:

①投资连结保险产品期末责任准备金的 1% 和其他寿险产品期末责任准备金的 4%。投资连结保险产品的责任准备金,是指根据中国保监会规定确定的投资连结保险产品的单位准备金;其他寿险产品的责任准备金,是指根据中国保监会规定确定的分保后的法定最低责任准备金,包括投资连结保险产品的非单位准备金。

②保险期间小于 3 年的定期死亡保险风险保额的 0.1%,保险期间为 3~5 年的定期死亡保险风险保额的 0.15%,保险期间超过 5 年的定期死亡保险和其他险种风险保额的 0.3%。

在统计中未对定期死亡保险区分保险期间的,统一按风险保额的 0.3% 计算。风险保额为有效保额减去期末责任准备金,其中有效保额是指若发生了保险合同中最大给付额的保险事故,保险公司需支付的最高金额;期末责任准备金为中国保监会规定的法定最低责任准备金。

(2)短期人身险业务最低资本的计算适用非寿险保障型业务最低资本评估标准。

3. 再保险公司最低资本等于其财产保险业务和人身保险业务分别按照上述标准计算的最低资本之和。

显然偿付能力一号和偿一代对最低资本的要求是比较简单的,没有对不同风险的性质作明确的区分,也没有考虑投资、信用和操作等其他风险。风险因子的确定也没有令人信服的依据,主要是历史约定形成的。为此,偿付能力二号和2015年保监会公布的偿二代从全面风险管理的视角对最低资本的要求给出了更为合理的说明。下面的阅读材料是偿二代对最低资本要求的规定。

阅读材料 9—2

保险公司偿付能力监管规则第2号:最低资本

第一章 总则

第一条 为规范保险公司最低资本的构成、计量原则和计量方法,制定本规则。

第二条 本规则所称保险公司,是指经中国保险监督管理委员会(以下简称保监会)批准,依法设立的保险公司和外国保险公司分公司。

第三条 最低资本是指基于审慎监管目的,为使保险公司具有适当的财务资源,以应对各类可量化为资本要求的风险对偿付能力的不利影响,保监会要求保险公司应当具有的资本数额。

第四条 保险公司偿付能力风险由固有风险和控制风险组成。

固有风险是指在现有的正常的保险行业物质技术条件和生产组织方式下,保险公司在经营和管理活动中必然存在的客观的偿付能力相关风险。固有风险由可量化为最低资本的风险(简称量化风险)和难以量化为最低资本的风险(简称难以量化风险)组成。量化风险包括保险风险、市场风险和信用风险,难以量化风险包括操作风险、战略风险、声誉风险和流动性风险。控制风险是指因保险公司内部管理和控制不完善或无效,导致固有风险未被及时识别和控制的偿付能力相关风险。

第五条 保险公司最低资本由三部分组成:

(一)量化风险最低资本,即保险风险、市场风险、信用风险对应的最低资本;

(二)控制风险最低资本,即控制风险对应的最低资本;

(三)附加资本,包括逆周期附加资本、国内系统重要性保险机构的附加资本、全球系统重要性保险机构的附加资本以及其他附加资本。

第二章 计量原则

第六条 最低资本的计量应以风险为基础,涵盖保险公司面临的所有可量化为资本要求的固有风险、控制风险和系统风险。

第七条 最低资本的计量应采用相关系数矩阵法,反映各类风险之间的分散效应。

第八条 最低资本计量采用行业统一的方法、模型和参数,保监会另有规定的除外。

第九条 保险风险、市场风险和信用风险等量化风险的最低资本计量采用在险价值(value at risk)法,保监会另有规定的除外。

第十条 控制风险的最低资本计量采用监管评价法。

第十一条 保险风险、市场风险和信用风险的风险暴露不包括非认可资产和非认可负债,保监会另有规定的除外。

第十二条 独立账户资产和独立账户负债不计提根据保险合同由保单持有人自行承担的

市场风险、信用风险所对应的最低资本,保监会另有规定的除外。

第十三条 保险公司通过特定安排导致其保险风险、市场风险和信用风险的风险暴露和风险特征与正常情况相比发生重大变动的,保监会可以调整其最低资本要求,具体标准另行规定。

第三章 计量方法

第十四条 保险公司应当按照偿付能力监管规则有关规定计量保险风险、市场风险和信用风险等量化风险的最低资本,并考虑风险分散效应和特定类别保险合同的损失吸收效应,计算公式如下:

$$MC^* = \sqrt{MC_{向量} \times M_{相关系数} \times MC_{向量}^T} - LA$$

其中:MC^* 表示量化风险整体的最低资本;

$MC_{向量}$ 表示保险风险、市场风险和信用风险的最低资本行向量;

$M_{相关系数}$ 表示相关系数矩阵;

LA 表示特定类别保险合同的损失吸收效应调整。

第十五条 保险公司 $MC_{向量}$ 由($MC_{寿险保险}$,$MC_{非寿险保险}$,$MC_{市场}$,$MC_{信用}$)组成,其中:

$MC_{寿险保险}$ 为寿险业务保险风险最低资本;

$MC_{非寿险保险}$ 为非寿险业务保险风险最低资本;

$MC_{市场}$ 为市场风险最低资本;

$MC_{信用}$ 为信用风险最低资本。

$M_{相关系数}$ 如下表所示:

相关系数	$MC_{寿险保险}$	$MC_{非寿险保险}$	$MC_{市场}$	$MC_{信用}$
$MC_{寿险保险}$	1	0.18	0.5	0.15
$MC_{非寿险保险}$	0.18	1	0.37	0.2
$MC_{市场}$	0.5	0.37	1	0.25
$MC_{信用}$	0.15	0.2	0.25	1

第十六条 再保险公司 $MC_{向量}$ 由($MC_{寿险再保险}$,$MC_{非寿险再保险}$,$MC_{市场}$,$MC_{信用}$)组成,其中:

$MC_{寿险再保险}$ 为寿险再保险业务保险风险最低资本;

$MC_{非寿险再保险}$ 为非寿险再保险业务保险风险最低资本;

$MC_{市场}$ 为市场风险最低资本;

$MC_{信用}$ 为信用风险最低资本。

$M_{相关系数}$ 如下表所示:

相关系数	$MC_{寿险再保险}$	$MC_{非寿险再保险}$	$MC_{市场}$	$MC_{信用}$
$MC_{寿险再保险}$	1	0.18	0.5	0.15
$MC_{非寿险再保险}$	0.18	1	0.37	0.2
$MC_{市场}$	0.5	0.37	1	0.25
$MC_{信用}$	0.15	0.2	0.25	1

第十七条　分红保险和万能保险业务应当考虑损失吸收效应调整。计算公式如下：
$$LA = \mathrm{Min}(MC_{分红万能账户} \times \beta, LA_{上限})$$

其中：

(一)$MC_{分红万能账户}$为分红保险和万能保险账户合并计算的市场和信用风险最低资本。计算公式为：
$$MC_{分红万能账户} = \sqrt{MC_{市场}^2 + 2\rho \times MC_{市场} \times MC_{信用} + MC_{信用}^2}$$

$MC_{市场}$为分红保险账户和万能保险账户合并后按《保险公司偿付能力监管规则第7号：市场风险最低资本》计算的市场风险最低资本；

$MC_{信用}$为分红保险账户和万能保险账户合并后按《保险公司偿付能力监管规则第8号：信用风险最低资本》计算的信用风险最低资本；

ρ为$MC_{市场}$与$MC_{信用}$的相关系数，$\rho = 0.25$。

(二)β为分红保险和万能保险合同损失吸收效应调整比率。计算公式为：
$$\beta = \mathrm{Min}\left(0.4, 0.20 \times \frac{LA_{上限}}{MC_{分红万能账户}} + 0.042\right)$$

(三)为损失吸收效应调整上限。计算公式为：
$$LA_{上限} = \mathrm{Max}(PV_{基础} - PV_{下限}, 0)$$

其中：$PV_{基础}$为按照《保险公司偿付能力监管规则第3号：寿险合同负债评估》计算的分红保险和万能保险在基础情景下的现金流现值；

$PV_{下限}$为按照《保险公司偿付能力监管规则第3号：寿险合同负债评估》附件1规定的分红保险保单红利水平和万能保险结算利率假设下限重新预测的现金流，采用基础情景下的折现率评估的现金流现值。

第十八条　保险公司应当根据《保险公司偿付能力监管规则第11号：偿付能力风险管理要求与评估》计量控制风险最低资本。

第十九条　保险公司应当根据保监会的规定，计量逆周期附加资本。具体标准由保监会另行规定。

第二十条　国内系统重要性保险机构的认定标准及其附加资本要求，由保监会另行规定。

第二十一条　全球系统重要性保险机构应当计量附加资本，具体标准由保监会参照相关国际组织的标准确定。

第四章　附则

第二十二条　本规则由保监会负责解释和修订。

第二十三条　本规则施行日期另行规定。

可以发现，新的最低资本的规定从全面风险管理的角度综合考虑了保险公司面临的所有风险并考虑了风险之间的相关性，风险因子的确定则采用了VaR方法。但正如前面章节介绍的，VaR作为风险度量指标没有考虑尾部风险的分布情况，一般而言也不符合一致性风险度量的条件。另外，在考虑各种不同风险的相关性时，偿二代方法实际上采用的是第八章中介绍的VaR中的方差—协方差方法，因此并没有考虑在极端风险时风险相互叠加的现象。阅读材料9—3和阅读材料9—4将以保险公司偿付能力监管规则中的市场风险最低资本确定方法中境外投资为例，介绍当存在如国际金融危机这样的巨灾风险时用VaR等方法确定风险因子会产生的一些问题。

阅读材料 9-3
保险公司偿付能力监管规则第 7 号：市场风险最低资本

第五章 境外资产价格风险最低资本

第四十七条 本规则所称境外资产价格风险，是指由于境外资产价格不利变动导致保险公司遭受非预期损失的风险。

第四十八条 保险公司持有的境外投资资产（不含境外投资性房地产和境外存款），应计算境外资产价格风险最低资本。包括但不限于：

（一）境外固定收益类投资资产；

（二）境外权益类投资资产，不含境外子公司、合营企业和联营企业。

第四十九条 境外固定收益类资产价格风险暴露 EX 为其认可价值；除保监会另有规定外，基础因子 RF_0 赋值如下：

$$RF_0 = \begin{cases} 0.076\ 2 & \text{发达市场} \\ 0.213\ 9 & \text{新兴市场} \end{cases}$$

除保监会另有规定外，发达市场和新兴市场的区分标准适用《保险资金境外投资管理暂行办法实施细则》（保监发〔2012〕93 号）。

$$MC_{\text{境外\_固收}} = \sqrt{MC^2_{\text{境外\_固收\_发达}} + 2 \times \rho \times MC_{\text{境外\_固收\_发达}} \times MC_{\text{境外\_固收\_新兴}} + MC^2_{\text{境外\_固收\_新兴}}}$$

其中：

$MC_{\text{境外\_固收}}$ 为境外固定收益类资产价格风险的最低资本；

$MC_{\text{境外\_固收\_发达}}$ 为发达市场的外币固定收益类资产的市场风险的最低资本；

$MC_{\text{境外\_固收\_新兴}}$ 为新兴市场的外币固定收益类资产的市场风险的最低资本；

ρ 为 $MC_{\text{境外\_固收\_发达}}$ 和 $MC_{\text{境外\_固收\_新兴}}$ 的相关系数，$\rho = 0.136\ 5$。

第五十条 境外权益类资产价格风险暴露 EX 为其认可价值；除保监会另有规定外，基础因子 RF_0 赋值如下：

$$RF_0 = \begin{cases} 0.30 & \text{发达市场} \\ 0.45 & \text{新兴市场} \end{cases}$$

第五十一条 境外权益类资产价格风险的最低资本计算公式为：

$$MC_{\text{境外\_权益}} = \sqrt{MC^2_{\text{境外\_权益\_发达}} + 2 \times \rho \times MC_{\text{境外\_权益\_发达}} \times MC_{\text{境外\_权益\_新兴}} + MC^2_{\text{境外\_权益\_新兴}}}$$

其中：

$MC_{\text{境外\_权益}}$ 为境外权益类资产价格风险的最低资本；

$MC_{\text{境外\_权益\_发达}}$ 为境外发达市场权益类资产价格风险的最低资本要求；

$MC_{\text{境外\_权益\_新兴}}$ 为境外新兴市场权益类资产价格风险的最低资本要求；

ρ 为 $MC_{\text{境外\_权益\_发达}}$ 和 $MC_{\text{境外\_权益\_新兴}}$ 的相关系数，$\rho = 0.375$。

第五十二条 境外固定收益类投资资产和境外权益类投资资产的价格风险最低资本分别为所属各项境外资产价格风险最低资本算术加总。

阅读材料 9-4
国际金融危机对保险公司偿付能力影响的研究

阅读材料 9-3 中境外资产价格风险最低资本的规定还是基于方差—协方差方法，实际上隐含了假定风险是满足正态分布的，因此没有特别考虑小概率的巨灾风险的影响。但是国内保险公司投资海外，不可避免会使得国内保险市场与国际金融市场联系起来，也因此会受到国际金融危机的影响。譬如，2008年由美国次贷危机引发的全球金融动荡对国际经济特别是金融市场产生了严重影响。当时保监会曾明确指出国际金融危机可能影响我国保险业的三大风险：一是保险资金运用不当带来的风险；二是因个别公司偿付能力不足而造成的风险，三是由于保险消费者信心不足和销售误导，可能引发的非正常退保风险。

毫无疑问，保险市场的开放和国际化对我国保险业的发展和完善能够并已经起到了极大的促进作用。这种作用表现在保险开放给我国保险业带来了先进的营销技术和经营管理模式，促进了国内保险业的市场化进程并由此促成了市场导向型的保险法律框架和监管体系的形成和发展。实际上，比较我国承诺加入世界贸易组织（WTO）的金融全面开放时点（2005年）以后和加入世界贸易组织（2000年）前的保险市场情况，也可以很明显地看出保险开放给我国带来的这种发展趋势。

然而保险业的开放也会带来一些不利影响，特别是在金融全球化浪潮的冲击下，保险公司的风险控制和保险业的金融安全问题日益凸显。2008年的全球金融危机对我国保险业和保险公司的影响虽然相对不算严重，但也造成了以下一些问题：一是境内保险机构到海外投资产生直接投资损失造成的风险，例如，平安公司投资富通失利的超百亿损失等；二是外资股东发生风险，间接影响在华控股或参股的保险机构，例如，美国国际集团濒临倒闭对其中国子公司友邦保险的影响等。

如果说保险开放确实会对保险业的安全性和保险公司的风险控制造成影响，那么阅读材料9-3中保险公司偿付能力监管境外资产价格风险最低资本确定方法的有效性在面对全球金融危机的可能影响时，其有效性是否会有问题呢？欧盟的偿付能力二号和我国的偿二代又为何要强调三支柱的监管结构和框架，强调市场的约束作用和保险公司的内部风险管理的重要性呢？

下面采用跳跃扩散过程讨论小概率国际金融危机对境外资产价格风险最低资本确定方法的影响。具体而言，先假定时间 t 某个保险公司的资产价值为 $A(t)$，其在时间 t 的增长可以动态描述为：

$$d\ln A(t) = (\alpha - \lambda v - \frac{\sigma^2}{2})dt + \sigma dZ(t) + \ln(k)dN(t)$$

其中，α 表示资产的期望增长率；$Z(t)$ 是标准的布朗运动，表示国内外各种微小风险的集合影响；σ 描述影响程度的大小。右式的第三项中，$\{N(t)\}$ 是参数为 λ 的 Poisson 过程，$\ln(k)$ 满足正态分布 $N(w\mu, (w\delta)^2)$，$v = \exp(w\mu + \frac{1}{2}(w\delta)^2) - 1$ 则是 $k-1$ 的期望值。这里的第三项仅描述国外发生金融危机对保险公司资产增长率的突变性影响，不考虑国内风险对保险公司资产增长率的突变性影响，因此第三项的跳跃风险仅来自于国外金融危机。其中 w 表示保险参与海外投资的程度，其值越大，来自国外金融危机的影响越大。再假定海外投资的大小并不改变以方差度量的总体风险 $\sigma_{\ln A(1)}^2 = \sigma^2 + \lambda(w\delta)^2$ 的大小。另外还假定时点0时保险公司的资产额 $A(0) = A$。

现在考察未来时点 T 时保险公司的财务状况，并假定该时点保险公司负债的金额为 L（为简单起见，这里的模型中不考虑负债的变动风险），则有如下命题：

命题9-1 在时点 T 上述保险公司资产小于负债的破产概率为：

$$RP = \sum_{n=0}^{\infty} e^{-\lambda T} \frac{(\lambda T)^n}{n!} N(-d_{2,n})$$

其中，$N(\ )$是标准正态分布的分布函数；

$$d_{2,n}=[\ln(\frac{A}{L})+\alpha T+nw\mu-(\lambda vT+\frac{1}{2}\sigma^2 T)]/\sqrt{\sigma^2 T+nw^2\delta^2}。$$

在时点T，上述保险公司的期望投保损失比率，也即在该时点资产小于负债的期望损失额（EPD）和负债的比率为：

$$\frac{EPD}{L}=\sum_{n=0}^{\infty}e^{-\lambda T}\frac{(\lambda T)^n}{n!}[N(-d_{2,n})-(\frac{A}{L})e^{\alpha T+n(w\mu+\frac{1}{2}w^2\delta^2)-\lambda vT}N(-d_{1,n})] \quad (4)$$

其中，$d_{1,n}=d_{2,n}+\sqrt{\sigma^2 T+nw^2\delta^2}$。

下面利用上述公式作相关数值分析。取$T=1,\sigma_{\ln A(1)}^2=0.01,\lambda=0.04,\delta=1$，并假定$\mu=0$，$\alpha=0.1$，此时$\ln A(1)$的方差$\sigma_{\ln A(1)}^2=\sigma^2+\lambda w^2\delta^2$为固定值0.01，也就是说，假定保险公司资产收益率的标准差保持为10%。这里λ的取值为0.04，表明金融危机的概率是25年一遇，α的取值表明保险公司资产的期望增长率为10%。对不同取值的海外投资参与程度w^2，保险公司面临的国际金融危机的影响也不同。表9—2给出了时点1时相应的不同破产概率和期望投保损失比率的数值。

表9—2　　不同资产负债比率和不同海外投资比例下的破产概率和期望投保损失比率

（$T=1,\sigma_{\ln A(1)}^2=0.01,\lambda=0.04,\delta=1,\mu=0,\alpha=0.1$）

w^2	A/L	1.2	1.4	1.6	1.8	2
0	RP	0.008 817	0.000 045	7.6E−08	6.47E−11	3.67E−14
	EPD/L	0.001 097 809	5.226 6E−06	8.44E−09	7.016 1E−12	3.92E−15
0.05	RP	0.010 316	0.002 087	0.000 585	0.000 152	3.79E−05
	EPD/L	0.001 747 511	0.000 373 5	9.75E−05	2.404E−05	5.74E−06
0.1	RP	0.010 374	0.004 586	0.002 138	0.000 967	0.000 432
	EPD/L	0.002 385 755	0.001 013 52	0.000 44	0.000 188 43	8.04E−05
0.15	RP	0.010 995	0.006 373	0.003 621	0.002 030	0.001 133
	EPD/L	0.003 020 406	0.001 613 96	0.000 858	0.000 455 94	0.000 244
0.2	RP	0.011 956	0.007 680	0.004 859	0.003 056	0.001 922
	EPD/L	0.003 618 004	0.002 148 38	0.001 277	0.000 763 55	0.000 46
0.225	RP	0.012 360	0.008 211	0.005 394	0.003 530	0.002 314
	EPD/L	0.003 884 562	0.002 393 01	0.001 48	0.000 922 06	0.000 58

表9—2的数值分析显示，随着海外投资参与程度的加深（w的增加），保险公司的破产概率和期望投保损失比率都有显著增加。也就是说，当允许保险公司将外汇资产投资国外市场时，不可避免地也使国内保险企业与全球的金融和保险环境联系起来，从而使国内保险企业与国际金融风险的相关性大大增加。

无论是美国的风险资本制度还是欧盟的偿付能力二号或我国的偿二代，风险资本因子的确定通常有两种方法，即破产概率方法和期望投保损失方法。其中，破产概率方法要求保险公司某类风险导致的破产概率小于某个固定值，即VaR方法；期望投保损失方法则要求相应的期望投保损失比率小于某个固定值,即 EPD 方法。

注意在上面的数值分析中,已经假定保险公司资产收益率用标准差表示的风险为固定值 10%,因此,如果在风险是正态分布的假设下,保险公司的整体风险并未增加。破产概率(VaR)或期望投保损失(EPD)在不同海外投资比例假设下的计算结果应该是相同的。实际上,按照偿二代中的境外资产价格风险最低资本的计算方法,最低资本在不同海外投资比例的假设下应该按该比例的增加而线性增加。也就是说,在表 9—2 的例子中,当 w^2 从 0.05 增加为 0.2(w 增加 1 倍)时,境外资产价格风险最低资本应该增加 1 倍(考虑到境内资产风险最低资本要求的减少,实际上总资产风险最低资本要求增加是很有限的)。但实际上按照表 9—2 的结果,当破产概率要求为 0.002 时,按 VaR 方法的最低资本要求增加了大约 1.5 倍,远超过偿二代规定的最低资本要求的增加幅度。显然,当国际金融风险中包括了发生几十年一遇的金融危机的可能性时,保险公司用破产概率和期望投保损失比率度量的风险会显著增大。因此,在此情形下,偿二代规定的境外资产风险最低资本要求是会导致一些问题的。

下面利用上述定理进一步作数值分析,讨论小概率的国际金融危机对风险资本因子确定方法的影响。假定其他参数不变,总风险方差 $\sigma^2_{\ln A(1)}$ 的取值分别改变为 0.012 和 0.014,类似表 9—2 分别计算其在不同资产负债比率和不同海外投资比例下的破产概率和期望投保损失比率(见表 9—3 和表 9—4),可以发现,与表 9—2 的数值结果一致,当跳跃风险增加时,期望投保损失比率也随之增加。但有意思的是,破产概率的表现却是不确定的,有时增加,有时反而减少。譬如,表 9—3 中当资产负债比率为 1.2 时,跳跃风险 w^2 从 0 逐步增加到 0.2 时,破产概率逐步减小,但 w^2 进一步增加到 0.225 时,破产概率又开始增加。而期望投保损失比率的计算结果却总是随着跳跃风险的增加而增加。

表 9—3 不同资产负债比率和不同海外投资比例下的破产概率和期望投保损失比率

($T=1, \sigma^2_{\ln A(1)}=0.012, \lambda=0.04, \delta=1, \mu=0, \alpha=1$)

w^2	A/L	1.2	1.4	1.6	1.8	2
0	RP	0.015 490 728	0.000 182	8.61E−07	2.33E−09	4.54E−12
	EPD/L	0.002 001 783	2.170 88E−05	9.82E−08	2.59E−10	4.94E−13
0.05	RP	0.015 392 809	0.002 264	0.000 648	0.000 176	4.57E−05
	EPD/L	0.002 430 123	0.000 407 422	0.000 109	2.81E−05	7.02E−06
0.1	RP	0.013 404 343	0.004 703	0.002 217	0.001 017	0.000 46
	EPD/L	0.002 785 001	0.001 046 374	0.000 46	0.000 2	8.64E−05
0.15	RP	0.012 096 891	0.006 460	0.003 694	0.002 085	0.001 171
	EPD/L	0.003 175 834	0.001 644 687	0.000 88	0.000 471	0.000 253
0.2	RP	0.012 113 445	0.007 751	0.004 923	0.003 109	0.001 964
	EPD/L	0.003 662 131	0.002 177 154	0.001 3	0.000 78	0.000 472
0.225	RP	0.012 428 734	0.008 276	0.005 454	0.003 582	0.002 356
	EPD/L	0.003 917 935	0.002 420 857	0.001 502	0.000 939	0.000 593

表 9—4　不同资产负债比率和不同海外投资比例下的破产概率和期望投保损失比率

($T=1, \sigma^2_{\ln A(1)}=0.014, \lambda=0.04, \delta=1, \mu=0, \alpha=0.1$)

w^2	A/L	1.2	1.4	1.6	1.8	2
0	RP	0.023 360	0.000 498	4.93E−06	3.05E−08	1.43E−10
	EPD/L	0.003 123 199	6.105 39E−05	5.76E−07	3.46E−09	1.59E−11
0.05	RP	0.022 113	0.002 537	0.000 715	0.000 201	5.46E−05
	EPD/L	0.003 370 479	0.000 453 66	0.000 122	3.25E−05	8.47E−06
0.1	RP	0.018 508	0.004 854	0.002 297	0.001 067	0.000 49
	EPD/L	0.003 471 549	0.001 083 413	0.000 48	0.000 211	9.26E−05
0.15	RP	0.015 183	0.006 553	0.003 767	0.002 14	0.001 211
	EPD/L	0.003 579 722	0.001 676 069	0.000 902	0.000 486	0.000 263
0.2	RP	0.013 242	0.007 822	0.004 988	0.003 163	0.002 006
	EPD/L	0.003 818 411	0.002 205 914	0.001 322	0.000 797	0.000 485
0.225	RP	0.012 906	0.008 341	0.005 514	0.003 634	0.002 398
	EPD/L	0.003 997 045	0.002 448 67	0.001 525	0.000 956	0.000 606

对上述分析结果的解释是，当发生跳跃风险的概率足够小时，在总方差保持不变时，在此总方差中，跳跃风险增加后导致增加的破产概率可能还不抵连续风险减小后导致减小的破产概率。从这个现象看，当存在小概率的金融危机风险影响时，期望投保损失方法（EPD方法）可能是比破产概率方法（VaR方法）更适合的确定最低资本的方法。

但是不管采用何种方法，主要问题还在于如何选择模型和评估模型中的各项参数。在上面的数值分析中，资产收益率跳跃风险的模型和相关参数是假设给定的，然而实际的小概率风险的模型和参数是很难估计的。这是因为这类事件的样本非常缺乏，利用历史数据进行统计估计也因此非常困难，会导致第三章末讨论的三种不确定性。因此，在选择适当的保险监管方法时，无论是采用比较粗糙的固定比率方法还是相对较为精细的风险资本制度和全面风险管理监管方法，在估计风险资本因子时无论采用破产概率法还是期望投保损失比率法，其对保险偿付能力评估的有效性都是值得商榷的。

综上所述，保险开放的不断深化引起的跳跃风险的增加确实会影响保险公司偿付能力额度确定方法的有效性。特别是对风险资本制度或偿付能力二号与偿二代中最低资本因子的确定，小概率跳跃风险的存在会影响目前常用的确定最低资本因子的VaR方法的一致性和有效性，使其评估结果不够确定。而即便采用一致性风险度量相对表现较好的期望投保损失（EPD）等方法，由于对小概率巨灾风险缺乏历史数据导致的不确定性问题，采用这类模型评估保险公司偿付能力的有效性也会随着保险开放的深化而出现问题。适当的保险监管方法除了应该吸收先进的风险评估的数理方法并对相应数理模型进行突变风险的压力测试，更应该注意现场检查和重视保险公司的内部风险管理。这也是为何欧盟的偿付能力二号与我国的偿二代都特别强调三支柱的监管结构和框架的原理，除了第一支柱外，两者还特别强调市场的约束作用和保险公司内部风险管理的重要性。

复习思考题

1. 简述目前常用的保险监管制度。
2. 简述我国第二代偿付能力监管制度体系三支柱的主要内容。
3. 简述不同偿付能力监管制度中最低资本的不同确定方法,以及它们之间的异同。
4. 通过阅读材料9—2、阅读材料9—3、阅读材料9—4,分析偿二代中最低资本确定方法可能会产生的问题。

附 录

附录一
《中央企业全面风险管理指引》
（国务院国有资产监督管理委员会，2006）

第一章 总则

第一条 为指导国务院国有资产监督管理委员会（以下简称国资委）履行出资人职责的企业（以下简称中央企业）开展全面风险管理工作，增强企业竞争力，提高投资回报，促进企业持续、健康、稳定发展，根据《中华人民共和国公司法》《企业国有资产监督管理暂行条例》等法律法规，制定本指引。

第二条 中央企业根据自身实际情况贯彻执行本指引。中央企业中的国有独资公司董事会负责督导本指引的实施；国有控股企业由国资委和国资委提名的董事通过股东（大）会和董事会按照法定程序负责督导本指引的实施。

第三条 本指引所称企业风险，指未来的不确定性对企业实现其经营目标的影响。企业风险一般可分为战略风险、财务风险、市场风险、运营风险、法律风险等；也可以能否为企业带来盈利等机会为标志，将风险分为纯粹风险（只有带来损失一种可能性）和机会风险（带来损失和盈利的可能性并存）。

第四条 本指引所称全面风险管理，指企业围绕总体经营目标，通过在企业管理的各个环节和经营过程中执行风险管理的基本流程，培育良好的风险管理文化，建立健全全面风险管理体系，包括风险管理策略、风险理财措施、风险管理的组织职能体系、风险管理信息系统和内部控制系统，从而为实现风险管理的总体目标提供合理保证的过程和方法。

第五条 本指引所称风险管理基本流程包括以下主要工作：

（一）收集风险管理初始信息；

（二）进行风险评估；

（三）制定风险管理策略；

（四）提出和实施风险管理解决方案；

（五）风险管理的监督与改进。

第六条 本指引所称内部控制系统，指围绕风险管理策略目标，针对企业战略、规划、产品研发、投融资、市场运营、财务、内部审计、法律事务、人力资源、采购、加工制造、销售、物流、质量、安全生产、环境保护等各项业务管理及其重要业务流程，通过执行风险管理基本流程，制定并执行的规章制度、程序和措施。

第七条 企业开展全面风险管理要努力实现以下风险管理总体目标：

（一）确保将风险控制在与总体目标相适应并可承受的范围内；

（二）确保内外部，尤其是企业与股东之间实现真实、可靠的信息沟通，包括编制和提供真实、可靠的财务报告；

（三）确保遵守有关法律法规；

（四）确保企业有关规章制度和为实现经营目标而采取重大措施的贯彻执行，保障经营管理的有效性，提高经营活动的效率和效果，降低实现经营目标的不确定性；

（五）确保企业建立针对各项重大风险发生后的危机处理计划，保护企业不因灾害性风险或人为失误而遭受重大损失。

第八条　企业开展全面风险管理工作，应注重防范和控制风险可能给企业造成损失和危害，也应把机会风险视为企业的特殊资源，通过对其管理，为企业创造价值，促进经营目标的实现。

第九条　企业应本着从实际出发，务求实效的原则，以对重大风险、重大事件（指重大风险发生后的事实）的管理和重要流程的内部控制为重点，积极开展全面风险管理工作。具备条件的企业应全面推进，尽快建立全面风险管理体系；其他企业应制定开展全面风险管理的总体规划，分步实施，可先选择发展战略、投资收购、财务报告、内部审计、衍生产品交易、法律事务、安全生产、应收账款管理等一项或多项业务开展风险管理工作，建立单项或多项内部控制子系统。通过积累经验，培养人才，逐步建立健全全面风险管理体系。

第十条　企业开展全面风险管理工作应与其他管理工作紧密结合，把风险管理的各项要求融入企业管理和业务流程中。具备条件的企业可建立风险管理三道防线，即各有关职能部门和业务单位为第一道防线；风险管理职能部门和董事会下设的风险管理委员会为第二道防线；内部审计部门和董事会下设的审计委员会为第三道防线。

第二章　风险管理初始信息

第十一条　实施全面风险管理，企业应广泛、持续不断地收集与本企业风险和风险管理相关的内部、外部初始信息，包括历史数据和未来预测。应把收集初始信息的职责分工落实到各有关职能部门和业务单位。

第十二条　在战略风险方面，企业应广泛收集国内外企业战略风险失控导致企业蒙受损失的案例，并至少收集与本企业相关的以下重要信息：

（一）国内外宏观经济政策以及经济运行情况、本行业状况、国家产业政策；

（二）科技进步、技术创新的有关内容；

（三）市场对本企业产品或服务的需求；

（四）与企业战略合作伙伴的关系，未来寻求战略合作伙伴的可能性；

（五）本企业主要客户、供应商及竞争对手的有关情况；

（六）与主要竞争对手相比，本企业的实力与差距；

（七）本企业发展战略和规划、投融资计划、年度经营目标、经营战略，以及编制这些战略、规划、计划、目标的有关依据；

（八）本企业对外投融资流程中曾发生或易发生错误的业务流程或环节。

第十三条　在财务风险方面，企业应广泛收集国内外企业财务风险失控导致危机的案例，并至少收集本企业的以下重要信息（其中有行业平均指标或先进指标的，也应尽可能收集）：

（一）负债，或有负债、负债率、偿债能力；

（二）现金流、应收账款及其占销售收入的比重、资金周转率；

（三）产品存货及其占销售成本的比重、应付账款及其占购货额的比重；

（四）制造成本和管理费用、财务费用、营业费用；

（五）盈利能力；
（六）成本核算、资金结算和现金管理业务中曾发生或易发生错误的业务流程或环节；
（七）与本企业相关的行业会计政策、会计估算、与国际会计制度的差异与调节（如退休金、递延税项等）等信息。

第十四条 在市场风险方面，企业应广泛收集国内外企业忽视市场风险、缺乏应对措施导致企业蒙受损失的案例，并至少收集与本企业相关的以下重要信息：
（一）产品或服务的价格及供需变化；
（二）能源、原材料、配件等物资供应的充足性、稳定性和价格变化；
（三）主要客户、主要供应商的信用情况；
（四）税收政策和利率、汇率、股票价格指数的变化；
（五）潜在竞争者、竞争者及其主要产品、替代品情况。

第十五条 在运营风险方面，企业应至少收集与本企业、本行业相关的以下信息：
（一）产品结构、新产品研发；
（二）新市场开发，市场营销策略，包括产品或服务定价与销售渠道，市场营销环境状况等；
（三）企业组织效能、管理现状、企业文化，高、中层管理人员和重要业务流程中专业人员的知识结构、专业经验；
（四）期货等衍生产品业务中曾发生或易发生失误的流程和环节；
（五）质量、安全、环保、信息安全等管理中曾发生或易发生失误的业务流程或环节；
（六）因企业内、外部人员的道德风险致使企业遭受损失或业务控制系统失灵；
（七）给企业造成损失的自然灾害以及除上述有关情形之外的其他纯粹风险；
（八）对现有业务流程和信息系统操作运行情况的监管、运行评价及持续改进能力；
（九）企业风险管理的现状和能力。

第十六条 在法律风险方面，企业应广泛收集国内外企业忽视法律法规风险、缺乏应对措施导致企业蒙受损失的案例，并至少收集与本企业相关的以下信息：
（一）国内外与本企业相关的政治、法律环境；
（二）影响企业的新法律法规和政策；
（三）员工道德操守的遵从性；
（四）本企业签订的重大协议和有关贸易合同；
（五）本企业发生重大法律纠纷案件的情况；
（六）企业和竞争对手的知识产权情况。

第十七条 企业对收集的初始信息应进行必要的筛选、提炼、对比、分类、组合，以便进行风险评估。

第三章 风险评估

第十八条 企业应对收集的风险管理初始信息和企业各项业务管理及其重要业务流程进行风险评估。风险评估包括风险辨识、风险分析、风险评价三个步骤。

第十九条 风险评估应由企业组织有关职能部门和业务单位实施，也可聘请有资质、信誉好、风险管理专业能力强的中介机构协助实施。

第二十条 风险辨识是指查找企业各业务单元、各项重要经营活动及其重要业务流程中有无风险，有哪些风险。风险分析是对辨识出的风险及其特征进行明确的定义描述，分析和描

述风险发生可能性的高低、风险发生的条件。风险评价是评估风险对企业实现目标的影响程度、风险的价值等。

第二十一条　进行风险辨识、分析、评价，应将定性与定量方法相结合。定性方法可采用问卷调查、集体讨论、专家咨询、情景分析、政策分析、行业标杆比较、管理层访谈、由专人主持的工作访谈和调查研究等。定量方法可采用统计推论（如集中趋势法）、计算机模拟（如蒙特卡罗分析法）、失效模式与影响分析、事件树分析等。

第二十二条　进行风险定量评估时，应统一制定各风险的度量单位和风险度量模型，并通过测试等方法，确保评估系统的假设前提、参数、数据来源和定量评估程序的合理性和准确性。要根据环境的变化，定期对假设前提和参数进行复核和修改，并将定量评估系统的估算结果与实际效果对比，据此对有关参数进行调整和改进。

第二十三条　风险分析应包括风险之间的关系分析，以便发现各风险之间的自然对冲、风险事件发生的正负相关性等组合效应，从风险策略上对风险进行统一集中管理。

第二十四条　企业在评估多项风险时，应根据对风险发生可能性的高低和对目标的影响程度的评估，绘制风险坐标图，对各项风险进行比较，初步确定对各项风险的管理优先顺序和策略。

第二十五条　企业应对风险管理信息实行动态管理，定期或不定期实施风险辨识、分析、评价，以便对新的风险和原有风险的变化重新评估。

第四章　风险管理策略

第二十六条　本指引所称风险管理策略，指企业根据自身条件和外部环境，围绕企业发展战略，确定风险偏好、风险承受度、风险管理有效性标准，选择风险承担、风险规避、风险转移、风险转换、风险对冲、风险补偿、风险控制等适合的风险管理工具的总体策略，并确定风险管理所需人力和财力资源的配置原则。

第二十七条　一般情况下，对战略、财务、运营和法律风险，可采取风险承担、风险规避、风险转换、风险控制等方法。对能够通过保险、期货、对冲等金融手段进行理财的风险，可以采用风险转移、风险对冲、风险补偿等方法。

第二十八条　企业应根据不同业务特点统一确定风险偏好和风险承受度，即企业愿意承担哪些风险，明确风险的最低限度和不能超过的最高限度，并据此确定风险的预警线及相应采取的对策。确定风险偏好和风险承受度，要正确认识和把握风险与收益的平衡，防止和纠正忽视风险，片面追求收益而不讲条件、范围，认为风险越大、收益越高的观念和做法；同时，也要防止单纯为规避风险而放弃发展机遇。

第二十九条　企业应根据风险与收益相平衡的原则以及各风险在风险坐标图上的位置，进一步确定风险管理的优选顺序，明确风险管理成本的资金预算和控制风险的组织体系、人力资源、应对措施等总体安排。

第三十条　企业应定期总结和分析已制定的风险管理策略的有效性和合理性，结合实际不断修订和完善。其中，应重点检查依据风险偏好、风险承受度和风险控制预警线实施的结果是否有效，并提出定性或定量的有效性标准。

第五章　风险管理解决方案

第三十一条　企业应根据风险管理策略，针对各类风险或每一项重大风险制定风险管理解决方案。方案一般应包括风险解决的具体目标，所需的组织领导，所涉及的管理及业务流程,所需的条件、手段等资源,风险事件发生前、中、后所采取的具体应对措施以及风险管理工具(如关键风险指标管理、损失事件管理等)。

第三十二条　企业制定风险管理解决的外包方案,应注重成本与收益的平衡、外包工作的质量、自身商业秘密的保护以及防止自身对风险解决外包产生依赖性风险等,并制定相应的预防和控制措施。

第三十三条　企业制定风险解决的内控方案,应满足合规的要求,坚持经营战略与风险策略一致、风险控制与运营效率及效果相平衡的原则,针对重大风险所涉及的各管理及业务流程,制定涵盖各个环节的全流程控制措施;对其他风险所涉及的业务流程,要把关键环节作为控制点,采取相应的控制措施。

第三十四条　企业制定内控措施,一般至少包括以下内容:

(一)建立内控岗位授权制度。对内控所涉及的各岗位明确规定授权的对象、条件、范围和额度等,任何组织和个人不得超越授权做出风险性决定。

(二)建立内控报告制度。明确规定报告人与接受报告人,报告的时间、内容、频率、传递路线、负责处理报告的部门和人员等。

(三)建立内控批准制度。对内控所涉及的重要事项,明确规定批准的程序、条件、范围和额度、必备文件以及有权批准的部门和人员及其相应责任。

(四)建立内控责任制度。按照权利、义务和责任相统一的原则,明确规定各有关部门和业务单位、岗位、人员应负的责任和奖惩制度。

(五)建立内控审计检查制度。结合内控的有关要求、方法、标准与流程,明确规定审计检查的对象、内容、方式和负责审计检查的部门等。

(六)建立内控考核评价制度。具备条件的企业应把各业务单位风险管理执行情况与绩效薪酬挂钩。

(七)建立重大风险预警制度。对重大风险进行持续不断的监测,及时发布预警信息,制定应急预案,并根据情况变化调整控制措施。

(八)建立健全以总法律顾问制度为核心的企业法律顾问制度。大力加强企业法律风险防范机制建设,形成由企业决策层主导、企业总法律顾问牵头、企业法律顾问提供业务保障、全体员工共同参与的法律风险责任体系。完善企业重大法律纠纷案件的备案管理制度。

(九)建立重要岗位权力制衡制度,明确规定不相容职责的分离。主要包括:授权批准、业务经办、会计记录、财产保管和稽核检查等职责。对内控所涉及的重要岗位可设置一岗双人、双职、双责,相互制约;明确该岗位的上级部门或人员对其应采取的监督措施和应负的监督责任;将该岗位作为内部审计的重点等。

第三十五条　企业应当按照各有关部门和业务单位的职责分工,认真组织实施风险管理解决方案,确保各项措施落实到位。

第六章　风险管理的监督与改进

第三十六条　企业应以重大风险、重大事件和重大决策、重要管理及业务流程为重点,对风险管理初始信息、风险评估、风险管理策略、关键控制活动及风险管理解决方案的实施情况进行监督,采用压力测试、返回测试、穿行测试以及风险控制自我评估等方法对风险管理的有效性进行检验,根据变化情况和存在的缺陷及时加以改进。

第三十七条　企业应建立贯穿于整个风险管理基本流程,连接各上下级、各部门和业务单位的风险管理信息沟通渠道,确保信息沟通的及时、准确、完整,为风险管理监督与改进奠定基础。

第三十八条 企业各有关部门和业务单位应定期对风险管理工作进行自查和检验,及时发现缺陷并改进,其检查、检验报告应及时报送企业风险管理职能部门。

第三十九条 企业风险管理职能部门应定期对各部门和业务单位风险管理工作实施情况和有效性进行检查和检验,要根据本指引第三十条要求对风险管理策略进行评估,对跨部门和业务单位的风险管理解决方案进行评价,提出调整或改进建议,出具评价和建议报告,及时报送企业总经理或其委托分管风险管理工作的高级管理人员。

第四十条 企业内部审计部门应至少每年一次对包括风险管理职能部门在内的各有关部门和业务单位能否按照有关规定开展风险管理工作及其工作效果进行监督评价,监督评价报告应直接报送董事会或董事会下设的风险管理委员会和审计委员会。此项工作也可结合年度审计、任期审计或专项审计工作一并开展。

第四十一条 企业可聘请有资质、信誉好、风险管理专业能力强的中介机构对企业全面风险管理工作进行评价,出具风险管理评估和建议专项报告。报告一般应包括以下几方面的实施情况、存在缺陷和改进建议:

(一)风险管理基本流程与风险管理策略;
(二)企业重大风险、重大事件和重要管理及业务流程的风险管理及内部控制系统的建设;
(三)风险管理组织体系与信息系统;
(四)全面风险管理总体目标。

第七章 风险管理组织体系

第四十二条 企业应建立健全风险管理组织体系,主要包括规范的公司法人治理结构,风险管理职能部门、内部审计部门和法律事务部门以及其他有关职能部门、业务单位的组织领导机构及其职责。

第四十三条 企业应建立健全规范的公司法人治理结构,股东(大)会(对于国有独资公司或国有独资企业,即指国资委,下同)、董事会、监事会、经理层依法履行职责,形成高效运转、有效制衡的监督约束机制。

第四十四条 国有独资公司和国有控股公司应建立外部董事、独立董事制度,外部董事、独立董事人数应超过董事会全部成员的半数,以保证董事会能够在重大决策、重大风险管理等方面作出独立于经理层的判断和选择。

第四十五条 董事会就全面风险管理工作的有效性对股东(大)会负责。董事会在全面风险管理方面主要履行以下职责:

(一)审议并向股东(大)会提交企业全面风险管理年度工作报告;
(二)确定企业风险管理总体目标、风险偏好、风险承受度,批准风险管理策略和重大风险管理解决方案;
(三)了解和掌握企业面临的各项重大风险及其风险管理现状,做出有效控制风险的决策;
(四)批准重大决策、重大风险、重大事件和重要业务流程的判断标准或判断机制;
(五)批准重大决策的风险评估报告;
(六)批准内部审计部门提交的风险管理监督评价审计报告;
(七)批准风险管理组织机构设置及其职责方案;
(八)批准风险管理措施,纠正和处理任何组织或个人超越风险管理制度做出的风险性决定的行为；

（九）督导企业风险管理文化的培育；

（十）全面风险管理其他重大事项。

第四十六条 具备条件的企业，董事会可下设风险管理委员会。该委员会的召集人应由不兼任总经理的董事长担任；董事长兼任总经理的，召集人应由外部董事或独立董事担任。该委员会成员中需有熟悉企业重要管理及业务流程的董事，以及具备风险管理监管知识或经验、具有一定法律知识的董事。

第四十七条 风险管理委员会对董事会负责，主要履行以下职责：

（一）提交全面风险管理年度报告；

（二）审议风险管理策略和重大风险管理解决方案；

（三）审议重大决策、重大风险、重大事件和重要业务流程的判断标准或判断机制，以及重大决策的风险评估报告；

（四）审议内部审计部门提交的风险管理监督评价审计综合报告；

（五）审议风险管理组织机构设置及其职责方案；

（六）办理董事会授权的有关全面风险管理的其他事项。

第四十八条 企业总经理对全面风险管理工作的有效性向董事会负责。总经理或总经理委托的高级管理人员，负责主持全面风险管理的日常工作，负责组织拟订企业风险管理组织机构设置及其职责方案。

第四十九条 企业应设立专职部门或确定相关职能部门履行全面风险管理的职责。该部门对总经理或其委托的高级管理人员负责，主要履行以下职责：

（一）研究提出全面风险管理工作报告；

（二）研究提出跨职能部门的重大决策、重大风险、重大事件和重要业务流程的判断标准或判断机制；

（三）研究提出跨职能部门的重大决策风险评估报告；

（四）研究提出风险管理策略和跨职能部门的重大风险管理解决方案，并负责该方案的组织实施和对该风险的日常监控；

（五）负责对全面风险管理有效性评估，研究提出全面风险管理的改进方案；

（六）负责组织建立风险管理信息系统；

（七）负责组织协调全面风险管理日常工作；

（八）负责指导、监督有关职能部门、各业务单位以及全资、控股子企业开展全面风险管理工作；

（九）办理风险管理其他有关工作。

第五十条 企业应在董事会下设立审计委员会，企业内部审计部门对审计委员会负责。审计委员会和内部审计部门的职责应符合《中央企业内部审计管理暂行办法》（国资委令第8号）的有关规定。内部审计部门在风险管理方面，主要负责研究提出全面风险管理监督评价体系，制定监督评价相关制度，开展监督与评价，出具监督评价审计报告。

第五十一条 企业其他职能部门及各业务单位在全面风险管理工作中，应接受风险管理职能部门和内部审计部门的组织、协调、指导和监督，主要履行以下职责：

（一）执行风险管理基本流程；

（二）研究提出本职能部门或业务单位重大决策、重大风险、重大事件和重要业务流程的判断标准或判断机制；

(三)研究提出本职能部门或业务单位的重大决策风险评估报告；

(四)做好本职能部门或业务单位建立风险管理信息系统的工作；

(五)做好培育风险管理文化的有关工作；

(六)建立健全本职能部门或业务单位的风险管理内部控制子系统；

(七)办理风险管理其他有关工作。

第五十二条 企业应通过法定程序，指导和监督其全资、控股子企业建立与企业相适应或符合全资、控股子企业自身特点、能有效发挥作用的风险管理组织体系。

第八章 风险管理信息系统

第五十三条 企业应将信息技术应用于风险管理的各项工作，建立涵盖风险管理基本流程和内部控制系统各环节的风险管理信息系统，包括信息的采集、存储、加工、分析、测试、传递、报告、披露等。

第五十四条 企业应采取措施确保向风险管理信息系统输入的业务数据和风险量化值的一致性、准确性、及时性、可用性和完整性。对输入信息系统的数据，未经批准，不得更改。

第五十五条 风险管理信息系统应能够进行对各种风险的计量和定量分析、定量测试；能够实时反映风险矩阵和排序频谱、重大风险和重要业务流程的监控状态；能够对超过风险预警上限的重大风险实施信息报警；能够满足风险管理内部信息报告制度和企业对外信息披露管理制度的要求。

第五十六条 风险管理信息系统应实现信息在各职能部门、业务单位之间的集成与共享，既能满足单项业务风险管理的要求，也能满足企业整体和跨职能部门、业务单位的风险管理综合要求。

第五十七条 企业应确保风险管理信息系统的稳定运行和安全，并根据实际需要不断进行改进、完善或更新。

第五十八条 已建立或基本建立企业管理信息系统的企业，应补充、调整、更新已有的管理流程和管理程序，建立完善的风险管理信息系统；尚未建立企业管理信息系统的，应将风险管理与企业各项管理业务流程、管理软件统一规划、统一设计、统一实施、同步运行。

第九章 风险管理文化

第五十九条 企业应注重建立具有风险意识的企业文化，促进企业风险管理水平、员工风险管理素质的提升，保障企业风险管理目标的实现。

第六十条 风险管理文化建设应融入企业文化建设全过程。大力培育和塑造良好的风险管理文化，树立正确的风险管理理念，增强员工风险管理意识，将风险管理意识转化为员工的共同认识和自觉行动，促进企业建立系统、规范、高效的风险管理机制。

第六十一条 企业应在内部各个层面营造风险管理文化氛围。董事会应高度重视风险管理文化的培育，总经理负责培育风险管理文化的日常工作。董事和高级管理人员应在培育风险管理文化中起表率作用。重要管理及业务流程和风险控制点的管理人员和业务操作人员应成为培育风险管理文化的骨干。

第六十二条 企业应大力加强员工法律素质教育，制定员工道德诚信准则，形成人人讲道德诚信、合法合规经营的风险管理文化。对于不遵守国家法律法规和企业规章制度、弄虚作假、徇私舞弊等违法及违反道德诚信准则的行为,企业应严肃查处。

第六十三条 企业全体员工尤其是各级管理人员和业务操作人员应通过多种形式,努力传播企业风险管理文化,牢固树立风险无处不在、风险无时不在、严格防控纯粹风险、审慎处置机会风险、岗位风险管理责任重大等意识和理念。

第六十四条 风险管理文化建设应与薪酬制度和人事制度相结合,有利于增强各级管理人员特别是高级管理人员风险意识,防止盲目扩张、片面追求业绩、忽视风险等行为的发生。

第六十五条 企业应建立重要管理及业务流程、风险控制点的管理人员和业务操作人员岗前风险管理培训制度。采取多种途经和形式,加强对风险管理理念、知识、流程、管控核心内容的培训,培养风险管理人才,培育风险管理文化。

第十章 附则

第六十六条 中央企业中未设立董事会的国有独资企业,由经理办公会议代行本指引中有关董事会的职责,总经理对本指引的贯彻执行负责。

第六十七条 本指引在中央企业投资、财务报告、衍生产品交易等方面的风险管理配套文件另行下发。

第六十八条 本指引的《附录》对本指引所涉及的有关技术方法和专业术语进行了说明。

第六十九条 本指引由国务院国有资产监督管理委员会负责解释。

第七十条 本指引自印发之日起施行。

附录　　风险管理常用技术方法简介

一、风险坐标图

风险坐标图是把风险发生可能性的高低、风险发生后对目标的影响程度,作为两个维度绘制在同一个平面上(即绘制成直角坐标系)。对风险发生可能性的高低、风险对目标影响程度的评估有定性、定量等方法。定性方法是直接用文字描述风险发生可能性的高低、风险对目标的影响程度,如"极低""低""中等""高""极高"等。定量方法是对风险发生可能性的高低、风险对目标影响程度用具有实际意义的数量描述,如对风险发生可能性的高低用概率来表示,对目标影响程度用损失金额来表示。

下表列出某公司对风险发生可能性的定性、定量评估标准及其相互对应关系,供实际操作中参考。

定量方法一	评分	1	2	3	4	5
定量方法二	一定时期发生的概率	10%以下	10%~30%	30%~70%	70%~90%	90%以上
定性方法	文字描述一	极低	低	中等	高	极高
	文字描述二	一般情况下不会发生	极少情况下才发生	某些情况下发生	较多情况下发生	常常会发生
	文字描述三	今后10年内发生的可能少于1次	今后5~10年内可能发生1次	今后2~5年内可能发生1次	今后1年内可能发生1次	今后1年内至少发生1次

下表列出某公司关于风险发生后对目标影响程度的定性、定量评估标准及其相互对应关系,供实际操作中参考。

	定量方法一		评分	1	2	3	4	5
适用于所有行业	定量方法二		企业财务损失占税前利润的百分比(%)	1%以下	1%～5%	6%～10%	11%～20%	20%以上
	定性方法		文字描述一	极轻微的	轻微的	中等的	重大的	灾难性的
			文字描述二	极低	低	中等	高	极高
		文字描述三	企业日常运行	不受影响	轻度影响(造成轻微的人身伤害,情况立刻受到控制)	中度影响(造成一定人身伤害,需要医疗救援,情况需要外部支持才能得到控制)	严重影响(企业失去一些业务能力,造成严重人身伤害,情况失控,但无致命影响)	重大影响(重大业务失误,造成重大人身伤亡,情况失控,给企业致命影响)
			财务损失	较低的财务损失	轻微的财务损失	中等的财务损失	重大的财务损失	极大的财务损失
			企业声誉	负面消息在企业内部流传,企业声誉没有受损	负面消息在当地局部流传,对企业声誉造成轻微损害	负面消息在某区域流传,对企业声誉造成中等损害	负面消息在全国各地流传,对企业声誉造成重大损害	负面消息流传世界各地,政府或监管机构进行调查,引起公众关注,对企业声誉造成无法弥补的损害
适用于开采业、制造业	定性与定量结合		安全	短暂影响职工或公民的健康	严重影响一位职工或公民健康	严重影响多位职工或公民健康	导致一位职工或公民死亡	引致多位职工或公民死亡
			营运	●对营运影响微弱 ●在时间、人力或成本方面不超出预算1%	●对营运影响轻微 ●受到监管者责难 ●在时间、人力或成本方面超出预算1%～5%	●减慢营业运作 ●受到法规惩罚或被罚款等 ●在时间、人力或成本方面超出预算6%～10%	●无法达到部分营运目标或关键业绩指标 ●受到监管者的限制 ●在时间、人力或成本方面超出预算11%～20%	●无法达到所有的营运目标或关键业绩指标 ●违规操作使业务受到中止 ●时间、人力或成本方面超出预算20%
			环境	●对环境或社会造成短暂的影响 ●可不采取行动	●对环境或社会造成一定的影响 ●应通知政府有关部门	●对环境造成中等影响 ●需一定时间才能恢复 ●出现个别投诉事件 ●应执行一定程度的补救措施	●造成主要环境损害 ●需要相当长的时间来恢复 ●大规模的公众投诉 ●应执行重大的补救措施	●无法弥补的灾难性环境损害 ●激起公众的愤怒 ●潜在的大规模的公众法律投诉

对风险发生可能性的高低和风险对目标影响程度进行定性或定量评估后,依据评估结果绘制风险坐标图。

例如:某公司对 9 项风险进行了定性评估。其中:风险①发生的可能性为"低",风险发生后对目标的影响程度为"极低";……风险⑨发生的可能性为"极低",对目标的影响程度为"高"。风险坐标图绘制如下:

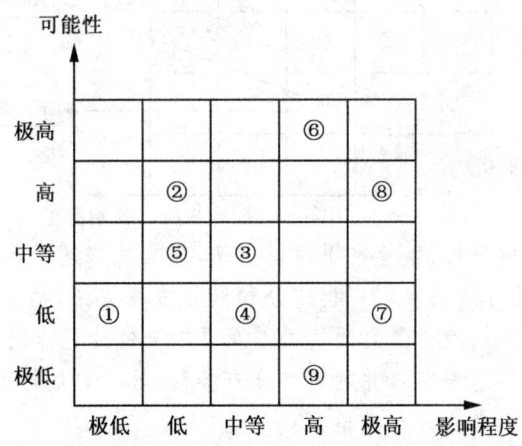

又如:某公司对 7 项风险进行定量评估。其中:风险①发生的可能性为 83%,发生后对企业造成的损失为 2 100万元;风险②发生的可能性为 40%,发生后对企业造成的损失为 3 800万元;……而风险⑦发生的可能性为 55%~62%,发生后对企业造成的损失为 7 500万~9 100万元。在风险坐标图上用一个区域来表示,则风险坐标图绘制如下:

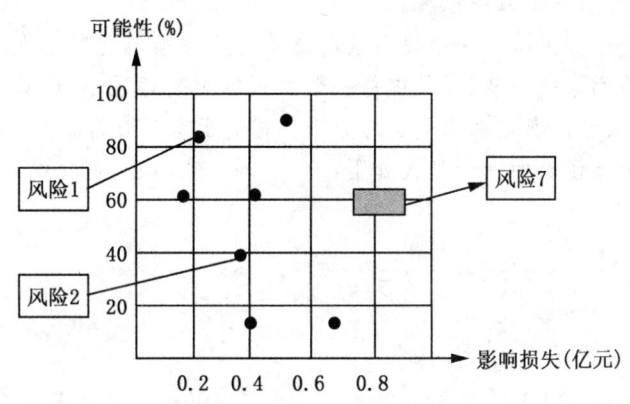

绘制风险坐标图的目的在于对多项风险进行直观的比较,从而确定各风险管理的优先顺序和策略。

例如:某公司绘制了如下风险坐标图,并将该图划分为 A、B、C 三个区域,公司决定承担 A 区域中的各项风险且不再增加控制措施;严格控制 B 区域中的各项风险且专门补充制定各项控制措施;确保规避和转移 C 区域中的各项风险且优先安排实施各项防范措施。

二、蒙特卡罗方法

蒙特卡罗方法是一种随机模拟数学方法。该方法用来分析评估风险发生可能性、风险的成因、风险造成的损失或带来的机会等变量在未来变化的概率分布。具体操作步骤如下:

(1)量化风险。将需要分析评估的风险进行量化,明确其度量单位,得到风险变量,并收集历史相关数据。

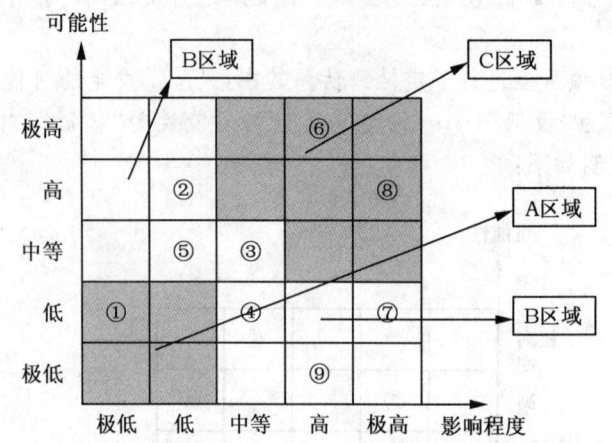

(2)根据对历史数据的分析,借鉴常用建模方法,建立能描述该风险变量在未来变化的概率模型。建立概率模型的方法很多,例如:差分和微分方程方法,插值和拟合方法等。这些方法大致分为两类:一类是对风险变量之间的关系及其未来的情况作出假设,直接描述该风险变量在未来的分布类型(如正态分布),并确定其分布参数;另一类是对风险变量的变化过程作出假设,描述该风险变量在未来的分布类型。

(3)计算概率分布初步结果。利用随机数字发生器,将生成的随机数字代入上述概率模型,生成风险变量的概率分布初步结果。

(4)修正完善概率模型。通过对生成的概率分布初步结果进行分析,用实验数据验证模型的正确性,并在实践中不断修正和完善模型。

(5)利用该模型分析评估风险情况。

正态分布是蒙特卡罗风险方法中使用最广泛的一类模型。通常情况下,如果一个变量受很多相互独立的随机因素的影响,而其中每一个因素的影响都很小,则该变量服从正态分布。在自然界和社会中,大量的变量都满足正态分布。描述正态分布需要两个特征值:均值和标准差。其密度函数和分布函数的一般形式如下:

密度函数:

$$\varphi(x) = \frac{1}{\sigma\sqrt{2\pi}} e^{-\frac{(x-\mu)^2}{2\sigma^2}}, -\infty < x < +\infty$$

分布函数:

$$\Phi(x) = P(X \leqslant x) = \int_{-\infty}^{x} \frac{1}{\sigma\sqrt{2\pi}} e^{-\frac{(t-\mu)^2}{2\sigma^2}} dt, -\infty < x < +\infty$$

其中,μ 为均值,σ 为标准差。

由于蒙特卡罗方法依赖于模型的选择,因此,模型本身的选择对于蒙特卡罗方法计算结果的精度影响甚大。蒙特卡罗方法计算量很大,通常借助计算机完成。

三、关键风险指标管理

一项风险事件的发生可能有多种成因,但关键成因往往只有几种。关键风险指标管理是对引起风险事件发生的关键成因指标进行管理的方法。具体操作步骤如下:

(1)分析风险成因,从中找出关键成因。

(2)将关键成因量化,确定其度量,分析确定导致风险事件发生(或极有可能发生)时该成因的具体数值。

(3)以该具体数值为基础,以发出风险预警信息为目的,加上或减去一定数值后形成新的数值,该数值即为关键风险指标。

(4)建立风险预警系统,即当关键成因数值达到关键风险指标时,发出风险预警信息。

(5)制定出现风险预警信息时应采取的风险控制措施。

(6)跟踪监测关键成因数值的变化,一旦出现预警,即实施风险控制措施。

以易燃易爆危险品储存容器泄漏引发爆炸的风险管理为例。容器泄漏的成因有:使用时间过长、日常维护不够、人为破坏、气候变化等因素,但容器使用时间过长是关键成因。如容器使用最高期限为50年,人们发现当使用时间超过45年后,则易发生泄漏。该"45年"即为关键风险指标。为此,制定使用时间超过"45年"后需采取的风险控制措施,一旦使用时间接近或达到"45年",就发出预警信息,即采取相应措施。

该方法既可以管理单项风险的多个关键成因指标,也可以管理影响企业主要目标的多个主要风险。使用该方法,要求风险关键成因分析准确,且易量化、易统计、易跟踪监测。

四、压力测试

压力测试是指在极端情景下,分析评估风险管理模型或内控流程的有效性,发现问题,制定改进措施的方法,目的是防止出现重大损失事件。具体操作步骤如下:

(1)针对某一风险管理模型或内控流程,假设可能会发生哪些极端情景。极端情景是指在非正常情况下,发生概率很小,但一旦发生,后果就十分严重的事件。假设极端情景时,不仅要考虑本企业或与本企业类似的其他企业出现过的历史教训,还要考虑历史上不曾出现但将来可能会出现的事件。

(2)评估极端情景发生时,该风险管理模型或内控流程是否有效,并分析对目标可能造成的损失。

(3)制定相应措施,进一步修改和完善风险管理模型或内控流程。

以信用风险管理为例。例如:一个企业已有一个信用很好的交易伙伴,该交易伙伴除发生极端情景外,一般不会违约。因此,在日常交易中,该企业只需"常规的风险管理策略和内控流程"即可。采用压力测试方法,是假设该交易伙伴将来发生极端情景(譬如,其财产毁于地震、火灾、被盗),被迫违约对该企业造成了重大损失。而该企业"常规的风险管理策略和内控流程"在极端情景下不能有效防止重大损失事件,为此,该企业采取了购买保险或相应衍生产品、开发多个交易伙伴等措施。

知识链接　　　　风险管理专业术语解释

1. 风险理财:利用金融手段管理风险的方法,包括预提风险准备金、购买保险或使用专业自保公司、衍生产品交易以及风险融资等。

2. 情景分析:通过假设、预测、模拟等手段生成未来情景,并分析其对目标产生影响的方法,包括历史情景重演法、预期法、因素分解法、随机模拟法等。

3. 集中趋势法:指根据随机变量的分布情况,计算出该变量分布的集中特性值(均值、中数、众数等),从而预测未来情况的方法。它是数据推论方法的一种。

4. 失效模式与影响分析:通过辨识系统失去效用后的各种状况,分析其影响,并采取相应措施的方法。

5. 事件树分析:以树状图形方式分析风险事件间因果关系的方法。

6. 风险偏好:为了实现目标,企业在承担风险的种类、大小等方面的基本态度。

7. 风险承受度:企业愿意承担的风险限度,也是企业风险偏好的边界。

8. 风险对冲:通过承担多个风险,使相关风险能够互相抵消的方法。使用该方法,必须进行风险组合,如资产组合、多种外币结算、战略上的分散经营、套期保值等,而不是对单一风险进行规避、控制。

9. 损失事件管理:对可能给企业造成重大损失的风险事件的事前、事中、事后管理的方法。损失包括企业的资金、声誉、技术、品牌、人才等。

10. 返回测试:将历史数据输入风险管理模型或内控流程中,把结果与预测值对比,以检验其有效性的方法。

11. 穿行测试:在正常运行条件下,将初始数据输入内控流程,穿越全流程和所有关键环节,把运行结果与设计要求进行对比,以发现内控流程缺陷的方法。

附录二
《人身保险公司全面风险管理实施指引》
（保监会，2010）

第一章 总 则

第一条 为加强人身保险公司全面风险管理，进一步落实《保险公司风险管理指引》（保监发〔2007〕23号），提升公司全面风险管理水平，保障人身保险行业和公司的健康发展，根据《保险法》《保险公司管理规定》等相关法律法规和规章，制定本指引。

第二条 本指引所称公司是指在中华人民共和国境内依法设立的人寿保险公司和健康保险公司。

第三条 本指引所指风险是指对公司实现经营目标可能产生不利影响的不确定因素。

第四条 本指引所指全面风险管理是指从公司董事会、管理层到全体员工全员参与，在战略制定和日常运营中，识别潜在风险，预测风险的影响程度，并在公司风险偏好范围内有效管理公司各环节风险的持续过程。在进行全面风险管理的同时，公司应根据公司经营情况重点监测、防范和化解对公司经营有重要影响的风险。

第五条 公司全面风险管理应遵循的基本原则：

（一）一致性原则。公司在建立全面风险管理体系时，应确保风险管理目标与战略发展目标的一致性。

（二）匹配性原则。公司在全面风险管理过程中，应确保公司资本水平与所承担的风险相匹配，所承担的风险与收益相匹配。

（三）全面性原则。公司全面风险管理应渗透至公司各项业务环节，对每一类风险都应全面认识、分析与管理。

（四）全员参与原则。公司应建立全员参与的风险管理文化和相应机制，各级别员工都应按照其工作职责参与公司的风险管理工作，承担日常风险管理职责。

（五）定量与定性相结合原则。公司应根据自身业务性质、规模和复杂程度开发相适应的风险量化技术，推广应用先进成熟的风险管理经验，实现定量与定性方法的有机结合。

（六）不断优化原则。公司应不断地检查和评估内外部经营管理环境和竞争格局的变化及其对公司全面风险管理所产生的实质影响，及时调整和优化风险管理政策、制度和流程。

第六条 公司应按本指引中的相关要求，建立与自身业务性质、规模和复杂程度相适应的全面风险管理体系，有效识别、评估、计量、应对和监控风险。全面风险管理的各项要求应与公司管理和业务流程紧密结合。

第七条 中国保监会对公司的全面风险管理进行监督管理，督促公司有效地识别、评估、计量、应对和监控各类风险。

第二章 风险管理环境

第八条 公司应将风险管理文化建设融入企业文化建设的全过程，并在企业内部各个层面营造风险管理文化氛围，不断修订和完善风险管理制度、流程，持续强化风险管理组织建设，研究建立风险管理系统，确保风险管理目标的实现。

第九条 公司应增强全体员工的风险管理意识，将风险管理意识转化为员工的共同认识和自觉行动，促进公司建立系统、规范、高效的风险管理机制。

第十条 公司应大力加强对全体员工的风险管理宣导工作，建立完善员工岗前、岗中风险管理培训教育制度。

第十一条 公司应建立风险责任机制，由公司管理层负领导责任，对主要风险确定责任人，具体风险责任落实到各职能部门和业务单位。对任何违反风险管理相关政策的组织和个人，要给予追究和处罚。

第十二条 公司应把风险管理效果和绩效考核制度相结合，增强各级管理人员特别是公司管理层的风险意识和责任，确保公司在经营过程中能够在收益和风险之间做出更好的把握和权衡。

第十三条 公司应建立全面风险管理政策，明确公司的风险偏好、风险管理策略、方法以及公司内部各个不同层级的风险管理职责和构架。

第十四条 公司应根据不同的风险分类，分别建立相应的风险管理制度。制度应涵盖针对不同风险的识别、评估、计量方法，风险指标的定性和定量标准，以及相应的风险责任人。

第十五条 公司应将信息技术应用于风险管理的各项工作，包括信息的采集、存储、加工、分析、测试、传递、报告、披露等，建立涵盖风险管理基本流程和内部控制各环节的风险管理信息系统。

第十六条 风险管理信息系统应能够实现信息在各职能部门和业务单位之间的集成与共享，充分满足对风险进行分析评估、计量、报告管理、监控预警和信息披露的各项要求；既能够符合单项业务风险管理的需要，也能够符合公司整体和跨职能部门、业务单位的风险管理综合需要。

第十七条 公司应建立风险信息传递和报告机制，形成上下互动、横向沟通的工作流程。

第十八条 公司应对重大事件、重大风险和重要业务流程建立应急机制，保证公司的正常运营。

第三章 风险管理组织

第十九条 公司应建立由董事会负最终责任、管理层直接领导，以风险管理机构为依托，相关职能部门密切配合，覆盖所有业务单位的全面风险管理组织体系。

第二十条 公司董事会是公司全面风险管理的最高决策机构，对全面风险管理工作的有效性负责。董事会主要职责包括审批公司风险管理总体目标、风险偏好、风险管理策略和重大风险解决方案，以及风险管理组织机构设置及其职责等。董事会可将部分风险管理职责授权给风险管理委员会。

第二十一条 公司应在董事会下设立风险管理委员会，监督全面风险管理体系运行的有

效性,在董事会授权下履行如下职责:

(一)审议公司风险管理的总体目标、基本政策和工作制度;

(二)审议公司风险偏好和风险容忍度;

(三)审议公司风险管理机构设置及其职责;

(四)审议公司重大决策的风险评估和重大风险的解决方案;

(五)审议公司年度全面风险管理报告;

(六)其他相关职责。

风险管理委员会应由具有丰富的金融风险管理经验,熟悉人身保险业务,并具备相关专业能力的委员组成。

第二十二条 公司管理层应根据董事会的授权,履行全面风险管理的具体责任。其主要职责如下:

(一)负责公司日常全面风险管理工作,确保公司风险在可接受范围之内;

(二)执行经董事会审定的风险管理策略;

(三)审批公司风险限额;

(四)建立公司内部风险责任机制;

(五)建立公司内部重大风险应急机制;

(六)推动公司风险管理文化的建设。

第二十三条 公司应任命首席风险官或指定一名高管负责全面风险管理工作,首席风险官或负责全面风险管理工作的高管不得同时负责销售与投资管理,其主要职责包括制定风险管理政策和制度、协调公司层面全面风险管理等。首席风险官有权了解公司重大决策、重大风险、重大事件、重要系统及重要业务流程,并参与相关决策的评估。

第二十四条 公司应设立风险管理部门,在首席风险官的领导下开展风险管理的日常工作。该部门应独立于销售、财务、投资、精算等职能部门。风险管理部门有权参与公司战略、业务、投资等委员会的重大决策。其主要职责如下:

(一)建立与维护公司全面风险管理体系,包括风险管理制度、风险偏好体系等;

(二)协助与指导各职能部门和业务单位制定风险控制措施和解决方案;

(三)定期进行风险识别、定性和定量风险评估,并出具风险评估报告,提出应对建议;

(四)建立与维护风险管理技术和模型,不断改进风险管理方法;

(五)协调组织资产负债管理工作并提出相应风险应对建议,包括制定相关制度,确定技术方法,有效平衡资产方与负债方的风险与收益;

(六)推动全面风险管理信息系统的建立;

(七)其他相关职责。

公司的风险管理人员应该具备从事上述工作所需的职业和专业能力。

第二十五条 公司各职能部门和业务单位应接受风险管理部门的组织、协调和监督,建立健全相关风险管理流程,定期对本职能部门或业务单位的风险进行评估,将评估结果定期与风险管理部门沟通,并对其风险管理的有效性负责。

第二十六条 通过对上述相关职能机构进行科学的设置,公司应该建立以风险管理为中心的三道防线或三个层次的管理框架:

(一)第一道防线由各职能部门和业务单位组成。在业务前端识别、评估、应对、监控与报告风险。

(二)第二道防线由风险管理委员会和风险管理部门组成。综合协调制定各类风险制度、标准和限额,提出应对建议。

(三)第三道防线由审计委员会和内部审计部门组成。针对公司已经建立的风险管理流程和各项风险的控制程序和活动进行监督。

第四章 风险分类

第二十七条 结合公司的业务特点,公司在经营过程中面临的风险主要有以下七类:

(一)市场风险,是指由于利率、汇率、权益价格和商品价格等的不利变动而使公司遭受非预期损失的风险。

(二)信用风险,是指由于债务人或交易对手不能履行或不能按时履行其合同义务,或者信用状况的不利变动而导致的风险。

(三)保险风险,是指由于死亡率、疾病率、赔付率、退保率等精算假设的实际经验与预期发生偏离而造成损失的风险。

(四)操作风险,是指由于不完善的内部操作流程、人员、系统或外部事件而导致直接或间接损失的风险,包括法律及监管合规风险。

(五)战略风险,是指由于战略制定和实施的流程无效或经营环境的变化,而导致战略与市场环境和公司能力不匹配的风险。

(六)声誉风险,是指由于公司品牌及声誉出现负面事件,而使公司遭受损失的风险。

(七)流动性风险,是指在债务到期或发生给付义务时,由于没有资金来源或必须以较高的成本融资而导致的风险。

第二十八条 公司应在前条风险分类的基础上,结合自身业务特点,建立健全本公司的风险分类体系,将各类风险进一步细化至次级分类及风险事件。

第五章 风险偏好体系

第二十九条 风险偏好体系由上至下包括风险偏好、风险容忍度及风险限额三个组成部分。

第三十条 风险偏好是指公司在实现其经营目标的过程中愿意承担的风险水平。风险偏好是公司对风险的基本态度,为战略制定、经营计划实施以及资源分配提供指导。

第三十一条 风险容忍度是指在公司经营目标实现的过程中针对既定风险水平出现的差异的可接受程度。风险容忍度是风险偏好的具体体现,一般采用定量与定性相结合的方式确定,与风险偏好保持一致,并涵盖所有风险类别。

第三十二条 风险限额是对风险容忍度的进一步量化和细化。公司应在风险容忍度范围内,根据不同风险类别、业务单位、产品类型特征等,制定风险限额。

第三十三条 公司应本着审慎负责的态度制定公司的风险偏好体系,并报董事会审批。经批准的风险偏好体系应逐级分解至各职能部门和业务单位遵照执行。

第三十四条 风险管理部门应监测和报告风险偏好体系的执行情况。风险偏好或风险容忍度出现突破时,管理层应及时向董事会报告,采取应对措施降低风险水平,同时审查既定风险容忍度和风险限额的适当性。

第三十五条 公司应至少每年对风险偏好体系进行有效性和合理性审查,不断修订和完善。当市场环境和经营状况发生重大变化时,公司应考虑对各类风险水平的影响,对风险容忍

度和风险限额进行调整,维持风险偏好的整体稳定性。

第六章 风险识别和评估

第三十六条 风险识别是指公司认识和发现在经营活动中所面临的风险的过程。公司应该通过风险识别描述风险的特征,系统分析风险发生的原因、风险的驱动因素和条件等。

第三十七条 公司应针对风险的特性,从多层次、多角度识别公司经营过程中面临的各种风险。风险识别应考虑内外部因素。内部因素包括公司治理因素、组织因素、经营管理因素和技术因素等;外部因素包括经济因素、自然因素、社会因素和政治因素等。

第三十八条 公司应对已识别风险进行分析和评价,评估风险对公司经营目标实现的影响程度,形成风险管理的依据。

第三十九条 公司应从风险发生的可能性和影响程度两个维度对风险进行评估。可能性是指风险在指定时间内发生的概率。影响程度是指当风险发生后,对公司财务、声誉、监管和运营等造成的影响的程度。

第四十条 风险评估应包括固有风险评估和剩余风险评估。固有风险是指在没有采取任何措施的情况下公司面临的风险;剩余风险是指在公司采取风险应对和控制措施后公司所面临的风险。

第四十一条 公司应收集和记录同业以及自身的历史损失数据,分析造成损失的原因以及如何规避损失,建立损失数据库。

第四十二条 公司风险管理部门应负责组织指导风险识别和评估工作,提供风险分类标准和风险识别和评估方法,整理汇总各职能部门和业务单位的识别和评估结果,形成公司风险库和公司全面风险轮廓。各职能部门和业务单位具体负责风险识别和评估工作。

第四十三条 公司应至少每年开展一次全面风险识别与评估。当公司发生重大风险或者预期要发生重大风险时,应及时对风险进行识别和评估。

附录三
《保险公司风险管理指引》
（保监会，2007年4月6日）

第一章 总 则

第一条 为指导保险公司加强风险管理，保障保险公司稳健经营，根据《关于规范保险公司治理结构的指导意见（试行）》及其他相关法律法规，制定本指引。

第二条 本指引适用于在中国境内依法设立的保险公司和保险资产管理公司。

保险集团（控股）公司已经按照本指引规定建立覆盖全集团的风险管理体系的，经中国保监会批准，其保险子公司可以不适用本指引。

第三条 本指引所称风险，是指对实现保险经营目标可能产生负面影响的不确定性因素。

第四条 本指引所称风险管理，是指保险公司围绕经营目标，对保险经营中的风险进行识别、评估和控制的基本流程以及相关的组织架构、制度和措施。

第五条 保险公司应当明确风险管理目标，建立健全风险管理体系，规范风险管理流程，采用先进的风险管理方法和手段，努力实现适当风险水平下的效益最大化。

第六条 保险公司风险管理应当遵循以下原则：

（一）全面管理与重点监控相统一的原则。保险公司应当建立覆盖所有业务流程和操作环节，能够对风险进行持续监控、定期评估和准确预警的全面风险管理体系，同时要根据公司实际有针对性地实施重点风险监控，及时发现、防范和化解对公司经营有重要影响的风险。

（二）独立集中与分工协作相统一的原则。保险公司应当建立全面评估和集中管理风险的机制，保证风险管理的独立性和客观性，同时要强化业务单位的风险管理主体职责，在保证风险管理职能部门与业务单位分工明确、密切协作的基础上，使业务发展与风险管理平行推进，实现对风险的过程控制。

（三）充分有效与成本控制相统一的原则。保险公司应当建立与自身经营目标、业务规模、资本实力、管理能力和风险状况相适应的风险管理体系，同时要合理权衡风险管理成本与效益的关系，合理配置风险管理资源，实现适当成本下的有效风险管理。

第七条 保险公司应当建立涵盖风险管理基本流程和控制环节的信息系统，提高风险管理的信息化水平。

保险公司应当统筹规划风险管理和业务管理信息系统，使风险信息能够在职能部门和业务单位之间实现集成与共享，充分满足对风险进行分析评估和监控管理的各项要求。

第八条 保险公司应当定期对高级管理人员和员工进行风险管理理念、知识、流程以及控制方式等内容的培训，增强风险管理意识，同时将风险管理绩效与薪酬制度、人事制度和责任追究制度相结合，培育和塑造良好的风险管理文化。

第二章 风险管理组织

第九条 保险公司应当建立由董事会负最终责任、管理层直接领导,以风险管理机构为依托,相关职能部门密切配合,覆盖所有业务单位的风险管理组织体系。

第十条 保险公司可以在董事会下设立风险管理委员会负责风险管理工作。

风险管理委员会成员应当熟悉保险公司业务和管理流程,对保险经营风险及其识别、评估和控制等具备足够的知识和经验。

没有设立风险管理委员会的,由审计委员会承担相应职责。

第十一条 保险公司董事会风险管理委员会应当全面了解公司面临的各项重大风险及其管理状况,监督风险管理体系运行的有效性,对以下事项进行审议并向董事会提出意见和建议:

(一)风险管理的总体目标、基本政策和工作制度;

(二)风险管理机构设置及其职责;

(三)重大决策的风险评估和重大风险的解决方案;

(四)年度风险评估报告。

第十二条 保险公司可以设立由相关高级管理人员或者部门负责人组成的综合协调机构,由总经理或者总经理指定的高级管理人员担任负责人。风险管理协调机构主要职责如下:

(一)研究制定与保险公司发展战略、整体风险承受能力相匹配的风险管理政策和制度;

(二)研究制定重大事件、重大决策和重要业务流程的风险评估报告以及重大风险的解决方案;

(三)向董事会风险管理委员会和管理层提交年度风险评估报告;

(四)指导、协调和监督各职能部门和各业务单位开展风险管理工作。

第十三条 保险公司应当设立风险管理部门或者指定工作部门具体负责风险管理相关事务工作。该部门主要职责如下:

(一)对风险进行定性和定量评估,改进风险管理方法、技术和模型;

(二)合理确定各类风险限额,组织协调风险管理日常工作,协助各业务部门在风险限额内开展业务,监控风险限额的遵守情况;

(三)资产负债管理;

(四)组织推动建立风险管理信息系统;

(五)组织推动风险文化建设。

设有本指引第十二条规定的风险管理协调机构的,该部门为其办事机构。

第十四条 保险公司各职能部门和业务单位应当接受风险管理部门的组织、协调和监督,建立健全本职能部门或者业务单位风险管理的子系统,执行风险管理的基本流程,定期对本职能部门或者业务单位的风险进行评估,对其风险管理的有效性负责。

第三章 风险评估

第十五条 保险公司应当识别和评估经营过程中面临的各类主要风险,包括保险风险、市场风险、信用风险和操作风险等。

(一)保险风险是指由于对死亡率、疾病率、赔付率、退保率等判断不正确导致产品定价错误或者准备金提取不足,再保险安排不当,非预期重大理赔等造成损失的可能性。

(二)市场风险是指由于利率、汇率、股票价格和商品价格等市场价格的不利变动而造成损失,以及由于重大危机造成业务收入无法弥补费用的可能性。

(三)信用风险是指由于债务人或者交易对手不能履行合同义务,或者信用状况的不利变动而造成损失的可能性。

(四)操作风险是指由于操作流程不完善、人为过错和信息系统故障等原因导致损失的可能性。

保险公司还应当对战略规划失误和公司治理结构不完善等给公司带来不利影响的其他风险予以关注。

第十六条 保险公司风险管理部门应当与各职能部门和业务单位建立信息共享机制,广泛搜集、整理与风险管理相关的内外部信息,为风险评估奠定相应的信息基础。

第十七条 保险公司应当在广泛收集信息的基础上,对经营活动和业务流程进行风险评估。风险评估包括风险识别、风险分析、风险评价三个步骤。

风险识别是指识别经营活动及业务流程中是否存在风险以及存在何种风险。

风险分析是指对识别出的风险进行分析,判断风险发生的可能性及风险发生的条件。

风险评价是指评估风险可能产生损失的大小及对保险公司实现经营目标的影响程度。

第十八条 风险评估应当采用定性与定量相结合的方法。定量评估应当统一制定各风险的度量单位和风险度量模型,确保评估的假设前提、参数、数据来源和评估程序的合理性和准确性。

第十九条 保险公司进行风险评估时,应当对各种风险之间的相关性进行分析,以便发现各风险之间的自然对冲、风险事件发生的正负相关性等组合效应,对风险进行统一集中管理。

第二十条 风险评估由风险管理部门组织实施,必要时可以聘请中介机构协助实施。

第二十一条 保险公司应当对风险信息实行动态管理,及时识别新的风险,并对原有风险的变化进行重新评估。

第四章 风险控制

第二十二条 风险控制包括明确风险管理总体策略、制定风险解决方案和方案的组织实施等内容。

第二十三条 制定风险管理总体策略是指保险公司根据自身发展战略和条件,明确风险管理重点,确定风险限额,选择风险管理工具以及配置风险管理资源等的总体安排。

第二十四条 保险公司应当根据风险发生的可能性和对经营目标的影响程度,对各项风险进行分析比较,确定风险管理的重点。

第二十五条 确定风险限额是指保险公司根据自身财务状况、经营需要和各类保险业务的特点,在平衡风险与收益的基础上,确定愿意承担哪些风险及所能承受的最高风险水平,并据此确定风险的预警线。

第二十六条 保险公司针对不同类型的风险,可以选择风险规避、降低、转移或者自留等风险管理工具,确保把风险控制在风险限额以内。

第二十七条 保险公司应当根据风险管理总体策略,针对各类重大风险制定风险解决方案。风险解决方案主要包括解决该项风险所要达到的具体目标、所涉及的管理及业务流程、所需的条件和资源、所采取的具体措施及风险管理工具等内容。

第二十八条 保险公司应当根据各职能部门和业务单位职责分工,认真组织实施风险解决方案,确保风险得到有效控制。

第五章　风险管理的监督与改进

第二十九条　保险公司应当对风险管理的流程及其有效性进行检验评估,并根据评估结果及时改进。

第三十条　保险公司各职能部门和业务单位应当定期对其风险管理工作进行自查,并将自查报告报送风险管理部门。

第三十一条　保险公司风险管理部门应当定期对各职能部门和业务单位的风险管理工作进行检查评估,并提出改进的建议和措施。

第三十二条　保险公司风险管理部门应当每年至少一次向管理层和董事会提交风险评估报告。风险评估报告主要包括以下内容:

(一)风险管理组织体系和基本流程;

(二)风险管理总体策略及其执行情况;

(三)各类风险的评估方法及结果;

(四)重大风险事件情况及未来风险状况的预测;

(五)对风险管理的改进建议。

第三十三条　董事会或者其风险管理委员会可以聘请中介机构对保险公司风险管理工作进行评价,并出具评估报告。

第六章　风险管理的监管

第三十四条　保险公司应当及时向中国保监会报告本公司发生的重大风险事件。

第三十五条　保险公司应当按照本指引及偿付能力编报规则的要求,在年报中提交经董事会审议的年度风险评估报告。

第三十六条　中国保监会定期对保险公司及其分支机构的风险管理工作进行检查。检查内容主要包括:

(一)风险管理组织的健全性及履职情况;

(二)风险管理流程的完备性、可操作性和实际运行情况;

(三)重大风险处置的及时性和有效性。

第三十七条　中国保监会可以根据检查结果,对风险管理存在严重缺陷的保险公司出具风险提示函。保险公司应当按照风险提示函的要求及时提交整改方案,采取整改措施并提交整改情况报告。

第七章　附　则

第三十八条　本指引由中国保监会负责解释。

第三十九条　本指引自二○○七年七月一日起施行。